EDITORA DO CONHECIMENTO

Auxiliando a humanidade a encontrar a Verdade

A Missão do Espiritismo

© 1967 — Hercílio Maes

A Missão do Espiritismo
Ramatís
Obra psicografada por Hercílio Maes
Todos os direitos desta edição reservados à
CONHECIMENTO EDITORIAL LTDA.
www.edconhecimento.com.br
vendas@edconhecimento.com.br

Nos termos da lei que resguarda os direitos autorais, é proibida a reprodução total ou parcial, de qualquer forma ou por qualquer meio — eletrônico ou mecânico, inclusive por processos xerográficos, de fotocópia e de gravação — sem permissão, por escrito, do editor.

Colaboraram nesta edição: • Margareth Rose Fonseca Carvalho • Mariléa de Castro • Paulo Gontijo de Almeida • Sebastião de Carvalho

Projeto Gráfico: Sérgio Carvalho
Ilustração da Capa: Cláudio Gianfardoni

10ª edição - 2005

• Impresso no Brasil • *Presita en Brazilo*

Produzido no departamento gráfica da
CONHECIMENTO EDITORIAL LTDA
grafica@edconhecimento.com.br

Dados Internacionais de Catalogação na Publicação (CIP)
(Câmara Brasileira do Livro, SP, Brasil)

Ramatís (Espírito)
  A Missão do Espiritismo / Ramatís ; obra mediúnica psicografada por Hercílio Maes. — 10ª ed. — Limeira, SP : Editora do Conhecimento, 2020.
  258 p.

ISBN 978-65-5727-007-3

1. Espiritismo 2. Psicografia 3. Catolicismo 4. Protestantismo 5. Umbanda I. Maes, Hercílio, 1913-1993. II. Título.

CDD — 133.93

Índice para catálogo sistemático:
1. Espiritismo 133.93

Ramatís

A MISSÃO DO ESPIRITISMO

Obra mediúnica ditada pelo espírito
Ramatís ao médium Hercílio Maes

10ª edição — 2005

EDITORA DO
CONHECIMENTO

Obras de Ramatís editadas pela **EDITORA DO CONHECIMENTO**

HERCÍLIO MAES
- A Vida no Planeta Marte e os Discos Voadores – 1955
- Mensagens do Astral – 1956
- A Vida Além da Sepultura – 1957
- A Sobrevivência do Espírito – 1958
- Fisiologia da Alma – 1959
- Mediunismo – 1960
- Mediunidade de Cura – 1963
- O Sublime Peregrino – 1964
- Elucidações do Além – 1964
- Semeando e Colhendo – 1965
- A Missão do Espiritismo – 1967
- Magia de Redenção – 1967
- A Vida Humana e o Espírito Imortal – 1970
- O Evangelho à Luz do Cosmo – 1974
- Sob a Luz do Espiritismo (Obra póstuma) – 1999
- Pérolas de Ramatís – 2024

SÁVIO MENDONÇA
- O Vale dos Espíritas – 2015
- Missão Planetária – 2016
- A Derradeira Chamada – 2017
- O Sentido da Vida – 2019
- Amor: Encontros, desencontros e Reencontros – 2020
- Mediunidade sem Preconceito – 2021
- Por que Reencarnar? – 2022

MARIA MARGARIDA LIGUORI
- Jornada de Luz
- O Homem e o Planeta Terra
- O Despertar da Consciência
- Em Busca da Luz Interior

AMÉRICA PAOLIELLO MARQUES
- Mensagens do Grande Coração

OBRAS COLETÂNEAS:
- Ramatís uma Proposta de Luz
- Face a Face com Ramatís
- Um Jesus que Nunca Existiu
- Simplesmente Hercílio
- A Missão do Esperanto
- A Origem Oculta das Doenças
- O Objetivo Cósmico da Umbanda
- Do Átomo ao Arcanjo
- O Apocalipse
- Marte: O futuro da Terra
- O Além – Um guia de viagem
- Geografia do Mundo Astral
- O Homem Astral e Mental
- O Carma
- O Menino Jesus
- Homeopatia – A cura energética

Coletâneas de textos organizadas por SIDNEI CARVALHO:
- A Ascensão do Espírito de A a Z – Aprendendo com Ramatís
- Ciência Oculta de A a Z – O véu de Ísis
- Evangelho de A a Z – A caminho da angelitude
- Jesus de Nazaré – O avatar do amor
- Mecanismos Cósmicos de A a Z – O amor do Pai
- Mediunidade de A a Z – O portal da Luz
- Saúde e Alimentação de A a Z – O amor pelos animais
- Transição Planetária de A a Z – A chegada da Luz
- Universalismo de A a Z – Um só rebanho

Obs: A data após o título se refere à primeira edição.

Homenagem a
Paulo Castaldelli, minha rogativa ao Pai,
para que lhe sustente o ânimo de acolher os irmãos, cuja existência dolorosa é um benefício de redenção para o seu espírito endividado.

Curitiba, 18 de fevereiro de 1967

Hercílio Maes

Nossos sinceros agradecimentos ao irmão Edson Guiraud, estudioso umbandista, pela ajuda que nos prestou ao esclarecer-nos sobre diversos temas de umbanda, que desconhecíamos, facilitando-nos a composição da maioria das notas ao capítulo intitulado "Espiritismo e umbanda".

Grupo Ramatís

Aos leitores

Em face da exiguidade de espaço nesta obra, não pudemos esmiuçar o assunto em toda a sua plenitude, quanto ao capítulo "Espiritismo e umbanda".

No entanto, o preclaro mentor Ramatís prometeu ditar pelo médium uma obra mais vasta e pormenorizada sobre as atividades de umbanda, esclarecendo os seus propósitos e sua significação no Brasil.

Então, serão esclarecidos satisfatoriamente os objetivos e a heróica atividade de inúmeros espíritos benfeitores, de elevada condição espiritual, que atuam no seio das falanges de umbanda a fim de neutralizarem os efeitos maléficos da magia negra, prejudicial à evolução do homem. É um trabalho hercúleo, de atividade benfeitora, incorporado às hostes do Amado Cordeiro Jesus.

Nossa sincera homenagem aos espíritos resplandecentes, que abandonam sua moradia principesca, descendo ao nosso mundo desventurado, a fim de nos socorrerem nesta hora em que se aproxima a angustiosa calamidade do "Juízo Final", pela desobediência da nossa humanidade aos preceitos estatuídos no Evangelho de Jesus.

Curitiba, 27 de março de 1967
Edson Guiraud

Irmão Paulo Castaldelli,

Passam-se os séculos e os milênios! E os acontecimentos da vida humana esfumam-se como as derradeiras cenas de um filme cinematográfico. Entretanto, no âmago do Espírito ainda vibra o eco apagado das carruagens de esplendores, os gemidos dos vencidos e dos escravos, na esteira dos guerreiros, entre o delírio das multidões entusiastas e inconstantes!

Passam-se os séculos e os milênios!

Outra vez, a reminiscência da fúria e da insanidade afogueia a alma impetuosa e rude dos conquistadores. E então, novamente, ginetes velozes, montados por homens loucos, de faces duras e queimadas pelo sol, estouram em doida disparada pelos desertos, lanças em riste e flâmulas rubras como sangue, agitadas no ar, e os mantos soltos ao vento como águias esvoaçando em busca da presa. Os gritos selvagens e de triunfo sonorizam a mortífera cavalgada, enquanto caem os corpos dos vencidos pagando o tributo de resistirem à morte!

Passam-se os séculos e os milênios!

Mas, agora, os "homens loucos", ei-los, aqui e ali, deitados nas enxergas da miséria, nas soleiras das igrejas, nos desvãos das pontes e nos bancos das praças públicas. São corpos que palpitam, semivivos, faces imbecilizadas, olhos apagados, membros atrofiados, figuras mongolóides e hidrocéfalas, caricaturas humanas, cujo impulso de vida estagnou, ficou paralisado no limiar da consciência do ser! São uma espécie de moribundos, filhos da demência e da morfologia teratológica, que, outrora, em louca tropelia, semearam a morte e ultrapassaram os direitos da vida!

Passam-se os séculos e os milênios!

Irmão Paulo! — Recolhe-os carinhosamente, pois são guerreiros derrotados na batalha da própria Vida! Rejubilai-vos, portanto, no holocausto dessa tarefa incomum porque o cetro do comando agora pertence ao Cristo-Jesus!

Curitiba, 16 de fevereiro de 1967
Ramatís

Prólogo

Meus Irmãos,

Reconhecemos que outros espíritos já transmitiram esclarecimentos suficientes quanto à verdadeira "missão" do espiritismo junto aos homens. Estudiosos como Gabriel Delanne, Paul Gibier, Léon Denis, Aksakof, Lombroso, Carl Duprel, De Rochas e outros, seguindo as normas estabelecidas por Allan Kardec, já expuseram, a contento, o sistema filosófico, religioso e científico da doutrina espírita disciplinando as relações entre encarnados e desencarnados e satisfazendo a ansiedade humana a respeito do "porquê" da Vida e da Morte!

Em consequência, a presente obra é apenas modesta contribuição ou pálida homenagem ao generoso labor de tantos homens, que se consomem na existência humana, no sentido de divulgarem os valores transcendentais e morais da doutrina Espírita. Não alimentamos a presunção de transmitir-vos novidades além do que já foi dito; apenas tentamos rápidos cotejos do espiritismo com outros temas, assuntos e doutrinas, procurando acentuar a sua alta missão de solidariedade universal e movimento libertador do espírito ainda algemado às paixões animais!

Nossa incumbência principal foi a de atender às solicitações dos leitores, procurando esclarecer as perguntas que nos foram endereçadas através do médium. Deste modo, tentamos alinhar observações que nos pareceram úteis num esforço comparativo entre o espiritismo e os outros movimentos espiritualistas, destacando-lhe, sempre, o ideal de Fraternidade e sua alta função de atender a todas as perquirições do conhecimento e da capacidade humana. Como garantia de que o Ideal Cristão há de predominar um dia na Terra, segundo as predições do próprio Cristo no advento do Consolador, o espiritismo é o complemento indiscutível do verdadeiro Cristianismo, cuja proclamação é destituída de ídolos, hierarquias sacerdotais, liturgias ou dogmas. E o seu êxito é inegável e implacável, porque a sua atuação no mundo, além de ser disciplinada pelos seus adeptos encarnados e pela segurança federativa, é, também, administrada pelas organizações avançadas de Espíritos desencarnados, que presidem o evento Espírita no vosso mundo sob a égide de Jesus, o Governador Espiritual da Terra!

Curitiba, 26 de fevereiro de 1967
Ramatís

Algumas palavras

Embora nada deva acrescentar a esta obra de que fui insignificante intérprete mediúnico, cumpre-me expor algumas considerações sobre o motivo e a razão do seu texto.

Conforme tem sido habitual nas demais obras, o texto de *A Missão do Espiritismo* também foi tecido à medida que os assuntos se desdobravam, por efeito da sequência das próprias perguntas. O sistema de perguntas e respostas torna-se mais acessível aos leitores e menos cansativo para o prosseguimento da leitura. Depois de Ramatís comunicar-nos o assunto principal da obra que vai ditar, organizamos uma relação das perguntas que nos parecem de maior importância, dentro do tema geral, dando início à obra. Tudo aquilo que posteriormente necessita de novos esclarecimentos, sugere dúvidas ou requer perguntas suplementares, é providenciado pelo próprio Ramatís, através de minha mediunidade. Deste modo, quando nós esgotamos a nossa capacidade e o nosso conhecimento para novas indagações sobre o assunto em foco, então, ele mesmo prossegue a composição mediúnica, no sentido de satisfazer a todos os leitores.

Em *A Missão do Espiritismo*, Ramatís também retorna a alguns assuntos já mencionados em suas obras anteriores, embora resumindo, clareando ou acrescentando novos esclarecimentos. Diversas vezes nos tem advertido de que as suas comunicações mediúnicas não devem ser encaradas como um motivo de entretenimento ou uma literatura atraente, nem mesmo rigidamente escravizada aos cânones acadêmicos do nosso mundo. O essencial é que o leitor tire as suas próprias ilações dos temas abordados, sem necessidade de abdicar de qualquer simpatia a outro credo ou doutrina. Por isso, as repetições insistentes sobre um mesmo assunto têm por escopo auxiliar os leitores menos familiarizados com os temas do espiritismo a assimilar mais facilmente o que pode esclarecer as suas dúvidas.

Oxalá a leitura desta obra resulte em novas reflexões sobre a vida imortal e a gloriosa missão do espiritismo, como um movimento de influência universalista entre os homens.

Curitiba, 26 de fevereiro de 1967
Hercílio Maes

1. – A missão do espiritismo

PERGUNTA: — *Conforme afirmam os espíritas, o espiritismo é realmente a doutrina mais compatível com a evolução do homem atual?*

RAMATÍS: — O espiritismo é a doutrina mais própria para o aprimoramento espiritual do cidadão moderno. Os seus ensinamentos são compreensíveis a todos os homens e ajustam-se perfeitamente às tendências especulativas e ao progresso científico dos tempos atuais. É o Consolador da humanidade prometido por Jesus. Cumpre-lhe a missão de incentivar e disciplinar o "derramamento da mediunidade pela carne", estimulando pelas vozes do Além as lutas pela evolução moral dos seres humanos. Assim, através de médiuns, os espíritos sábios, benfeitores e angélicos, ensinam as coisas sublimes do "Espírito Santo", conforme a predição evangélica.[1]

PERGUNTA: — *Mas é evidente que antes da codificação*

[1] "Se me amais, guardai os meus mandamentos; e eu rogarei a meu Pai e Ele vos enviará outro Consolador, a fim de que fique eternamente convosco o Espírito da Verdade, que o mundo não pode receber, porque não o vê e absolutamente não o conhece. Mas quanto a vós conhecê-lo-eis, porque ficará convosco e estará em vós. Porém, o Consolador, que é o Santo Espírito que meu Pai enviará em meu nome, vos ensinará todas as coisas e vos fará recordar tudo o que vos tenho dito." João, 14:15, 16, 17 e 26). Vide, também, o capítulo "Missão do espiritismo", da obra *Roteiro*, de Emmanuel.

espírita os homens também se redimiam através de outras doutrinas, filosofias e religiões. Não é assim?

RAMATÍS: — Indubitavelmente, a maior parte das almas que compõem a humanidade celestial jamais conheceu o espiritismo e ainda provieram de outras doutrinas religiosas, como hermetismo, confucionismo, budismo, judaísmo, islamismo, hinduísmo, catolicismo e outras seitas reformistas. Aliás, algumas dessas religiões nem ouviram falar de Jesus, o sintetizador dos ensinamentos de todos os precursores. Desde o início da civilização humana, as almas evoluíram independentemente de quaisquer doutrinas, seitas ou religiões. O caminho da "salvação" é feito pela ação em prol do **bem** e não pela crença do adepto.

PERGUNTA: — Considerando-se que o homem salva-se mais pelas suas obras do que pela sua crença, então qual é o papel mais evidente do espiritismo?

RAMATÍS: — Sem dúvida, explicar aos homens o mecanismo da ação e reação que rege o Universo. O Bem será o bem e o Mal será o **mal**! Isso induz o homem a só praticar boas obras!

PERGUNTA: — Qual é o principal motivo de o espiritismo superar os demais movimentos religiosos do século?

RAMATÍS: — O espiritismo é doutrina mais eletiva à mente moderna porque é despido de adornos inúteis, complexidades doutrinárias, posturas fatigantes ou "tabus" religiosos. Os seus ensinamentos são simples e diretos, sem cansar os discípulos ou fazê-los perder precioso tempo na busca da Verdade. A hora profética dos "Tempos Chegados" já não comporta doutrinas ou religiões subordinadas a símbolos, ritos, superstições e alegorias dogmáticas de caráter especulativo.

PERGUNTA: — Qual é a principal força atrativa do espiritismo sobre o povo?

RAMATÍS: — É a generalização e o esclarecimento das atividades do mundo oculto para as massas comuns, na forma de regras simples e atraentes, proporcionando a iniciação espiritual à "luz do dia", de modo claro e objetivo, sem terminologias dificultosas ou linguagem iniciática, pois aprende o sábio e o homem comum, o velho e a criança. Os seus fundamentos doutrinários são a crença em Deus, a Reencarnação e a Lei do Carma, constituindo processos e ensejos para o aperfeiçoamento do espírito imortal.

PERGUNTA: — *Porventura, o espiritismo não é doutrina eletiva somente aos ocidentais, isto é, a uma parte da humanidade?*

RAMATÍS: — As raízes doutrinárias do espiritismo fundem-se com o conhecimento da filosofia espiritual de todos os povos da Terra, como seja a Reencarnação e a Lei do Carma. Por isso, compreendem-no, facilmente, os chineses, hindus, árabes, africanos, latinos, germânicos, eslavos ou saxões. Os próprios judeus, tão arraigados aos dogmas e preceitos mosaístas, ingressam no espiritismo, ajustam-se às práticas mediúnicas e aos seus objetivos filantrópicos. Além de doutrina facilmente assimilável a qualquer criatura, a sua mensagem ajusta-se mais a todos os homens, porque também estuda e disciplina os fenômenos mediúnicos, que são comuns a todas as raças terrícolas. A fenomenologia mediúnica tem sido acontecimento comprovado por todos os povos e civilizações como as da Atlântida, Lemúria, China, Hebréia, Egito, Pérsia, Caldéia, Cartago, Assíria, Grécia, Babilônia, Índia, Germânia ou Arábia. Comprova-se isto pela sua história, lendas ou pelo seu folclore, cujos fenômenos foram evidenciados até nos objetos e nos propósitos guerreiros dos povos mais primitivos. Os escandinavos, principalmente os "vikings", narram seus encontros com bruxas, sereias, e entidades fascinadoras, que surgiam das brumas misteriosas perseguindo-os durante as noites de lua cheia. As histórias e as lendas musicadas por Wagner em suas peças sinfônicas ou óperas magistrais confirmam o espírito de religiosidade e a crença no mundo invisível por parte dos povos germânicos e anglo-saxões. Eles rendiam sua homenagem aos deuses, gênios, numes e os consideravam habitantes de um mundo estranho, muito diferente do que é habitado pelos homens. As lendas brasileiras também são férteis de fenômenos mediúnicos. No cenário das matas enluaradas surge o "boitatá" lançando fogo pelas narinas; nas encruzilhadas escuras aparece o fantasmagórico "saci-pererê", saltitando numa perna só e despedindo fulgores dos olhos esbraseados; na pradaria sem fim, corre loucamente a "mula-sem-cabeça", ou na penumbra das madrugadas nevoentas, os mais crédulos dizem ouvir os gemidos tristes da alma do "negrinho do pastoreio".

PERGUNTA: — *Que significa a iniciação à "luz do dia", popularizada pelo espiritismo no conhecimento do mundo oculto?*

RAMATÍS: — Antigamente as iniciações espirituais eram secretas e exclusivas das confrarias esotéricas, cujas provas simbólicas e até sacrificiais serviam para auferir o valor pessoal e o entendimento psíquico dos discípulos. Mas os candidatos já deviam possuir certo desenvolvimento esotérico e algum domínio da vontade no mundo profano, para então graduarem-se nas provas decisivas. Deste modo, o intercâmbio com os mestres ou espíritos desencarnados só era permissível aos poucos adeptos eletivos às iniciações secretas.

No entanto, o espiritismo abriu as portas dos templos secretos, eliminou a terminologia complexa e o vocabulário simbólico das práticas iniciáticas, transferindo o conhecimento espiritual diretamente para o povo através de regras e princípios sensatos para o progresso humano. Divulgando o conhecimento milenário sobre a Lei do Carma e a Reencarnação, demonstrou ao homem a sua grave responsabilidade pessoal na colheita dos frutos bons ou maus da sementeira da vida passada. Extinguiu a ideia absurda do Inferno que estimulava virtudes por meio de ameaças de sofrimentos eternos, mas advertiu que mais se salva o homem pelas suas obras do que por sua crença. Esclareceu que ninguém consegue a absolvição dos seus pecados à hora extrema da morte, através de sacerdotes, pastores ou mestres arvorados em procuradores divinos. O céu e o inferno são estados de espírito decorrentes do bom ou do mau viver. Em verdade, o próprio homem é o responsável pela sua glória ou falência.

No século XX, o discípulo evolui pelas provas iniciáticas que se lhe apresentam a todo momento na vida cotidiana, sem necessidade de recolher-se a instituições, conventos ou fraternidades iniciáticas. O treinamento do espírito deve ser exercido no convívio de todas as criaturas, pois sofrimentos, fracassos, vicissitudes ou misérias do mundo são lições severas e arguições pedagógicas do Alto, que graduam o ser conforme o seu comportamento. Não é preciso o homem isolar-se do mundo numa vida puramente contemplativa, a fim de alcançar a sabedoria espiritual que o próprio mundo oferece na experimentação cotidiana. O discípulo diligente e disciplinado na arguição espiritual da vida moderna promove-se para nível superior sabendo aproveitar cada minuto de sua vivência atento aos postulados espíritas e submisso aos preceitos evangélicos de Jesus.

PERGUNTA: — Poderíeis dar-nos alguns exemplos práticos dessa iniciação à "luz do dia"?

RAMATÍS: — É evidente que os homens frequentam igrejas católicas, templos protestantes, sinagogas judaicas, mesquitas muçulmanas, pagodes chineses, santuários hindus, centros espíritas, "tatwas" esotéricos, lojas teosóficas, fraternidades rosa-cruzes ou terreiros de umbanda, buscando o conhecimento e o conforto espiritual para suas almas enfraquecidas. Mas o seu aperfeiçoamento não se processa exclusivamente pela adoração a ídolos, meditações esotéricas, interpretações iniciáticas, reuniões doutrinárias ou cerimoniais fatigantes. Em tais momentos, os fiéis, crentes, adeptos, discípulos ou simpatizantes só aprendem as regras e composturas que terão de comprovar diariamente no mundo profano. Os templos religiosos, as lojas teosóficas, confrarias iniciáticas, instituições espíritas ou tendas de umbanda guardam certa semelhança com as agências de informações, que fornecem o programa das atividades espirituais recomendadas pelo Alto e conforme a preferência de determinado grupo humano.

Mas as práticas à "luz do dia" graduam os discípulos de modo imprevisto porque se exercem sob a espontaneidade da própria vida dos seres em comum. Aqui, o discípulo é experimentado na virtude da paciência pela demora dos caixeiros em servirem-no nas lojas de compras, ou pela reação colérica do cobrador de ônibus; ali, prova-se na tolerância pela descortesia do egoísta que fura a "fila" de espera, ou pela intransigência do fiscal de impostos ou de trânsito; acolá, pela renúncia e perdão depois de explorado pelo vendeiro, insultado pelo motorista irascível ou prejudicado no roubo da empregada.

Assim, no decorrer de nossa atividade humana, somos defrontados com as mais graves arguições no exame da paciência, bondade, tolerância, humildade, renúncia ou generosidade. Fere-nos a calúnia dos vizinhos, maltrata-nos a injustiça do patrão, magoa-nos a brutalidade dos desafetos, ou somos explorados pelo melhor amigo. É o espiritismo, portanto, com sua doutrina racional e eletiva à mentalidade moderna, que pode ensinar-nos a melhor compostura espiritual no momento dessas provas iniciáticas à "luz do dia", sem complexidades, mistérios ou segredos. É tão simples como a própria vida, pois no seio da agitação neurótica e competição desesperada para a sobrevivência humana, o homem do século XX decora os programas salvacionistas elaborados no interior dos templos religiosos ou instituições espiritualistas, para depois comprová-los nas atividades da vida cotidiana.

PERGUNTA: — Muitos espíritas alegam que o espiritismo deve ser predominantemente científico, e não religioso, como o fazem os pregadores evangélicos lacrimosos. Aliás, baseiam-se nas próprias palavras de Allan Kardec, quando disse: "O espiritismo será científico ou não sobreviverá." Que dizeis?

RAMATÍS: — O espiritismo filosófico e científico pode satisfazer a especulação exigente do intelecto, mas só o Evangelho ilumina o coração do homem. Lembremos que apesar do cuidado e atenção à contextura e capacidade da lâmpada elétrica, nem por isso ela dispensa a luz que lhe vem da usina.

Por isso, Allan Kardec fundamentou a codificação espírita na moral evangélica, certo de que a pesquisa científica pode convencer o homem da sua imortalidade, mas só o Evangelho é capaz de convertê-lo à linhagem espiritual do mundo superior. A missão do espiritismo não consiste apenas em comprovar a vida imortal, mas também consolar o espírito, acendendo-lhe a luz na lâmpada da consciência para depois iluminar o próprio mundo.

PERGUNTA: — *Naturalmente, esses espíritas temem uma vulgarização religiosa do espiritismo à semelhança do que já aconteceu com a pureza iniciática do Cristianismo, desvirtuado pela pompa do catolicismo e infantilizado pelos dogmas bíblicos.*

RAMATÍS: — Considerando-se que o espiritismo codificado por Allan Kardec não admite imagens, culto material, simbolismos cabalísticos, insígnias, paramentos ou organizações hierárquicas, é evidente que sua mensagem espiritual não será vulgarizada por sectarismos religiosos nem desfigurada pelos enfeites e cerimoniais do mundo. Não exige templos apropriados para a adoração estandardizada com a Divindade, mas admite a reunião evangélica no próprio lar ou abrigo à mão, sob a recomendação do Mestre Jesus, que assim diz: "Onde estiverem dois ou mais reunidos em meu nome, eu ali também estarei em espírito".

Desde que Ciência é sinônimo de pesquisa e exatidão, o espiritismo é predominantemente científico, pois além de sua pesquisa incessante sobre a vida oculta, distingue-se pela exatidão dos seus princípios claros e insubstituíveis porque não dependem de fórmulas, dogmas ou fantasias religiosas. Ademais, não há sacerdotes ou instrutores intermediários interpretando de modo pessoal ou interesseiro os ensinamentos espiritistas, como é o caso da Bíblia, fonte de centenas de seitas religiosas discutindo de modo diferente os mesmos versículos.

PERGUNTA: — *Opinam alguns espiritualistas que o espiritismo não revelou qualquer novidade digna de admiração, pois a Lei do Carma e a Reencarnação já eram postulados das filosofias orientais há milênios. Que dizeis?*

RAMATÍS: — Sem dúvida, o espiritismo apenas popularizou, de modo disciplinado e bastante fácil para a mente moderna, os conhecimentos que se estiolavam na intimidade dos templos fraternistas, velados por dificultosa terminologia iniciática. Mas também rejeitou tudo o que se mostrava incoerente, complexo ou passível de interpretações dúbias, embora simpático às diversas correntes do orientalismo iniciático. A codificação espírita transformou-se num copo de água límpida e sem qualquer colorido particular, perfeitamente eletiva à mentalidade ocidental e avessa aos adornos e superstições do agrado oriental.

Allan Kardec adotou o método indutivo nos seus experimentos; e sua doutrina também brotou diretamente da observação dos fatos. Os postulados espíritas não são fruto direto das tradições de qualquer escola do espiritualismo oriental, pois o codificador não aceitou nenhuma afirmação apriorística, mas partiu da própria demonstração positiva para definir seus princípios doutrinários.

PERGUNTA: — *Poderíeis indicar-nos algo que Allan Kardec achou incoerente ou tenha rejeitado quanto às correntes espiritualistas do Oriente?*

RAMATÍS: — De princípio ele rejeitou o dogma da "metempsicose", quando egípcios e hindus admitiam a transmigração da alma para o corpo de animal, como castigo pelos pecados mais graves cometidos pelo homem em vidas pregressas. Os sacerdotes ensinavam ao povo que o espírito encarnaria na espécie mais adequada ao tipo do seu pecado; o glutão nasceria no porco, o irascível, no touro, o bruto, no elefante, o teimoso, no asno. No entanto, Allan Kardec não só rejeitou esse postulado explicando que o espírito não retrograda, como também não admitiu a concepção reencarnacionista do Bramanismo, com sua orgulhosa divisão de castas aristocráticas e sacerdotais, ressaltando-se sobre a desprezível condição deserdada dos párias.

Realmente, o espiritismo não trouxe revelações inusitadas no campo da Reencarnação e da Lei do Carma, já expostas milenariamente pelas escolas orientais; mas Allan Kardec só adotou tais ensinamentos ou postulados depois de submetê-los à opinião saneadora e unânime dos espíritos a serviço da doutrina. Só os admitiu obediente à coerência do Alto e pela sensatez na solução dos problemas do mundo transcendental, quando confirmaram satisfatoriamente a origem das diferenças entre os seres humanos, a consciência de existir, o destino, o livre-arbítrio, o bem e o mal na transitoriedade da vida terrena.

PERGUNTA: — Há fundamento de que o espiritismo é realmente uma doutrina universalista?

RAMATÍS: — Indubitavelmente, o espiritismo é doutrina universalista porque o principal motivo de sua atuação e existência são os acontecimentos e problemas derivados do Espírito, isto é, da entidade universal. Seu motivo fundamental é o Espírito imortal, seja luz, energia, chama, centelha ou ser imponderável e indescritível ao nosso entendimento humano, mas sempre o "élan" de nossa consciência com o Absoluto, o alimentador da Vida e do Universo.

PERGUNTA: — Mas se o espiritismo é doutrina universalista, por que determinados espíritos combatem outros credos, filosofias ou mensagens mediúnicas, inclusive até as vossas comunicações mediúnicas?

RAMATÍS: — Repetimos: O espiritismo é universalista, mas não lhe cabe a culpa se muitos espíritas desmentem essa salutar conceituação e desperdiçam seu precioso tempo no julgamento e agressividade mental aos demais trabalhadores da espiritualidade.

PERGUNTA: — Mas alguns confrades alegam a necessidade imperiosa de se "defender" os princípios sensatos do espiritismo, evitando-se a promiscuidade das misturas e sincretismos religiosos.

RAMATÍS: — O argumento é bastante débil, pois o que é invulnerável à influência ou agressão alheia jamais precisa de defesa. A roseira plantada em qualquer terreno continua a dar rosas, sem o perigo de produzir batatas ou limões. Evidentemente, muitos espíritas ainda revivem, em modernas sublimações, os dogmas dos velhos credos que esposaram nesta ou em reencarnações passadas. Revelam no meio espírita a mesma intolerância religiosa, a sisudez pessimista e má disposição para com as ideias e labores alheios que ultrapassem as fronteiras de suas convicções e simpatias. Reproduzem sob novos aspectos doutrinários o mesmo vício de excomunhão do passado, embora sejam cultos ou cientes de mais avançado programa espiritual. O perigo de dissolução doutrinária do espiritismo, em face de conceitos ou misturas estranhas, há de desaparecer se os espíritas estiverem integrados e convictos dos postulados doutrinários de raízes indestrutíveis. Só a convicção absoluta pode afiançar a "fé que remove montanhas"; só uma fé viva, contínua e forte, sustenta qualquer ideal, e essa espécie de fé também recomendamos para os espíritos temerosos de confusão.

PERGUNTA: — *Mas o espiritismo não se contradiz no seu universalismo, ao rejeitar qualquer aproximação de outros credos ou postulados espiritualistas?*

RAMATÍS: — Naturalmente, estamos nos referindo ao universalismo que é fruto da convicção cimentada na cultura e no discernimento espiritual do homem, e não a simples ajustes de credos, princípios religiosos, práticas diversas, ou variedade de crenças. O espiritismo é uma doutrina universalista, porque se coloca acima dos conflitos e das contradições religiosas, julgando as atividades humanas de modo global e benfeitor.

Ademais, expõe o conhecimento oculto de todos os povos, sem atavios, em linguajar simples e sem enigmas alegóricos; o seu texto moral e filosófico pode ser facilmente compreendido por todos os seres e sem ferir os postulados alheios.[2] Então comprova o seu sentido universalista por servir e compreender todas as criaturas em todas as latitudes geográficas. Pelo fato de não incorporar no seu conteúdo revelações ou conceitos de outras fontes espiritualistas, isso não desnatura o seu conceito de universalismo. Em verdade, evita-se o sincretismo religioso ou doutrinário, para não tornar fatigante e complexo o que já foi dito de modo tão simples.

---

[2] Vide o capítulo "Missão do Espiritismo", da obra *Roteiro*, de Emmanuel, ditado a Chico Xavier.

PERGUNTA: — *Ante os esforços ecléticos de unir outras religiões, como procede atualmente o catolicismo através dos seus concílios ecumênicos, o espiritismo ainda deve ser considerado universalista, malgrado se mantenha à margem de tais iniciativas?*

RAMATÍS: — É missão do espiritismo conjugar os valores inerentes à imortalidade e despertar nos homens a simpatia e o respeito para todas as crenças e instituições religiosas do mundo, acendendo na alma dos seus prosélitos a chama ardente do desejo da busca comum da Verdade. É mensagem universalista porque valoriza todos os esforços do ser humano em favor do Bem e da compreensão espiritual, numa visão global do conhecimento, sem precisar juntar credos e seitas religiosas numa fusão improdutiva e que baixa a qualidade original pela confusão da mistura.

Universalismo não é apenas a colcha confeccionada com retalhos de todas as religiões e doutrinas espiritualistas, mas o entendimento panorâmico dos costumes, temperamentos e sentimentos religiosos de todos os homens a convergir para um só objetivo espiritual.

PERGUNTA: — *Que dizeis do espiritismo, ante a crítica de certos movimentos espiritualistas orientais, que o julgam doutrina prematura e até perigosa para a massa popular?*

RAMATÍS: — Embora a doutrina Espírita divulgue em seus postulados velhos ensinamentos da tradicional filosofia espiritualista do Oriente, é certo que a teosofia, a rosa-cruz e algumas instituições esotéricas criticam desairosamente o espiritismo e desaconselham as práticas mediúnicas. Alegam que o exercício da mediunidade é arma de dois gumes, que coloca o médium sob o perigoso controle dos espíritos malfeitores e enfermos do mundo invisível.

Realmente, o uso da mediunidade exige prudência, estudo e rigorosa elevação moral, pois as anomalias psíquicas, como fascinações, obsessões ou comunicações mediúnicas desregradas, são mais próprias da ignorância e imprudência humana do que oriundas dos postulados espíritas.

O espiritismo, além de ser um sistema filosófico disciplinado e de experimento científico, possui a garantia moral do Evangelho de Jesus. Lógico e sensato nos seus princípios, em cem anos de atividades doutrinárias jamais causou prejuízos diretos aos estudiosos e adeptos bem-intencionados. Os seus ensinamentos facilmente compreensíveis e sem objetivos pessoais, foram corporificados para a emancipação espiritual da humanidade do século XX.

PERGUNTA: — Há quem diga que o espiritismo não é a "Terceira Revelação" tão propalada pelos espíritas e prometida há dois mil anos pelo Cristo-Jesus.

RAMATÍS: — Evidentemente, Antúlio, Anfión, Numu, Orfeu, Pitágoras, Lao-Tsé, Fo-Hi, Zoroastro, Maomé, Confúcio, Crisna, Buda e outros mensageiros do Alto, também foram reveladores da Verdade Espiritual e portadores de ensinamentos incomuns, atendendo as necessidades e os costumes de cada raça. De suas atividades nasceram crenças, doutrinas, confrarias iniciáticas, seitas religiosas e movimentos filosóficos, que ainda hoje ramificam-se pelo mundo e são alheias ao próprio espiritismo.

PERGUNTA: — Porventura essa "Terceira Revelação" não é o próprio fenômeno da mediunidade a "derramar-se pela carne dos homens", na época predita por Jesus?

RAMATÍS: — O fenômeno mediúnico é inerente a todos os homens. É próprio do espírito humano e por isso existe desde os tempos simbólicos de Adão e Eva. A expansão mediúnica não é propriamente a "Terceira Revelação", mas é o espiritismo, no seu conjunto doutrinário de **revelar** o mundo oculto a todos os homens, e na responsabilidade grave de pesquisar e controlar o desenvolvimento mediúnico.[3]

PERGUNTA: — Quais são as principais características que então justificam a doutrina espírita como sendo a "Terceira Revelação"?

RAMATÍS: — O espiritismo é realmente a "Terceira Reve-

---

[3] Aconselhamos a leitura da excelente obra mediúnica *Seara dos Médiuns*, de Chico Xavier, pelo espírito de Emmanuel, principalmente os capítulos: "Na Mediunidade", "Força Mediúnica", "Formação Mediúnica" e "Médiuns Transviados". Obra editada pela Federação Espírita Brasileira.

lação", porque a sua mensagem mediúnica do Alto, embora assemelhe-se ao procedimento dos demais reveladores e instrutores religiosos, distingue-se excepcionalmente pela incumbência de proceder a uma transformação radical no espírito da humanidade, assim como também já aconteceu às duas anteriores revelações de Moisés e Jesus. A Primeira Revelação promulgou os "Dez Mandamentos" através da mediunidade flamante de Moisés, no Monte Sinai; a Segunda Revelação codificou o Evangelho pela vida sacrificial de Jesus. Em ambos os casos, foram movimentados recursos de elevada estirpe espiritual, que além de influírem decisivamente sobre a raça hebraica, ainda foram extensivos a toda a humanidade.

Examinando-se as mensagens de outros instrutores, afora as de Moisés e Jesus, verificamos que elas foram algo pessoais e dirigiram-se mais intencionalmente a povos, raças e seres, cujos costumes e temperamentos eram mais eletivos aos ensinamentos da época. Antúlio, o filósofo da Paz, predicou entre os atlantes; Confúcio pregou aos chineses; Orfeu particularizou-se nos ensinos do Alto aos gregos; Hermes aos egípcios; Buda aos asiáticos; Zoroastro aos persas; Crisna aos hindus. No entanto, as mensagens de Jesus e Kardec transcenderam a peculiaridade específica de raças e foram divulgadas sob caráter universalista, porque se endereçavam a toda a humanidade.

Os Dez Mandamentos, o Evangelho e a Codificação Espírita ultrapassam os preconceitos e os costumes racistas de qualquer povo, pois servem de orientação espiritual a todos os homens.

PERGUNTA: — *Mas não havia diferenças de procedimento, costumes e moral na época de cada revelação, motivo por que não deve ser aplicado hoje o que só serviu outrora?*

RAMATÍS: — Evidentemente, essas três revelações fundamentais ocorreram em épocas diferentes e de acordo com o entendimento intelectivo e psicológico dos povos. Mas os preceitos "não furtarás", "não matarás" e "honra pai e mãe", extraídos dos Dez Mandamentos de Moisés; os conceitos de

A Missão do Espiritismo   29

"amarás ao próximo como a ti mesmo" ou "faz aos outros o que queres que te façam", de Jesus, e "fora do amor e da caridade não há salvação", de Allan Kardec, são, realmente, ensinos de natureza universalista, porque além de compreensíveis a todos os homens, doutrinam no mesmo sentido moral e independente de raças, credo ou costumes.

Embora também sejam mensagens espirituais algo semelhantes às de outros instrutores como Buda, Crisna ou Confúcio, elas aplicam-se a todo o gênero humano por estarem despidas de alegorias, tradições, regras ou costumes peculiares a certo povo. Ligam o passado ao futuro, em três etapas distintas, embora de acordo com a compreensão espiritual na época de suas revelações. Estão identificadas pelo mesmo conteúdo espiritual da humanidade, sem exclusivismos racistas ou simbologia de iniciados.

A verdade é que após a revelação dos Dez Mandamentos transmitidos por Moisés, do Evangelho vivido por Jesus e da codificação do espiritismo por Allan Kardec, produziram-se consideráveis transformações na humanidade. São realmente três revelações que se distinguem fundamentalmente em suas épocas, modificando a moral dos homens pela libertação gradativa das paixões inferiores e pelo conhecimento mais exato da Vida Imortal.

PERGUNTA: — Poderíeis esclarecer-nos melhor sobre o sentido messiânico da primeira revelação?

RAMATÍS: — Obedecendo ao esquema de progresso espiritual da humanidade terrena traçado pelos Mestres Siderais, Moisés transmitiu pelos Dez Mandamentos a primeira revelação, a Lei da Justiça; Jesus foi o mensageiro da Lei do Amor através do Evangelho, e Allan Kardec, o fiel expositor da Lei do Dever, pela codificação do espiritismo.

A primeira revelação a cargo de Moisés foi de severa ameaça para tolher a ferocidade humana, advertindo a humanidade dos castigos infernais que deveriam punir a rebeldia contra os Dez Mandamentos. A humanidade, ainda bastante escravizada aos instintos inferiores, não poderia modificar-se através de conselhos e sugestões pacíficas. Por isso, a mensagem severa de Moisés expunha os rigores da Justiça Divina, advertindo os homens para pensarem demoradamente no castigo, antes de pecar.

As catástrofes de Babilônia, Sodoma, Gomorra, Herculano e Pompéia, depois ficaram na história como civilizações castigadas por um Deus, em face do aviltamento e deboche dos homens no desrespeito às leis divinas.

PERGUNTA: — E qual é o sentido exato da segunda revelação?

RAMATÍS: — Sem dúvida, cada revelação identifica-se num sentido educativo do espírito do homem e no modo de conduzi-lo à realidade da vida eterna. A primeira revelação foi um imperativo para o céu, através do temor e da ameaça; a segunda revelação, foi um convite celestial, sob a insígnia da renúncia e do amor; a terceira revelação, o despertamento mental para que o homem alcance o "Éden", na construção do seu destino.

No entanto, a segunda revelação, por intermédio de Jesus de Nazaré, fez vibrar ainda mais os espíritos encarnados, que em vidas anteriores já haviam admitido seriamente as regras dos Dez Mandamentos da primeira revelação de Moisés. Jesus comunicou à humanidade nova expressão Divina, substituindo Jeová, deus irascível, guerreiro e vingativo, pela concepção agradável de Pai Magnânimo, doador de graças e providências, que deviam aliviar os enfermos, proteger os pobres e compensar os injustiçados. Moisés condenou sumariamente os pecadores e sob ameaça de terríveis castigos divinos proibiu o deboche, o paganismo, o orgulho, a inveja, a ira, a avareza, a preguiça e a perversidade. Mas Jesus trouxe a promessa do reino de Deus, com as esperanças e os consolos para todos os homens sofredores. Sua mensagem dizia respeito às criaturas batidas pelas vicissitudes e injustiças, as infelizes deserdadas de todos os bens do mundo. Os discípulos de Jesus eram as vítimas dos cruéis, poderosos e egoístas.

Enfim, Moisés atemorizou apontando pecados; e Jesus consolou valorizando as virtudes. No entanto, os espíritos que admitiram a primeira revelação dos Dez Mandamentos promulgados por Moisés, mais tarde, em novas encarnações, também vibraram intensamente com a mensagem divina e amorosa de Jesus, no seu admirável Evangelho.

PERGUNTA: — E qual é a significação da terceira revelação, atribuída ao espiritismo?

RAMATÍS: — Repetimos: Moisés revelou à humanidade a Lei da Justiça, Jesus a Lei do Amor e Allan Kardec a Lei do Dever. Kardec foi a inteligência e o bom senso codificando mensagem de emancipação do homem através do "conhecimento de si mesmo". Cada uma dessas revelações marca um ciclo ou época de amplitude universal na face do orbe terráqueo, embora continuem a existir inúmeros credos e doutrinas promulgadas por outros reveladores menores, peculiares ao temperamento, tradições e costumes de certos povos.

PERGUNTA: — Dissestes que os cristãos aceitaram mais facilmente a pregação evangélica de Jesus, porque em vidas anteriores já haviam se convertido aos Dez Mandamentos da revelação de Moisés. Não é assim?

RAMATÍS: — A evolução ou ascese angélica não se faz aos saltos, mas os espíritos encarnados submetem-se às diversas etapas de graduação espiritual, assim como as crianças só obedecem pela ameaça do castigo, os moços são mais acessíveis às sugestões e os velhos mais compenetrados de seus deveres.

Malgrado terem frenado seus instintos pelas ameaças de Moisés, os espíritos que vibraram favoravelmente com a revelação dos Dez Mandamentos, um milênio depois, também se mostraram mais afins ao convite evangélico de Jesus. Seria bastante incoerente, que os sarcásticos, indiferentes ou adversos aos Dez Mandamentos, depois aceitassem docilmente a mensagem terna do Evangelho de Jesus, sem admitirem antes a revelação de Moisés.

PERGUNTA: — Por que os homens ainda se odeiam e se matam, apesar das extraordinárias revelações de Moisés, Jesus e Kardec? Não houve progresso nessas três etapas revelativas?

RAMATÍS: — Trata-se de almas primárias, cuja sensibilidade psíquica ainda é insuficiente para vibrar com os ensinamentos avançados do Alto. Elas ainda predominam na Terra com o seu tipo inferior e reencarnam-se quase inconscientes de sua condição espiritual, pois vivem na Crosta sob os impulsos instintivos e desejos incontrolados. Ademais, à medida que se despedem da Terra os espíritos promovidos para habitarem outros planos superiores, logo são substituídos por novas camadas de almas primárias, assim como nas escolas do mundo os alunos graduados para o ginásio deixam suas vagas a outros candidatos incipientes.[4]

Por isso, quando chega a fase seletiva de "fim de tempos" em cada orbe habitado, os espíritos relapsos ou alunos atrasados à "esquerda" do Cristo são removidos para outro mundo escolar primário, onde repetem as lições anteriormente negligenciadas. Nem todos os homens sentiram o convite do Alto através das três revelações espirituais tão importantes. Moisés proibiu intempestivamente o uso e o ato das coisas prejudiciais ao espírito, enquanto Jesus mostrava a transitoriedade das glórias do mundo, louvando o amor, a renúncia, a pobreza, a vicissitude, o perdão e o sofrimento, como condições favoráveis para a redenção do pecado humano e o ingresso do ser no Paraíso. Finalmente, Kardec revelou pela codificação espírita as noções do dever do espírito para consigo mesmo, encontrando os melhores cooperadores entre aqueles mesmos seres que já haviam obedecido à mensagem de Moisés e acorrido ao labor evangélico do Cristo-Jesus.

PERGUNTA: — Quereis dizer que os espíritas atuais, em sua maioria, são realmente egressos do Cristianismo?

RAMATÍS: — A maior parte dos atuais líderes e trabalhadores do espiritismo, também obedeceram às normas dos Dez Mandamentos da primeira revelação, frenando os instintos inferiores. Mais tarde, pacificaram essas paixões iniciando o desenvolvimento de algumas virtudes louváveis sob a égide do Evangelho de Jesus. Atualmente, esse conjunto de almas

[4] É suficiente recordarmos o que praticou Hitler e seus asseclas na última guerra, afogando, metralhando e sufocando judeus nas câmaras de gases, para comprovarmos, realmente, que ainda vivem, na Terra, os mesmos espíritos do tempo de Moisés, cujos ouvidos ficam moucos às diversas mensagens do Alto.

sensíveis às duas primeiras revelações também convive no seio do espiritismo desenvolvendo o autoconhecimento e divulgando-lhe os preceitos sensatos e dignos.

Mas assim como o jardineiro precisa arrancar as ervas daninhas, que proliferam com desusado vigor asfixiando as flores delicadas e as plantas benfeitoras do jardim, o clima espiritual da Terra também requer o expurgo dos espíritos malfeitores, para favorecer o progresso mais breve das almas bem-intencionadas.

Os esquerdistas do Cristo, ou "ervas daninhas" espirituais, são os espíritos que não obedeceram aos Dez Mandamentos de Moisés, não acorreram ao Evangelho de Jesus, nem levam a sério o espiritismo de Kardec e outros movimentos espiritualistas benfeitores. Ainda são indiferentes à sua própria ventura espiritual, preocupados somente com os seus interesses inferiores e paixões animais. Em consequência, não se modificaram com as ameaças de Moisés, não vibraram com o convite de Jesus, nem se interessam pelos esclarecimentos do espiritismo sobre as obrigações morais do Espírito eterno.

PERGUNTA: — O espiritismo poderia tornar-se um ecletismo religioso?

RAMATÍS: — É principalmente um movimento de solidariedade fraterna entre todos os homens. O espiritismo não é doutrina separatista, nem ecletismo religioso à superfície do Espírito imortal. Apesar do louvável entusiasmo de alguns espíritas para a comunhão de seitas religiosas no seio da doutrina, a mistura heterogênea sempre sacrifica a pureza íntima da essência. A qualidade de substância espírita reduzir-se-ia pela quantidade da mistura de outros ingredientes religiosos, mas adversos.

O espiritismo pode ser ecletismo espiritual unindo em espírito todos os credos e religiões, porque também firmam suas doutrinas e postulados na realidade imortal. Mas seria insensato a mistura heterogênea de práticas, dogmas, princípios e composturas devocionais diferentes, entre si, para constituir outro movimento espiritualista excêntrico. Ademais, a doutrina espírita tem algo de bandeirantismo na lavratura do terreno para o "Mentalismo" do próximo milênio, porque é liberta de quaisquer dogmas, fórmulas, liturgias, idolatrias, fetiches ou sacerdócio ainda tão comuns nas atividades religiosas do mundo. Sua missão, enfim, é libertar o homem e não prendê-lo ainda mais às fórmulas e superstições do mundo carnal transitório.

PERGUNTA: — *Mas o espiritismo, tal como já aconteceu a algumas crenças, também não poderia promiscuir-se nos seus princípios iniciáticos, adotando, no futuro, expressões semelhantes às de outras seitas dogmáticas?*

RAMATÍS: — Se isso acontecer já não é espiritismo, porém, algum sincretismo religioso ou movimento excêntrico à margem da doutrina. Espiritismo puro é aquele que se pratica sob a disciplina dos seus preceitos doutrinários originais; qualquer interferência ou mistura que lhe tisne a virgindade iniciática, é desmentido flagrante à linhagem codificada por Kardec.

Allan Kardec não elaborou as regras e os postulados fundamentais da doutrina espírita, somente no decurso de sua última existência física, na França. Ele deu corpo disciplinado a princípios espirituais que investigou e firmou na sua memória espiritual, após três milênios de várias encarnações anteriores vividas nas mais diversas latitudes geográficas do orbe.

No Egito do faraó Merneftá, ele foi Amenófis, médico estudioso do "Livro dos Mortos" e dos fenômenos do Além; na Índia, depois de aprofundar-se nos Vedas, desenvolveu o poder mental, e mais tarde foi conhecido como o "mestre do silêncio"; na Caldéia, viveu como Shiranosóstri, entre magos babilônicos e foi detentor de poderes mediúnicos excepcionais. A Grécia conheceu-o como elevado hierofante do Templo; viveu na Assíria e na Pérsia investigando os fenômenos das forças ocultas da Natureza; e participou das cerimônias dos Druidas nas florestas sagradas da Gália. Kardec pôde reviver no Espaço toda a sua trajetória iniciática vivida anteriormente nas diversas romagens terrenas, antes de partir para a Terra e se tornar Hippolyte-Léon-Denizard Rivail, o codificador do espiritismo.

Antes de sua existência na França, ele ainda viveu na Escócia, fazendo um estágio de repouso psíquico no contato com o mundo que lhe aguardava a síntese dos conhecimentos espirituais na codificação do espiritismo. Em sua alma, no entanto, ainda vibravam as evocações do politeísmo da Lemúria, as revelações dos gênios da Atlântida, os esforços infatigáveis dos mentores da raça adâmica, a peregrinação iluminada de Buda, os organizadores do povo judeu. Conviveu entre sacerdotes do Egito, iniciados da Índia dos Vedas, assimilando os fundamentos hermetistas, as práticas do Bramanismo, o processo justo da Lei do Carma e o conhecimento da Reencarnação. Mais tarde, no Espaço, ainda peregrinou pelas regiões que serviram de cenário à vida do Sublime Jesus, acompanhando, comovido, no estudo e na pesquisa dos "arquivos siderais"[5] os surtos evolutivos do Cristianismo.

As suas existências pretéritas já definiam o rumo da vida missionária, na França, traçando-lhe os primórdios de um grandioso plano espiritual elaborado pelo Alto, como foi, realmente, o espiritismo no século XX. A firmeza de intenções e a tenacidade indomável de Kardec, garantiram a divulgação da doutrina espírita no momento psicológico da compreensão mental do mundo ocidental e do intercâmbio proveitoso com o plano Invisível.

A superioridade da pedagogia espírita codificada por Kardec ressalta-se em favor da mais breve ascensão humana, porque os seus fundamentos não são produtos exclusivos da seleção de fenômenos observados numa só existência, mas a síntese de princípios sublimes investigados em diversas existências pretéritas.

PERGUNTA: — Podereis estender-vos mais sobre as romagens terrenas de Allan Kardec, quando pesquisava os fundamentos da codificação do espiritismo?

RAMATÍS: — As principais raízes do espiritismo perdem-se nos milênios já transcorridos, aprofundam-se em quase todos os templos iniciáticos do Oriente e nas cogitações espirituais de quase todos os povos. Renascendo na França e em contato com a força atrativa dos fenômenos de Além-tú-
_____
[5] Akasha ou "Éter Refletor".

mulo, o genial codificador viu-se tomado por uma avalancha de ideias e recordações pregressas que o fizeram admitir sem qualquer dúvida a "Lei da Reencarnação" e a "Lei do Carma", como preceitos de carinhosa e longa familiaridade. Sob o fascínio da evocação pretérita, na sua retina espiritual delineavam-se os vultos heráldicos dos sacerdotes de Ra e Osíris-Íris, no suntuoso culto aos "mortos que sobrevivem"; as figuras imponentes dos Druidas, no culto do Fogo Sagrado; a oferenda no seio das florestas dos gregos presidindo os mistérios de Elêusis, ou dos mistérios órficos da alma apurando-se nas vibrações da música celestial.

Hermes, Crisna, Lao-Tsé, Fo-Hi, Zoroastro, Rama, Buda e o divino Jesus influenciaram-lhe a alma poeticamente por algum tempo, embora Kardec tivesse nascido francês e se criado sob severa disciplina científica. Atuava-lhe na mente sensibilizada o passado de intensa atividade espiritual, a evocação de longa caminhada através de instituições espiritualistas e templos religiosos de todos os povos. O seu espírito, insaciável na busca da Verdade, havia perscrutado todas as fontes humanas da revelação espiritual, mas sempre se mostrava avesso às práticas excêntricas, fórmulas complicadas ou dogmas infantis. Sua bagagem milenária era constituída de valores tão exatos e preciosos, que na última existência francesa ele foi descrente até 50 anos de idade, porque ainda mostrava ojeriza pelas superstições e dogmas religiosos da época. Por isso, a segurança doutrinária do espiritismo firma-se exatamente no alicerce milenário das pesquisas e experimentações de um espírito adulto e desassombrado, que ainda glorificou sua realização universalista pela adoção incondicional do "Código Moral" do Evangelho de Jesus.

PERGUNTA: — No entanto, afirmam alguns espiritualistas e iniciados que o espiritismo não pode sobreviver como doutrina universalista porque lhe faltam o método e a disciplina próprios da cultura iniciática dos templos esotéricos. Que se trata de um movimento popular variando conforme a versatilidade das massas, as quais não possuem o discernimento espiritual consciente dos iniciados em ambientes não profanos.

RAMATÍS: — Existem épocas apropriadas para a revelação de cada sistema religioso e doutrinário de cunho espiritual. Evidentemente, difere muitíssimo entre si o tipo das mensagens reveladas por Moisés, Jesus e pelo próprio Kardec. A contextura e o ensinamento de cada uma dessas mensagens varia de conformidade com a psicologia, o entendimento, os costumes e a cultura espiritual dos povos na época de sua revelação. O Alto não costuma violentar a imaturidade espiritual dos homens no seu aprendizado planetário, mas gradua-lhes as revelações do Espírito Imortal de acordo com a capacidade de sua assimilação e discernimento. O Jeová intransigente e feroz revelado por Moisés, há três mil anos, nada tem de comum com a ternura do "Pai" amoroso manifestado por Jesus, assim como a mensagem espírita de Kardec já não faz ameaças com as penas do inferno, porém, desperta a consciência do homem quanto às suas obrigações espirituais e as consequências morais através da Lei do Carma. Deste modo, as procurações sacerdotais, as graças e os favores divinos concedidos à última hora aos pecadores arrependidos, perderam sua força e significação, em face do ensino espírita, que adverte da responsabilidade pessoal de cada criatura na construção do seu bom ou mau destino.

Em consequência, o homem não se gradua cidadão angélico sob a ameaça de punições eternas. Ele evolui pelo estudo, pelo serviço caritativo prestado ao próximo; e o próprio sofrimento é apenas processo de retificação espiritual, dando ensejo à recuperação do tempo perdido.

A principal característica da mensagem espírita é despertar a alma para a compreensão da Lei Espiritual, que disciplina a formação da consciência individual no seio do Cosmo. Deus não faz concessões especiais comovido pelos louvores ou apelos compungidos dos seus filhos, mas proporciona-lhes o ensejo educativo para o "autodiscernimento" e consciência de sua responsabilidade terrena.

No século XX, o espiritismo é justamente a doutrina indicada para ajudar o cidadão terrestre a conhecer a sua responsabilidade espiritual.

PERGUNTA: — Por que o espiritismo não foi codificado há mais tempo e assim esclarecido o homem para libertar-se mais cedo de suas culpas pregressas?

RAMATÍS: — Enquanto o homem comum ainda não estava capacitado para se aperceber da natureza imponderável do mundo oculto, era justo e sensato que os esclarecimentos espirituais se fizessem por etapas gradativas no interior dos templos iniciáticos. Mas, atualmente, a humanidade possui índice científico suficiente para entender as origens e atividades ocultas da vida imortal. Por isso, como já dissemos, o espiritismo é doutrina de iniciação espiritual à luz do dia, cujo templo é a Natureza e o sacrário é o coração do homem. Surgiu no momento exato de maturidade científica e receptividade psíquica do homem atual; e os seus ensinamentos simples e práticos o orientam na trama da vida e no intercâmbio com as demais criaturas. O cenário aberto do mundo substitui as abóbadas tradicionais dos templos iniciáticos; e as práticas esotéricas de hoje compreendem a resignação, paciência, renúncia, bondade, tolerância ou humildade, que devem ser exercidos desde o lar, às filas de ônibus, aos divertimentos, às reuniões sociais, no trabalho, no esporte e até nos estabelecimentos escolares.

O espiritismo, no século atual, abriu as comportas do mundo oculto para todos os cidadãos da Terra, mas exige que seus adeptos também abandonem as sandálias empoeiradas do mundo ilusório no portal do templo do "Espírito".

PERGUNTA: — Por que o espiritismo deve superar tantas filosofias e doutrinas espiritualistas, já existentes no mundo, quando elas também pregam a "Lei do Carma", a "Reencarnação" e o "Autoconhecimento"?

RAMATÍS: — A maioria das doutrinas ou filosofias espiritualistas que admitem a Lei do Carma e da Reencarnação requerem adeptos, simpatizantes ou discípulos que já possuam algum preparo espiritual ou discernimento superior para então compartilharem das práticas iniciáticas. No entanto, apesar do espiritismo firmar suas raízes nas doutrinas elevadas do Oriente, ele desfez os "tabus" das iniciações

A Missão do Espiritismo   39

ocultas e desobstruiu os ensinamentos esotéricos dos símbolos, apetrechos e terminologias complexas, oferecendo o conhecimento puro a todos os homens.

PERGUNTA: — *Mas antes do espiritismo, os antigos não se comunicavam com os mortos, conforme faziam os sacerdotes egípcios, mantendo contato frequente com os seus próprios parentes e amigos falecidos? Que dizeis?*
RAMATÍS: — Sem dúvida, o espiritismo tem sua base principal na comunicação dos espíritos. Mas sabemos que essa comunicação sempre existiu e é tão velha quanto o mundo. Se o próprio Moisés proibiu o intercâmbio do povo hebreu com os mortos, é porque isso era razoavelmente possível.

Mas só depois do advento do espiritismo é que realmente surgiu um corpo organizado, um sistema competente, filosófico, religioso e científico, com o intuito de disciplinar e controlar as experiências com os desencarnados. Os espíritos então preencheram as necessidades dos indagadores; e, além de comprovarem a imortalidade da alma, ainda ofereceram diretrizes para o melhor comportamento do homem no intercâmbio com os "falecidos".

Antes da codificação espírita, os magos, feiticeiros e iniciados mantinham intercâmbio com os desencarnados, mas só o conseguiam através de práticas absurdas e complexas, para lograr um breve e confuso contato com o mundo oculto.[6]

PERGUNTA: — *O espiritismo já pode constituir-se numa escola espiritualista do Ocidente, sem receio de quaisquer desmentidos futuros, por parte da Ciência, cada vez mais dominante no mundo?*
RAMATÍS: — O fenômeno espírita pode fundamentar os postulados de uma nova escola espiritualista, porque está suficientemente comprovado nas suas manifestações incomuns.

Os fenômenos de materialização e as mais diversas manifestações mediúnicas de comunicação entre vivos e mortos, já foram perquiridos, analisados e concluídos pelos mais avançados homens de ciência. Assim, médicos, filósofos, químicos,

---
[6] Vide nota 2 do capítulo 1 da obra *Mediunidade de Cura*, de Ramatís, **EDITORA DO CONHECIMENTO**.

escritores e estudiosos, como Gabriel Delanne, Léon Denis, Aksakoff, Paul Gibier, William Crookes, Lombroso, Bozzano, Carl Duprel, Gonzales Soriano, Oliver Lodge, Conan Doyle, Dennis Bradley e outros, recorreram aos mais avançados aparelhamentos de laboratório e de investigações precisas, concluindo pela realidade dos fenômenos mediúnicos e pela lógica dos postulados espiritistas. Não importa se os adversários do espiritismo alegam que tais cientistas foram ingênuas cobaias nas mãos de hábeis prestidigitadores. Os aparelhos de precisão e máquinas fotográficas que registraram as experiências não mentem nem distorcem os fenômenos.

PERGUNTA: — *Afora a pesquisa científica, o que se poderia comprovar da realidade mediúnica das comunicações sob o controle da doutrina espírita?*

RAMATÍS: — É a própria unanimidade de conclusões filosóficas da vida do mundo oculto que os espíritos têm transmitido através de centenas ou milhares de médiuns, entre os povos e as raças mais diversas. Examinando-se as comunicações dos espíritos, verificamos um perfeito entrosamento nas descrições de Kardec e nos estados de alma da vida no Além. Não há despautério, desmentido ou contradição entre o que têm dito os espíritos através de médiuns ingleses, espanhóis, portugueses, brasileiros ou franceses. Na essência de todas as comunicações, respeitando-se o temperamento, a índole e os costumes dos comunicantes, permanece o mesmo conteúdo de revelação e unidade de motivos.

PERGUNTA: — *Gostaríamos de algum exemplo quanto a essa identificação ou unidade existente nas comunicações de espíritos, que se comunicam nos ambientes mais diversos do orbe.*

RAMATÍS: — Os espíritos benfeitores e respeitosos, embora se comuniquem no seio de povos ou raças mais exóticas, são unânimes em explicar que não existe o inferno, o purgatório e o céu teológicos pintados nas velhas oleogravuras hebraicas; que os "mortos" sentem no seu perispírito ou "invólucro" post-mortem, as emoções e sensações ainda dominantes da vida física; que o homem sofre nas vidas sucessivas, na carne, os efeitos das causas que gerou em existências pregressas; que os espíritos nascem simples e ignorantes, e são lançados na senda evolutiva dos mundos planetários, para adquirir a consciência de si mesmos e elevar-se até a angelitude. Ainda proclamam a pluralidade dos mundos, pois "há muitas moradas na casa de meu pai", a sobrevivência de todos os homens e a ventura de todos os seres.

PERGUNTA: — *Embora concordando com vossas considerações, já compulsamos obras mediúnicas, em que os espíritos comunicantes, na Inglaterra e nos Estados Unidos, são contrários à reencarnação e asseguram que os desencarnados não retornavam mais à Terra. Que dizeis?*

RAMATÍS: — Realmente, em obras como "Rumo às Estrelas", de Bradley, o espírito de Johannes responde que nada sabia da reencarnação, enquanto Simpson, nos Estados Unidos, também alegava a mesma coisa em reuniões mediúnicas de efeitos físicos.

No entanto, o espiritismo ainda não conquistara as camadas populares e suas manifestações eram conhecidas apenas entre os doutos e experimentadores. Em face do preconceito racial do povo americano e as veleidades da aristocracia inglesa, o Alto mandou velar-lhes a realidade da reencarnação nas comunicações com o Além até a doutrina firmar suas bases indiscutíveis entre o povo.

PERGUNTA: — *Qual seria o prejuízo de os espíritos revelarem aos ingleses ou americanos a veracidade da Reencarnação?*

RAMATÍS: — Ainda não convinha estremecer as raízes frágeis do espiritismo nascente na Inglaterra e nos Estados Unidos, pela revelação do processo reencarnatório e consequente obstáculo à propagação da doutrina. É evidente que tanto o americano racista recusava crer na possibilidade de ele vir a reencarnar-se futuramente na figura de um negro, como o inglês aristocrata também não daria crédito à ideia de renascer plebeu, em vidas futuras. Os próprios brâmanes pregavam a encarnação por "castas", porque não podiam conciliar a ideia de retornarem à carne em condições inferiores, depois de gozarem da munificência sacerdotal do Bramanismo. Então ensinavam que o pária renasceria pária e o rajá ou brâmane nasceriam, no futuro, rajá e brâmane.

PERGUNTA: — Qual é a prova de que a reencarnação não é exatamente como pregam os brâmanes, em castas prestigiosas ou classes deserdadas?

RAMATÍS: — Não há duas medidas diferentes na Criação; tudo o que existe visível ou invisível aos sentidos do homem origina-se de uma só fonte, o Absoluto. Há uma só essência no âmago de todos os seres, pois as discordâncias exteriores são apenas frutos das diversas etapas evolutivas dos seres na sua variedade de manifestação. A discordância é sempre uma ilusão anotada pelos sentidos corporais das criaturas, mas inexistente para a visão panorâmica do espírito. Assim como as contas coloridas de um colar estão presas pelo mesmo fio de segurança, os espíritos do Senhor estão ligados pelo mesmo elo divino.

Em consequência, Deus não criou castas privilegiadas ou deserdadas, mas proporciona a felicidade a todas as suas criaturas. O americano descria da reencarnação protestando contra a ideia de renascer um negro desprezado; o inglês oferecia resistência à possibilidade de regressar à Terra como mísero plebeu, após ter sido orgulhoso aristocrata; os brâmanes jamais podiam humilhar-se à perspectiva de retornarem à carne na figura de párias expulsos para a marginalidade da vida.

Mas nenhum deles poderá fugir de sua origem em comum com todos os demais seres, na sua formação de centelhas lucíferas da mesma Chama Criadora. As palavras e sofismas jamais destroem ou desmentem a realidade divina da Criação. Deus não admite privilégios a qualquer de seus filhos.

PERGUNTA: — Certos espíritas acham que o espiritismo deve interferir publicamente na política do mundo, a fim de higienizar as atividades dos seus responsáveis. Outros alegam que a doutrina nada tem a ver com a política. Que dizeis?

RAMATÍS: — Não cabe ao espiritismo a missão de criar partidos, sistemas ou escolas que sirvam de orientação política aos homens. A sua principal função é desenvolver o amor, a tolerância, a fraternidade, a honestidade, a renúncia e o altruísmo entre os homens, influindo para que as instituições humanas se harmonizem pela moralização de suas próprias partes. Deve conquistar os corações dos homens, mas não impor condições partidaristas ou criar as leis próprias do facciosismo político do mundo.

Tratando-se de movimento destinado a atrair em seu seio as criaturas de opiniões, crenças, cor, casta, nacionalidade, cultura ou moralidade mais diversas, jamais deve isolar-se na condição de partido político, credo religioso ou sistema de casta social. Em verdade e independente do espiritismo, os Espíritos influenciam continuamente os homens, onde quer que eles laborem ou interfiram, quer sejam párias ou reis, mendigos ou afortunados, sábios ou analfabetos, pretos ou brancos.

Em consequência, os bons políticos serão assistidos por bons espíritos, e os maus políticos são o alvo predileto dos malfeitores e zombeteiros do mundo oculto. Não seria a doutrina Espírita a que sanearia a imoralidade dos conchavos e partidos políticos maquiavélicos, mas é a renovação moral do indivíduo que o distingue e o transforma como peça sadia do meio ou da organização política, social, religiosa ou educativa onde passa a atuar.

2. – Espiritismo e religião

PERGUNTA: — *Inúmeros espiritualistas e religiosos acham impertinência e presunção o fato de os espíritas apregoarem que o espiritismo é o próprio Cristianismo redivivo. Que dizeis?*

RAMATÍS: — Evidentemente, isso é possível quando exista semelhança de ação entre ambos. O Cristianismo era doutrina desprovida de pompas, complexidades, dogmas, ritos e compreensível por todas as criaturas, pescadores, camponios, mulheres, crianças, velhos, sacerdotes ou doutores. Revelava os atributos naturais do espírito imortal, estimulando o homem para o culto das virtudes superiores e balsamizando os efeitos do pecado.

O Cristianismo era movimento sem hierarquia, cuja força e pureza doutrinárias dispensavam intérpretes especiais, pois tocava diretamente na alma e no coração das criaturas. Os homens reuniam-se sob a carícia do Sol amigo, bafejados pela brisa deliciosa da Galiléia, enquanto escutavam Jesus falar-lhes das cousas ternas, das esperanças do "reino de Deus" e do prazer sublime de ajudar o próximo. Tudo era simples, sem preconceitos, sem exigências filosóficas ou consultas complexas. Quando Jesus pregava, os bens mais valiosos do mundo material eram superados pela indescritível paz de espírito e serenidade que envolviam seus discípulos e ouvintes.

Em consequência, o espiritismo é doutrina profundamente eletiva ao Cristianismo porque também dispensa práticas iniciáticas, dogmas, compromissos, rituais, oferendas, símbolos, insígnias e sacerdócio organizado. O Cristo-Jesus manifesta-se em qualquer lugar e a qualquer hora, à luz do dia ou da noite, em ambiente fechado ou aberto, nos campos ou nas cidades, inspirando os homens que o evocarem para realizar cousas sublimes.

Assim, como fariam os antigos cristãos, os espíritas também cuidam da realidade espiritual, diretamente, em reuniões simples, sem atavios, cerimônias ou idolatrias.

PERGUNTA: — *Mas um dos fundamentos do espiritismo é comprovar, pela mediunidade, a imortalidade da alma. Não é assim?*

RAMATÍS: — Não basta só provar a existência da alma pela fenomenologia mediúnica, mas também é preciso desenvolver no espírito humano as qualidades evangélicas apregoadas por Jesus. Os espíritas sabem que é mais sensato e proveitoso exercitar nas criaturas a paz, a ternura, a humildade e o amor, que convertem à angelitude, do que apenas surpreendê-las com os fenômenos transitórios referentes à imortalidade.

Sem dúvida é muito importante para os espíritas comprovarem a sua sobrevivência após a morte física; mas ainda é mais valiosa a transformação moral e libertação dos instintos animais, que livram o ser da roda indesejável das encarnações expiatórias. Indubitavelmente, é grande tolice o homem saber da existência do Paraíso e nada fazer para habitá-lo. O fenômeno psíquico demonstra características da revelação, mas não é processo fundamental para melhorar a evolução da alma.

O espiritismo afina-se bastante com o Cristianismo, principalmente, pela mesma finalidade doutrinária de transformar o homem animalizado em cidadão angélico. Os fenômenos espetaculares, embora impressionem, não transformam sentimentos maus em virtudes sublimes, nem as paixões violentas em afagos da alma. Isso só é possível através da renovação moral no santuário silencioso do ser.

Aliás, Jesus, o mais elevado instrutor da Terra, só prometeu fenômenos aos homens, depois de eles alcançarem a redenção espiritual. Em verdade, o homem evangelizado também é um fenômeno. Por isso, o Amado Mestre não fez milagres derrogando as leis do mundo, pois Ele era, acima de tudo, um sublime instrutor de almas. Jamais se prestou à condição de prestidigitador promovendo espetáculos incomuns às multidões supersticiosas.

PERGUNTA: — O espiritismo, porventura, também é uma religião?

RAMATÍS: — Depende do que realmente considerais religião, pois o espiritismo não é mais uma seita que se particularize entre os diversos tipos de associações religiosas do mundo. Contudo, é "Religião", na acepção do vocábulo "religare", processo ou meio de religar o espírito do homem à Consciência Cósmica de Deus. Sua função é dinamizar o "quantum" energético da centelha espiritual que domina em sua intimidade, fazendo-a aflorar cada vez mais à superfície da transitória personalidade humana; e assim consolidando a individualidade eterna do ser consciente de existir no Universo. Não é movimento destinado a reunir homens e incentivá-los à adoração de Deus sob um aspecto particularizado; nem se distingue por cerimônias em templos, dogmas, compromissos ou posturas peculiares a estatutos religiosos. É norma de vida do Espírito encarnado, induzindo-o a libertar-se, o mais cedo possível, da animalidade que o prende aos ciclos encarnatórios nos mundos planetários. Mas tudo isso será exercido com um "estado" de espírito no homem, sem limitações, preconceitos, obrigações ou exigências aos seus fiéis e adeptos. O esforço da criatura em "religar-se" o mais cedo possível com o Pai deve ser espontâneo ou voluntário. Jamais obrigatoriamente, pois isso lhe tiraria o mérito da ação. As cerimônias, os ritos, os símbolos, as distinções hierárquicas, que tanto impressionam os sentidos humanos, são recursos ou exterioridades, que podem identificar conjuntos de crentes praticando cultos religiosos simpáticos entre si, mas não provam estar presente o verdadeiro sentido da Religião. Em consequência, Religião é o esforço que a criatura empreende no sentido de maior sintonia com Deus, o que é perfeitamente compatível com o espiritismo, doutrina que não pretende competir com as seitas religiosas do mundo, mas apenas esclarecer os homens independentemente de quaisquer compromissos devocionais. A verdadeira religião não possui barreiras, não tem cor local ou limitações doutrinárias, pois abrange todas as criaturas que vivem dentro de uma norma ou esquema semelhante de entendimento espiritual. É uma atividade legitimamente espiritual, que universaliza o Espírito, aprimora a mente e sensibiliza o coração através de maior compreensão das Leis da Vida e de Deus.

PERGUNTA: — *Dizeis que a verdadeira religião vem do vocábulo "religare" e tem por função precípua "religar" o espírito do homem ao Espírito de Deus. Porventura, nós não somos "ligados" com Deus mediante os atributos que Dele possuímos, embora em grau infinitamente pequeno?*

RAMATÍS: — Sem dúvida, todas as criaturas constituem-se de centelhas emanadas de uma só Fonte Divina; e, portanto, mantêm-se indestrutivelmente ligadas com Deus. No entanto, ser a substância de algo é uma coisa e ter a consciência disso é outra. Todos os homens estão ligados a Deus porque sua contextura fundamental é emanação Dele; porém, como o espírito surge ignorante e inconsciente, embora esteja ligado ao Pai que o criou, todo o esforço que ele executa no sentido de ampliar sua consciência e abranger maior amplitude da Consciência Cósmica de Deus, é um processo "religioso" de "religar-se". O espírito já está ligado a Deus pela circunstância de ser criação Dele, mas depois procura a sua "religação" pelo desenvolvimento da consciência.

Deste modo, o espiritismo também é uma Religião, como é todo o movimento destinado a desenvolver a consciência espiritual do ser. Mas nada tem a ver com as organizações sectaristas religiosas, que possuem métodos exclusivos e dogmáticos para os seus cultos e adorações ao Pai. Através do espiritismo o homem aprende que esse "religamento" ao Criador deverá se efetuar através de obras, feitos e auto-evangelização, em vez de sua escravidão a credos, crenças, adorações, compromissos, cerimônias ou dogmas.

PERGUNTA: — *Considerais, então, que o espiritismo é realmente o Cristianismo Redivivo?*

RAMATÍS: — O espiritismo é a revivescência do Cristianismo, tanto pela sua doutrina moral quanto à elevação do homem, como por sua mensagem consoladora prometida por Jesus. Ademais, Allan Kardec levantou corajosamente a ponta do "Véu de Ísis", popularizou os ensinamentos e as práticas iniciáticas, que antigamente só eram permissíveis nas iniciações ocultas aos discípulos eruditos. As antigas práticas mediúnicas e complexas desses santuários foram simplificadas em preceitos claros e lógicos, através de obras didáticas, aos médiuns estudiosos e interessados no seu progresso espiritual sensato e fora dos perigos do empirismo improdutivo. Às vésperas do "Terceiro Milênio" ou do "Milênio do Mentalismo", a doutrina espírita é um curso espiritual valioso para o homem libertar-se dos dogmas opressivos, das práticas supersticiosas, das descrenças infantis e ampliar sua consciência para a realidade do "Eu Superior".

Através da singeleza do espiritismo, o homem comum ficou ciente dos valores espirituais adormecidos em sua própria alma; e já pode orientar-se para uma compostura moral superior no mundo físico até conseguir o seu passaporte para o ingresso definitivo no seio da humanidade angélica. Ademais, os postulados espíritas não devem ser confundidos com os princípios de seitas exclusivistas, ou isolacionistas. Realmente, eles interpretam à luz do século XX os próprios ensinamentos do Cristianismo de Jesus, como o fermento divino ativando a vivência do meio onde atua. Não compete ao espiritismo atear contendas religiosas ou exacerbar os fanatismos humanos; também não lhe cumpre qualquer defensiva ortodoxa ou separatista nas competições religiosas do mundo. É movimento filosófico espiritual de disciplina científica mas, acima de tudo, orientação moral da alma subvertida na senda das ilusões do mundo carnal.

PERGUNTA: — Por que as religiões não puderam cumprir sua missão de esclarecimento sobre os homens?

RAMATÍS: — As religiões, como o catolicismo, mosaísmo, hinduísmo, confucionismo, protestantismo, budismo e outros movimentos hierárquicos, similares, perderam o contato iniciático com a pureza da fonte em que se inspiraram. Comumente, aliaram-se aos poderes do mundo de César, tisnando a simplicidade iniciática no jogo perigoso das especulações políticas e na posse dos bens temporais. Atualmente, inúmeros sacerdotes católicos, que haviam fugido do mundo profano para a segregação dos conventos, mosteiros ou seminários, depois de liberados desse isolamento, eis que retornam à esfera pública para conquistar uma cadeira de deputado, senador ou vereador.

Assim, de princípio, eles renunciam ao mundo profano e aos deveres do cidadão comum, recolhendo-se voluntariamente à vida monástica; mais tarde, voltam a competir com o poder temporal público num desmentido à sua anterior renúncia.

Eleitos para divulgarem os bens do Cristo, depois competem para conquistar as gloríolas políticas da vida efêmera do mundo material.

Essas disposições contraditórias de renúncia e competição profanas, próprias dos líderes de algumas religiões do mundo, terminam lançando a desconfiança nos próprios fiéis e enfraquecendo-lhes o interesse espiritual. Antigamente, os sacerdotes eram considerados os procuradores da Divindade, sendo-lhes vedados os negócios subalternos da existência profana. Significavam os emissários de um mundo superior e liberto das inferioridades e paixões próprias da vida terrena, sem rebaixar-se aos mesmos desejos, objetivos e cobiças comuns. No entanto, a religião falhou redondamente na sua missão salvacionista e educativa do homem, porque além das contrafações dos seus representantes, ainda pontifica as mesmas fantasias bíblicas, nega a reencarnação e impõe dogmas que lançam a desconfiança ao mais inculto ginasiano.[7]

Enquanto os satélites rodam em torno da Terra, os submarinos atômicos rompem as calotas polares e a Ciência substitui rins ou corações combalidos, os sacerdotes católicos e pastores protestantes ainda pregam seriamente a subida de Elias ao céu, num carro de fogo, de Habacuc pelos cabelos, enquanto Jesus e Maria ascensionaram em corpo físico.

PERGUNTA: — *Considerando-se que as religiões de diversos povos falharam na missão de esclarecimento espiritual da humanidade, em virtude de sua adesão aos poderes políticos e temporais do mundo profano, porventura isso também não poderá acontecer ao espiritismo?*

RAMATÍS: — Sem dúvida, nem todos os espíritas e médiuns cumprem rigorosamente os princípios superiores da doutrina, pois alguns também se desorientam devotando-se ao mundo de César e olvidando o mundo do Cristo. No entanto, a segurança do espiritismo fundamenta-se na sua libertação radical dos cultos externos, dogmas, compromissos, símbolos, rituais, adorações ou cerimônias complexas, que satisfazem os crentes quanto à sua obrigação externa, mas não lhes transformam o espírito. Aliás, Allan Kardec pregou mui sensatamente que conhece-se o espírita pela sua transformação moral incessante". Os adeptos das igrejas do culto externo precisam de sacerdotes, pastores, líderes, adeptos, mestres, swamis, ou rabinos, que lhes proporcionam os meios de cumprirem suas obrigações religiosas habituais.

Essas igrejas socorrem-se dos recursos mais exóticos e pitorescos do mundo profano, que deforma a sua significação espiritual para atrair as multidões ainda impressionáveis pelos sentidos físicos. São procissões e encontros de imagens dramatizadas, introdução de ritmos modernos nos ofícios religiosos, que aumentam a quantidade de crentes, mas também sacrificam bastante o grau de qualidade espiritual. O culto externo requer, também, uma espécie de propaganda dirigi-

[7] Aliás, no Brasil são muito comuns as obras escritas por padres solteiros, que pontificam expondo regras de como criar filhos, viver conjugalmente, atender aos problemas nevrálgicos do sexo, ou perigos do divórcio. Paradoxalmente, enquanto no seio das igrejas pregam as mais ingênuas fantasias decalcadas da Bíblia, arvoram-se em sábios nos problemas mais severos da humanidade.

da, com "slogans" sugestivos e recursos da radiofonia, televisão, teatro e cinema, à semelhança dos recursos profanos. E os fiéis então se julgam dispensados de outras obrigações íntimas para com a sua igreja, porque frequentam o santuário e atendem aos sacerdotes em todas as festividades e conclamações cerimoniais dos dias santificados. Em consequência, grande parte do ensinamento do "homem interno" foi sacrificado pela cerimônia exterior, e os católicos, principalmente, consideram-se quites com os seus deveres religiosos tão-somente pela sua disciplinada frequência ao templo.

Mas a doutrina Espírita, cuja principal atividade é o "culto interno do espírito", não pode admitir qualquer abastardamento, mistificação ou contradição moral de seus adeptos, porque isso os coloca à margem pelos próprios simpatizantes, discípulos ou orientadores. Ninguém mais confia nos empreendimentos espiritistas dos espíritas facciosos e os deixam a sós com suas imprudências censuráveis, porque não é a cerimônia, a liturgia, o ritual ou a frequência incessante à igreja o motivo essencial da doutrina, mas, acima de tudo, a autenticidade do critério moral e a atividade escrupulosa. No seio do espiritismo codificado, os negociadores, mistificadores ou vaidosos, tresmalham-se entre os espíritos sadios. Eles então se constituem em movimentos à parte, anômalos e excêntricos, que não inspiram confiança e não gozam da chancela espiritista. Ficam na marginalidade, malgrado se esforcem para corresponder às exigências salutares da maioria.

PERGUNTA: — *Porventura, não se poderia julgar que o espiritismo, sendo movimento de sentido universalista, às vezes também censura outros credos, embora não seja uma seita a competir com as demais religiões?*

RAMATÍS: — A verdade é simples. Cada religião ou doutrina espiritualista viceja e atende a um determinado coeficiente de adeptos durante certo tempo, até lhes saturar o entendimento. O Cristianismo substituiu o judaísmo e o catolicismo é o Cristianismo já deformado em sua fórmula iniciática, simples e direta ao espírito do homem. O espiritismo, no entanto, é um novo esforço empreendido pelo Alto no sentido de recuperar a simplicidade do Cristianismo sem o atravancamento de dogmas, liturgias e cerimoniais fatigantes.

Em consequência, assim como o Cristianismo superou o mosaísmo e o protestantismo protestou contra o catolicismo na sua exuberância formalística e cerimonial luxuoso, o espiritismo vem divulgar a imortalidade e os deveres da alma, dispensando as fórmulas arcaicas e improdutivas das religiões sectárias. É movimento conciliador da necessidade espiritual e mental do homem do século XX, em sintonia com o avanço apressado da Ciência humana no campo das energias do próprio mundo oculto. Alicerçado no Evangelho de Jesus para orientar o homem na sua conduta moral e na Ciência que projeta e garante a estabilidade e o progresso da existência material, o espiritismo ainda subsistirá por muitos milênios, embora se possa corrigir alguns postulados futuramente inadequados ou obsoletos às novas formas de vida. Dispensando a roupagem misteriosa dos símbolos, dogmas e fantasias próprias de várias religiões do mundo, a doutrina espírita também evita o prosaísmo de mobilizar os recursos transitórios da matéria, para valorizar as qualidades eternas do Espírito imortal.

Aliás, o espiritismo, como doutrina universalista, não pretende guerrear a Igreja Católica e demais religiões, que ainda cumprem a sua missão digna junto à humanidade invigilante. No entanto é obrigado a esclarecer aos seus adeptos de que não cultua dogmas, superstições pagãs, fantasias bíblicas ou liturgias e pompa. O seu movimento admite e conjuga-se a todos os empreendimentos da Ciência Acadêmica e descobertas de novos valores progressistas do mundo. Deste modo, recusa-se a acrescentar aos seus postulados doutrinários a bagagem das crenças supersticiosas do passado, pulverizadas pelas comprovações científicas do vosso mundo atual.

PERGUNTA: — E qual seria a função de religiosidade do espiritismo, em nossa época?

RAMATÍS: — Os mentores da Terra, na atualidade, buscam entre os "muitos chamados e poucos escolhidos", os colaboradores ativos e corajosos, que possam atender ao serviço religioso do Cristo à luz do dia, em favor da humanidade. Porém, essa tarefa inadiável não pode ser exercida só em "momentos religiosos" dentro das igrejas ou sob "compromissos iniciáticos" nas confrarias esotéricas; nem apenas em "momentos de meditação", nas lojas teosóficas, nas disciplinas ou pesquisas dos agrupamentos rosa-cruzes, ou, ainda, nas reuniões fraternas dos esoteristas.

O mundo conturbado exige, cada vez mais, que os sadios de espírito e entendidos da imortalidade cooperem incessantemente em todos os momentos da existência humana e principalmente fora dos templos e das confrarias iniciáticas. Os verdadeiros servidores do próximo hoje dão tudo o que possuem de talento, experiência e realização espiritual na vida em comum com os demais irmãos de jornada terrena. Eis por que o médium, hoje, é uma figura em constante atividade, a mover-se por todos os cantos da cidade a fim de consolar, aliviar dores ou solucionar problemas angustiosos no seio de quaisquer famílias. Indubitavelmente, ele terá de viver existência regrada, conduta sadia e impecável no contato com os demais seres, pois embora seja um cidadão comum do mundo, é, também, o sacerdote sem paramentos, que oficia a religião do Amor do Cristo.

3. – O espiritismo e o Evangelho

PERGUNTA: — *Por que Allan Kardec fundamentou a doutrina espírita sobre o Evangelho de Jesus, quando dizia tratar-se de doutrina filosófica e científica?*

RAMATÍS: — O espiritismo é doutrina completamente liberta de quaisquer ritos, devoções, hierarquias, símbolos e idolatrias, pois Allan Kardec preocupou-se em evitar que os postulados da codificação pudessem se abastardar, no futuro, pela divergência de interpretações pessoais. Os ensinamentos espíritas vão diretos ao entendimento do homem, sem o enigma dos dogmas peculiares das seitas religiosas. Tudo é claro e fácil; não há vocabulário iniciático, mistérios ou símbolos que exijam pesquisas demoradas e análise profunda para suas interpretações.

O codificador sempre considerou o espiritismo como Religião, mas num sentido filosófico (e não de seita), cuja doutrina é de confraternização e comunhão de pensamentos sobre as próprias leis da Natureza. As reuniões espíritas devem realizar-se com recolhimento e o devido respeito por ideais tão valiosos e sublimes, como crer em Deus, na imortalidade da alma, na retificação espiritual através da reencarnação, na ventura humana, na igualdade de justiça, na prática da caridade e no exercício incondicional do Bem.[8]

---
[8] Ideias contidas no discurso de Allan Kardec, pronunciado na Sociedade

Em consequência, o espiritismo é realmente doutrina de "sentido religioso", uma iniciativa sensata para "religar" a criatura ao Criador através do processo mais digno do Espírito imortal. Além de doutrina filosófica e afim à Ciência do mundo, também prega o culto religioso na sublime intimidade das criaturas para maior aproximação do Criador. Allan Kardec reconheceu que não havia Código Moral mais avançado e eletivo aos propósitos do espiritismo do que o Evangelho de Jesus.

PERGUNTA: — *Quais foram os principais motivos que fizeram Allan Kardec preferir o Evangelho de Jesus para fundamentar a moral de sua doutrina?*

RAMATÍS: — Em primeiro lugar, porque os ensinamentos de Jesus, assim como os postulados espíritas, são simples e destituídos de fórmulas ou símbolos complicados. Ademais, Jesus não exigia que os homens se tornassem santos ou heróis sob a influência imediata de suas palavras. Ele ensinava os predicados do Céu no seio da vida em comum, nas ruas, nas estradas, nos campos, nos lares ou à beira das praias. O Mestre preferiu conviver entre o povo aflito e sofredor e que pedia consolações, em vez de interessar-se pelos poderes políticos ou complicações religiosas do mundo. Suas máximas eram simples, compreensivas e fluíam diretamente para o coração dos homens, através de recomendações inesquecíveis como "Ama ao próximo como a ti mesmo", "Faz aos outros o que queres que te façam", "Quem se humilha será exaltado" ou "Cada um colhe conforme suas obras".

Jamais outro Código Moral tão sublime poderia fundamentar o espiritismo, cuja doutrina também é um modelo de simplicidade, lógica e libertação. A verdade é que nenhuma moral ensinada pelos espíritos poderia se comparar com a prédica evangélica que Jesus expôs aos terrícolas. Allan Kardec, mais uma vez, comprovou a sua elevada missão entre os homens quando escolheu o Evangelho de Jesus para orientar as atividades espíritas.

PERGUNTA: — *Os católicos e reformistas contestam o fato*

Parisiense, em 1º de novembro de 1868.

de o espiritismo interpretar o Evangelho a seu modo, e apenas o consideram mais um competidor na discussão milenária das seitas religiosas sobre as atividades de Jesus.

RAMATÍS: — Jamais a doutrina espírita pretende isolar--se na esfera dogmática religiosa de interpretação exclusiva do Evangelho de Jesus, nem usá-lo como garantia de pontos de vista pessoais. Aliás, o espiritismo já se consagrou por cem anos de atividades doutrinárias e realizações benfeitoras, sem qualquer imposição religiosa ou conluios políticos com os poderes do mundo de César. Também não segue os ensinamentos de Jesus apenas como dogmas ou princípios estáticos no tempo, mas os divulga entre os homens pela força dinâmica do que Jesus viveu do berço à cruz. É o Cristo vivo, cujo calvário e crucificação foram lições imorredouras de renúncia, perdão e amor aos homens. O espiritismo não discute nem faz interpolações pessoais do que Jesus "disse", ou o que ele "teria dito"; basta-lhe o sacrifício de sua vida cumprindo integralmente todo o bem que ensinou aos homens.

PERGUNTA: — Qual o sentido mais íntimo do Evangelho com a doutrina espírita?

RAMATÍS: — Sem dúvida, o principal objetivo da doutrina espírita é a redenção dos espíritos através de uma realização consciente e contínua, sem aguardar o milagre da santidade instantânea. O espírita deve interessar-se profundamente pelo seu próprio aperfeiçoamento, independente de confiar somente nos ensinamentos dos mestres ou doutrinadores. Não basta a convicção na imortalidade da alma, mas principalmente a conversão à moral superior do Cristo.

Em consequência, nenhum Código Moral ou Tratado do Espírito Imortal pode ser mais eletivo à educação e libertação do espírita do que o Evangelho de Jesus, cujos ensinamentos são absolutamente desapegados de quaisquer mistérios ou complexidades. Daí a sua afinidade com o espiritismo, que também é destituído de liturgias, dogmas e "tabus".

Não se trata de um conjunto de preceitos para uso alheio, pois eles foram caldeados na vivência pessoal do seu próprio autor. Jesus não estabeleceu um culto ostensivo a Deus, nem pregou às multidões o poder e a outorga divina de sacerdotes, mas foi muito claro ao dizer: "Quem quiser salvar-se, pegue de sua cruz e siga-me!" Foi o convite direto e pessoal a cada homem em sua natureza física e capacidade espiritual.

Ademais, deu um toque divino em todas as situações e condições humanas infelizes, operando o milagre admirável de transformar angústias, fracassos e desesperos em forças vitais para o caminho do céu. Descerrou aos olhos dos homens uma nova era e transformou dores em bênçãos, vicissitudes em lições renovadoras, choros, sofrimentos e aflições em bem-aventuranças eternas. Em vez de menosprezar a vida física como um fardo indesejável ou aconselhar a fuga do mundo para a mística da adoração, ensinou o valor sacratíssimo do corpo carnal como instrumento necessário e imprescindível para o aperfeiçoamento da alma! Nenhum suspiro, nenhuma lágrima ou dor será perdida ante a magnanimidade do Senhor da Vida.

Evidentemente, há perfeita sintonia moral e espiritual em ambos os casos; espiritismo e Evangelho! Ambos pedem a redenção humana e ambos valorizam a vida humana como ensejo educativo e não apenas condição expiatória ou apenas sofredora.

PERGUNTA: — Como percebermos que a ação do Evangelho através do espiritismo não se impregna das particularidades da própria doutrina espírita?

RAMATÍS: — O principal papel do espiritismo é o de revelar antecipadamente, aos homens de hoje, as condições superiores da vida futura. Apresenta, portanto, o esquema da ação humana do porvir com os postulados morais a serem admitidos hoje pelos homens. Há de influir em todas as atividades, expondo roteiros sadios de vida superior; não como doutrina estática, de culto e sistema religioso particularizado, porém, vivência incondicional nas relações da vida em comum.

O espiritismo, portanto, é lâmpada destinada a iluminar a humanidade; e o Evangelho é a Luz que o alimenta nesse desiderato superior. Mas não é o homem que deve aguardar a aproximação do Evangelho; porém, buscá-lo pelo exercício constante dos preceitos que ali estabelecem a norma da vida superior. O Evangelho é fonte criadora de homens incomuns; justos e não fortes, altruístas e não egoístas, humildes e não exaltados, ternos e não cruéis, pacíficos e não belicosos. Será o reino de homens santos ou de gigantes vencedores de suas próprias paixões, componentes de uma civilização de aristocracia espiritual, onde os brasões mais nobres não ostentam as armas da morte, mas trazem a insígnia da vida eterna e do Amor do Cristo.

Todos os problemas do mundo serão solucionados sob a lei aferidora do Evangelho, na vida fecunda e sublime de homens que se alimentam sob o amor fraterno do Divino Mestre.

PERGUNTA: — *Não basta o Evangelho por si, como um Código Moral superior para a humanidade terrícola? Ainda seria necessário o espiritismo divulgá-lo através de suas atividades doutrinárias?*

RAMATÍS: — A doutrina Espírita, pelo seu alto quilate moral de função libertadora, só pode ser intérprete de outra mensagem de maior valor, como é o Evangelho. Sem culto externo, sem hierarquia sacerdotal e protegendo-se como doutrina universalista, é óbvio que lhe cabe disseminar entre os seus adeptos os ensinamentos do Mestre Jesus, escoimados das deturpações próprias dos homens, que costumam regular as atividades religiosas conforme seus interesses pessoais.

PERGUNTA: — *Mas há espíritas que sobrepõem o esclarecimento científico da doutrina antes do compungimento da pregação religiosa. Criticam a divulgação de um Evangelho excessivamente choroso, mas improdutivo. Que dizeis?*

RAMATÍS: — Realmente, há excesso de melodrama e de exortação lacrimosa de certos evangelizadores espíritas, sem proveito para a transformação espiritual positiva do homem. Evangelizar, na verdade, não é apenas exposição de conceitos e parábolas através de suspiros, palavras trêmulas e expressões compungidas, cousa mais própria das antigas tragédias gregas.

Há doutrinadores espíritas que se empolgam pelas próprias emoções, deslumbrados pelo efeito "pirotécnico" de sua oratória ao público. Aqui no Espaço, muitos oradores e pregadores famosos das mais variadas seitas religiosas vivem em estado de penúria, pois confundiram sua própria exaltação pessoal com a simplicidade e a magia eloquente do Evangelho. Do alto dos púlpitos, das tribunas, dos estrados de instituições religiosas ou espiritualistas, eles fascinaram, comoveram, impressionaram e hipnotizaram o público pela sua eloquência, memorização fabulosa e erudição incomuns do conhecimento do texto do Evangelho de Jesus.

Sem dúvida, exaltaram de modo altiloquente a grandiosidade, o poder e a força do Evangelho, em verdadeiros desafios de oratórias e críticas a adversários obstinados. Encerravam suas prédicas e sermões sob a apoteose das multidões; o público sentia-se pigmeu diante de tais gigantes da palavra pródiga de metáforas, rendilhados e enfeites literários do mundo transitório, cuja altiloquência verbal exaltava e enaltecia a singela e tranquila palestra do Mestre Jesus.

Oradores incomuns, eles passaram pela Terra como meteoros fulgentes, trazendo na cauda o acervo de palavras e frases rebuscadas. No entanto, estavam ainda apegados à personalidade humana e bastante preocupados com o julgamento do público a respeito do seu talento e de sua arte. Muitas vezes sacrificavam a claridade e singeleza dos textos evangélicos, asfixiando-os sob a torrente de adjetivos brilhantes. As antologias do mundo ainda divulgam em páginas sedutoras o cântico oratório de alguns desses famosos oradores, destacando-lhes a erudição e o poder hipnótico da palavra. Há citações de personalidade absorvente, arte das filigranas e altiloquência incomum, mas pouco se diz do conteúdo libertador do Evangelho. Os ensinamentos do amoroso Jesus, então, lhes serviu de trampolim para firmar a gloríola humana.

Indubitavelmente, há razões para alguns espíritas científicos deplorarem o compungimento lacrimoso de certos evangelizadores, mais preocupados com a feição religiosa da doutrina e sacrificando o esclarecimento que dispensa a poesia, mas requer a atenção. Conforme conceituou o próprio Allan Kardec, o "espiritismo será científico ou não sobreviverá"! Em consequência, é verdadeira tolice tentar-se reproduzir com os enfeites do mundo transitório, aquilo que Jesus disse de modo tão natural e simples, assim como as caixas de veludo não aumentam o valor das jóias preciosas.

Não é preciso incutir, no público ouvinte, algo além das mensagens de redenção e esperança espiritual libertadora, que Jesus expôs de modo singelo, mas convincente, no seu admirável Evangelho. A propaganda eloquente não torna o diamante mais valioso, porque a sua valiosidade já é consagrada na escala das pedras preciosas. O Evangelho, como método de vida sublime e regra do mundo angélico, é de quilate tão superior, que a mais vasta erudição e eloquência humana jamais poderia acrescentar-lhe qualquer novo valor.

Ninguém se evangeliza prematuramente pelo toque galvanizante dos oradores incomuns, embora donos da palavra escorreita, poética e sedutora. São mais convincentes a moral e os exemplos pessoais do orador que propaga o Evangelho, do que a sua erudição e eloquência sobre o público. Um gesto de irritação ou sarcasmo, palavras de crítica antifraterna ou desatenção, podem lançar a desconfiança sobre o orador mais famoso.

Porém, a benevolência, a exortação amiga e a palavra simples, o respeito e o bom julgamento, atraem e inspiram confiança no pior orador do mundo.

Auto-evangelização não se apregoa aos gritos estentóricos, teatralidades e altiloquência das explosões emotivas. Que se pode acrescentar de mais valioso pelos recursos da erudição do mundo aos conceitos indestrutíveis e fáceis de se compreender, como o "Amai-vos uns aos outros, como eu vos amo", ou "Fazei aos outros o que quereis que vos façam"? Ninguém pode acrescentar ou deslocar uma vírgula nessas sentenças de libertação espiritual, pois Jesus, o seu Autor, o mais sábio dos homens, as ensinava sem os gestos da oratória brilhante e superficial do mundo.

A Missão do Espiritismo

PERGUNTA: — Ouvimos famoso orador sacro protestar, em veemente sermão, que Allan Kardec cometeu censurável sacrilégio ao conjugar o Evangelho de Jesus à doutrina espírita. Que dizeis?

RAMATÍS: — Aliás, foi o próprio Kardec quem assegurou, num conceito definitivo, que "o espiritismo não traz moral diferente da de Jesus". Isso implica em enorme responsabilidade ao codificador e seus adeptos espíritas, porquanto não é a doutrina espírita que estatui uma moral superior, mas desde o seu ponto de partida já se submete de modo incondicional aos preceitos morais evangélicos do Mestre Jesus. Em consequência, Kardec subordinou a pesquisa e o saber do espírita à precípua condição de sua moral orientada pelo próprio Cristo-Jesus. Louvavelmente inspirado, ele compreendeu que não bastaria somente o conhecimento ou a cultura do mundo para se conseguir a metamorfose do espírito humano, porém isso dependeria fundamentalmente de sua iluminação moral.

Quando elaborou o *Evangelho Segundo o Espiritismo*, era sua intenção esclarecer os espíritas mais propriamente quanto à substância moral do Evangelho de Jesus e menos quanto a uma interpretação compungida ou de exagerado misticismo. Kardec expôs os ensinamentos do Divino Mestre como um "Código Moral" para ser vivido fora de discussões e interpretações pessoais baseadas na frialdade da letra. Acima dos sofismas, da dialética discutível, da cronologia dos acontecimentos e dos aspectos psicológicos de raça ou credo, ele preocupou-se fundamentalmente com a força positiva e moral que os ensinos de Jesus deveriam exercer no homem. Em vez de adotar o Evangelho como repositório de "fé" ou "mística" para uso exclusivamente religioso, preferiu-o para orientar o homem na vida profana.

Jamais o codificador cometeu qualquer heresia, ao conjugar o Evangelho como disciplina moral dos espíritas, pois não distorceu nenhum preceito sob qualquer interpretação pessoal, não discutiu a configuração nem o maciço das fórmulas evangélicas. Extraiu o espírito do ensinamento cristão para oferecê-lo limpidamente ao entendimento dos homens de boa vontade. Espírito sensato e humilde, Allan Kardec preferiu o jugo suave do Evangelho de Jesus para consolidar o "Código da Moral Espírita", em vez de compor um acervo de máximas ou preceitos morais brilhantes e selecionados pelo seu alto nível intelectual, mas provavelmente sem a força redentora e já consagrada pelo sacrifício messiânico do Mestre na cruz. O Evangelho era o intermediário do Alto, indiscutível pelos homens e estatuído para o bem da humanidade. Criticar o espírito do Evangelho seria a própria estigmatização de imoral.

Ainda nesse caso, o codificador também rejeitou toda fonte religiosa e moral do espiritualismo do Oriente, para adjudicar ao espiritismo somente a essência do Cristianismo divulgado pelos apóstolos e consolidada pelo sangue dos mártires cristãos. Embora o espiritismo assente suas bases na revelação exposta pelas filosofias do Oriente, Allan Kardec abandonou a ética dos Vedas, o conteúdo moral convincente de Buda, as regras disciplinadoras de Crisna, os preceitos severos de Zoroastro ou filosóficos de Confúcio, preferindo a singeleza dos ensinamentos vividos por Jesus e perfeitamente eletivos à simplicidade e clareza da doutrina Espírita.

4. – O espiritismo e o catolicismo

PERGUNTA: — *Qual a diferença mais pronunciada entre catolicismo e espiritismo?*

RAMATÍS: — O espiritismo é doutrina que se divulga preservando a pureza iniciática do Cristianismo, pois não está grampeado a quaisquer ritos, símbolos, insígnias, idolatrias ou dogmas. Sua atividade é singela e destituída de qualquer cerimônia que desperdice o tempo dos seus adeptos. Procura seguir a mesma diretriz iniciática das reuniões simples do Mestre Jesus e seus apóstolos.

O catolicismo, no entanto, embora com seus postulados inspirados também no Cristianismo, tornou-se uma organização religiosa regida por extensa hierarquia sacerdotal, sob o comando do Papa, sediado em Roma. E para atrair e impressionar as massas, adotou nos seus templos um cerimonial de pomposa e complicada liturgia.*

PERGUNTA: — *O catolicismo teria falhado na sua missão religiosa?*

RAMATÍS: — Graças à Igreja Católica, a figura do inolvidável Mestre Jesus permaneceu viva, sempre em destaque, na mente humana, até o século atual. Embora tenha abandonado a singeleza e a naturalidade dos tempos apostólicos, devemos ao catolicismo a mensagem fundamental do Cristianismo.

Não pretendemos julgar os erros da Igreja Católica, pois tais equívocos são frutos da imperfeição humana. E não devemos esquecer as figuras consagradas de Francisco de Assis, Vicente de Paula, Teresinha de Jesus, Dom Bosco, Padre Damião, Antônio de Pádua e outros missionários, que tanto valorizaram o Cristianismo através dos preceitos católicos.

O catolicismo falhou na sua missão espiritual, desde que fez conchavos com a política do mundo, visando enfeixar o poder material. Foram propósitos obscuros em que a Igreja Católica Romana aliou-se aos reis e aos poderosos, liderando movimentos tristes como a Inquisição, num flagrante desmentido à ideologia espiritual do Cristo.

Não se pode censurar toda a comunidade católica, pois ela também iluminou o mundo inspirando atos sublimes através de seus sacerdotes e frades crísticos. Muitas vezes, bispos e sacerdotes, dignificados por uma conduta superior, rebelaram-se, preferindo a excomunhão em vez de abdicarem a favor de bulas e decisões, que dariam poderes à Igreja, mas desmentiriam o "reino do Cristo". A Igreja teria se esfacelado, caso não abrandasse a sua reação entre os dominadores do mundo e conquistadores da época, numa luta épica pela sobrevivência, principalmente durante as invasões em seus domínios.

PERGUNTA: — Poderíamos admitir que o espiritismo diverge do catolicismo, principalmente porque não admite ritualismos, pompas, hierarquia sacerdotal, adorações idólatras e outros movimentos religiosos?

RAMATÍS: — A doutrina espírita não foi codificada para contrariar e criticar as atividades da Igreja Católica, como um novo censor religioso na face do orbe. O espiritismo é atividade espiritualista, que surgiu no momento psicológico de o homem entender a existência das forças ocultas do mundo e compreendê-las através do próprio avanço científico. Inúmeras descobertas da Ciência atual existem desde a formação do mundo; porém, estavam habilmente veladas pela simbologia tradicional dos templos, confrarias iniciáticas ou pela complicada terminologia da magia dos alquimistas.

O espiritismo veio revelar o mundo oculto sem essas complexas alegorias e explicar tudo de maneira fácil, clara e sem superstições. Daí o motivo por que rejeita dogmas, simbologias exóticas ou cerimoniais complexos, sem preocupação de censurar a Igreja Católica, que ainda precisa de tais recursos para incentivar os fiéis muito presos às **coisas** do espírito, e menos ao **espírito** das coisas.

Ademais, as seitas religiosas e os movimentos reformistas, que divergem e contrariam a própria fonte católica em sua origem, nascem, crescem e desaparecem, depois de atenderem a determinados grupos de crentes eletivos à sua composição doutrinária. É o caso do protestantismo, que rebelou-se contra a Igreja Católica através de Martinho Lutero, mas também subdividiu-se em dezenas de outras ramificações, dispersas pelo mundo, em agressiva competição religiosa.

PERGUNTA: — *Ainda se justifica a existência da Igreja Católica, apesar do avanço científico que revela incessantemente a existência de fenômenos poderosos, que desmentem as histórias infantis da Bíblia?*

RAMATÍS: — A Igreja Católica ainda cumpre determinada missão junto às criaturas incapazes de se identificar com a Divindade sem o recurso infantil de imagens, ritos e adorações idólatras. Por isso, não deve ser subestimada em sua fé e ingenuidade religiosa, que são condições próprias do seu grau espiritual. À medida que os católicos forem despertando do seu letargismo mental e acicatados pelo cientificismo do mundo, eles buscarão outras doutrinas que lhes atendam, com mais eficiência, a novas disposições espirituais acerca dos destinos humanos e das consequências da vida do espírito no Além-túmulo!

Muitos católicos ainda não conseguem empreender o "grande salto" e libertar-se das formas escravizantes do rito luxuoso e dogmas da Igreja, preferindo a simplicidade das reuniões espíritas, sem os atrativos de imagens, liturgias e decorações pomposas. Por isso, estacionam na umbanda, atraídos por ritos, paramentos, simbologias, incenso e cânticos, que lhes evocam o ambiente peculiar da Igreja, ainda fixado em sua memória. Em contato com os pretos velhos, silvícolas e caboclos, eles amenizam a ausência dos sacerdotes e da confissão auricular, expondo suas aflições e rogando o socorro divino. No entanto, malgrado ainda transformarem a umbanda em "agência de empregos e soluções materiais", ali aprendem os processos lógicos da Lei do Carma e da Reencarnação, que não lhes eram ensinados pela Igreja.

Portanto, a "mística" da Igreja Católica ainda é o alimento das almas impossibilitadas de substituir, bruscamente, as histórias e lendas bíblicas, que afagam desde muitos séculos. E se cabe ao espiritismo libertar o homem do fetichismo, culto idólatra, superstições e fanatismos religiosos, isso deve ser feito sem violentar-lhe a imaturidade espiritual.

PERGUNTA: — Em que ponto o espiritismo é de maior amplitude que a Igreja Católica?

RAMATÍS: — A doutrina Espírita é mensagem universalista endereçada a todos os homens religiosos, mas sem pretender misturar seitas que depreciam a sua substância doutrinária e que trariam confusão. É apelo de esperanças e alegrias futuras, honrando o amor universal do Cristo através do seu sublime Evangelho; e extinguindo o medo da morte e o terror das punições infernais. Mensagem otimista e ilimitada, respeitando credos e doutrinas alheias, conforta e estimula a prática do bem em todas as instituições do mundo. Ensina a evolução do ser pelo seu esforço e sacrifício, sem privilégios ou graças extemporâneas. O Amor é a arma inseparável do espírita e o Bem a sua máxima realização. O sofrimento e a dor reajustam e não castigam; purgam o espírito dos miasmas de suas próprias ações pecaminosas, no ensejo de abençoada recuperação espiritual pela reencarnação. A violência, a intolerância, a maldade, a desforra, o esbulho ou o crime, malgrado atribuídos na Bíblia à ordem Divina, jamais serão endossados pela doutrina Espírita.

Enfim, a velha divisa de que "fora da Igreja não há salvação", foi superada pela insígnia da doutrina Espírita, que diz "fora da Caridade, não há salvação"!

PERGUNTA: — Alguns católicos alegam que os homens

pecadores ficam dispensados de quaisquer responsabilidades ou punições depois da morte, segundo a doutrina Espírita, que nega o Céu e o Inferno. Que dizeis?

RAMATÍS: — Conforme a mensagem mediúnica do nosso companheiro Atanagildo,[9] que vamos lembrar alguns trechos na sua composição original, o inferno teológico é um produto lendário e tradicional criado pela fantasia dos povos hebreus. Eles escolheram o "melhor" do mundo para compor um cenário agradável que denominaram o céu, e reservaram o que há de mais cruel na Terra, para então imaginarem o inferno com seu temível Satã.

Enquanto as religiões católicas e protestantes consideram o inferno um lugar pródigo de enxofre e fogo adrede preparado para o tormento eterno das almas pecadoras, o espiritismo explica isso pelos estados de sofrimento, pavor, medo e remorso, que os próprios espíritos falidos sofrem em si mesmos como punições infernais. Mas não é sofrimento eterno, ao molde católico e sob deliberado castigo de Deus; mas, sim, expurgo moral de venenos psíquicos aderidos ao perispírito dos falecidos. Trata-se de salutar higienização da alma impura e do processo sideral para condicioná-la ao céu.

Os católicos e protestantes também creem no purgatório, espécie de antecâmara entre o céu e o inferno, da qual as almas só se livram depois de purgar seus pecados menores. O espiritismo também admite a ideia do purgatório, porém, num ensejo de as almas expelirem suas impurezas perispirituais durante a vida física ou nos pântanos e charcos do astral inferior. Os espíritos pecadores expurgam a escória do seu perispírito para a carne, através de existências sucessivas; mas o saldo deletério restante só pode ser drenado, em definitivo, nas regiões do lamaçal das regiões umbralinas.

Enquanto o catolicismo admite o inferno e o purgatório, como "castigo" e sofrimento para o pecador, o espiritismo admite o sofrimento e a purgação como processos de "limpeza" e reajuste perispiritual. Na concepção Espírita, o homem cria o seu próprio estado infernal e o necessário purgatório

---

[9] Vide a obra *A Sobrevivência do Espírito*, no capítulo "O Diabo e a Sede do seu Reinado", ditado por Atanagildo e de parceria com Ramatís, **EDITORA DO CONHECIMENTO**.

para eliminar suas impurezas; na tradição católica, Deus é o autor do inferno, como lugar específico para punir os filhos pecadores. Em consequência, apesar de a doutrina Espírita negar o céu e o inferno, como lugares expiativos, nem por isso os espíritos faltosos deixam de sofrer as condições disciplinadoras dos seus atos condenáveis. A superioridade da tese espírita sobre a católica, é que não há "punição divina", mas apenas "retificação espiritual".

PERGUNTA: — Qual a justicação de que o inferno descrito pelo catolicismo realmente não existe? Como teria nascido essa concepção infernal?

RAMATÍS: — A concepção do inferno, em verdade, baseia-se no próprio sofrimento dos espíritos que desencarnam alucinados por culpa de seus crimes aviltantes e procedimento absolutamente pecaminoso na face do orbe. Eles deixam o corpo físico com o perispírito sobrecarregado de magnetismo tão denso e inferior, que caem especificamente nos charcos purgatoriais do astral inferior, atraídos pela força da própria lei, de que "os semelhantes atraem os semelhantes". Sofrem de modo tão cruciante, como se ainda estivessem ligados ao sistema nervoso do organismo físico. Queima-lhes a "pele perispiritual" produzindo a sensação ardente do fogo, o líquido viscoso e aderente dos pântanos astralinos, que se infiltra como água fervente nas carnes do homem encarnado. Por isso, nasceu e cresceu no âmago do ser humano a ideia do inferno pejado de braseiros, caldeirões de água e cera ferventes, alimentados por um fogo indestrutível. E assim como o prazer distrai e faz passar o tempo facilmente, o sofrimento do espírito parece infindável; e por isso, os pecadores, no Além, julgam-se eternamente condenados ao fogo infernal.

PERGUNTA: — Mas os católicos insistem que o inferno também foi criado por Deus, e é para onde foram desterrados os anjos rebeldes.

RAMATÍS: — Deus não criou nenhum inferno destinado especialmente para castigar seus filhos pecadores, pois isso seria incompatível com a magnanimidade e sabedoria divinas. Mas a ideia foi gerada no cérebro humano por força do sofrimento do próprio espírito, nas suas romagens de retificação espiritual pelo Espaço. O inferno teológico das velhas oleogravuras hebraicas é um produto lendário e tradicional criado pela fantasia dos homens. Obedecendo ao próprio condicionamento da vida humana, os sacerdotes criaram o céu para estimular as virtudes; e o inferno para reduzir os pecados. Toda beleza, bondade e pureza humanas serviram para compor a figura atraente do anjo; e toda maldade, perfídia, sadismo e feiura humanas formaram os atributos da figura atemorizante de Satanás. O anjo é o produto do **melhor** imaginado pelo homem, e o diabo o **pior**.

Mas os teólogos esqueceram-se de melhorar tanto o céu como o inferno, à medida que a humanidade evoluiu através de novos descobrimentos científicos e realizações artísticas cada vez mais avançadas. Em consequência, o paraíso teológico ainda hoje apresenta as mesmas emoções e prazeres medíocres já conhecidos há milênios; e o inferno continua com os mesmos castigos anacrônicos e o cenário medieval de quando foi imaginado pela mente humana. O mundo terreno progrediu cientificamente em todos os setores de suas atividades, mas o céu ainda continua, no século XX, o palco das monótonas procissões de "eleitos", cantando ladainhas ao som de rabecas e harpas chorosas; e o inferno, um lugar de bagunça, onde os gritos dos pecadores, torrando no fogo, misturam-se aos berros e à ira dos diabos neuróticos.

Mas a verdade é que o Diabo não passa de um produto mórbido da imaginação humana. Aliás, é muito difícil o homem pintar um Diabo pior do que si mesmo, pois a história terrena é pródiga de atrocidades, crimes, torpezas, impiedades ou vinganças, que ultrapassam a imaginação estreita de qualquer Lúcifer. Evidentemente, ele não teria capacidade para realizar cometimentos tão devastadores e horríveis como os das cruzadas da Idade Média, onde se retalhavam vivos os "infiéis"; milhares de católicos apunhalavam os protestantes por ordem de Catarina de Médicis; os sacerdotes torravam hereges e judeus, nas fogueiras da Santa Inquisição; ali matavam-se os cristãos nos circos romanos ou os transformavam em tochas vivas, para iluminar as orgias imperiais. Gêngis

Khan fazia pirâmides de cabeças decepadas do inimigo; Átila, o "flagelo de Deus", arrasava cidades indefesas, misturando o sangue humano com o fogo; acolá, na China, praticavam chacinas monstruosas; na Turquia, enterravam-se vivos os condenados; na Índia, empalavam-se infelizes. Finalmente, na última guerra, os nazistas assassinavam milhões de judeus nas câmaras de gases, ou os fuzilavam em massa. E o pobre Diabo mitológico teria ficado estarrecido ante a volúpia e o sadismo do homem do século XX, que, premindo um botão, lançou a bomba atômica e transformou em gelatina fervente 120.000 criaturas que respiravam oxigênio e faziam planos de ventura. Por conseguinte, o Diabo, na atualidade, é figura de pouca importância e bastante superada pelo maquiavelismo do homem, que o venceu em maldade, hipocrisia, luxúria, avareza e desonestidade.

PERGUNTA: — Considerais que é prejudicial essa ideia do inferno conforme predicam as seitas religiosas?

RAMATÍS: — Cremos que já é tempo de o sacerdócio católico e comunidades protestantes esclarecerem a mente dos seus fiéis, fazendo-os compreender que Deus não é um bárbaro e impiedoso, a punir eternamente os seus filhos. Em virtude de serem raras as almas que partem da Terra em condições felizes, a maioria sente-se apavorada ao emergir das sombras do túmulo, presas de suas próprias criações mentais e certas de um sofrimento eterno nas chamas do inferno e nas garras de Satanás. É um desespero inimaginável e que impossibilita o próprio desencarnado de coordenar suas forças mentais e imunizar-se na oração socorrista. Jamais podereis avaliar essa convicção íntima do castigo eterno e sem qualquer esperança de salvação, enquanto na maioria ainda palpitam as imagens do lar amigo que deixou na Terra. Isso causa pavores e desesperos tão intensos, que chegam a criar obstáculos intransponíveis aos próprios espíritos benfeitores encarregados de atenuar o vigor dos clichês mórbidos, profundamente gravados no campo mental dessas almas perturbadas. A eternidade do inferno com o seu histérico Satã plastifica nos seus fiéis os quadros tenebrosos e doentios, que adquirem forte vitalidade mental e torturam a alma desesperada depois da morte corporal. Os espíritos socorristas confrangem-se de esperar que se processe a decantação normal da escória mental gravada nesses desencarnados, ante a imprevidência de sacerdotes e líderes religiosos plasmarem as figuras atemorizantes, que conturbam a mente dos seus próprios prosélitos.[10]

Por isso, é bem mais consolador o esclarecimento da doutrina espírita, quando afirma a existência de um Pai amoroso, incapaz de castigar seus filhos e muito menos de fazê-los sofrer eternamente. Isso ajuda o desencarnado a recuperar suas forças e esperanças, ante a certeza de sua breve libertação do sofrimento de sua culpa. O espiritismo ensina ao homem que o inferno é lenda infantil e o pior sofrimento, na Terra ou no Além, é sempre provisório e jamais se extingue a esperança de recuperação espiritual. Deus não criou seus filhos para, depois, castigá-los pela imperícia no trânsito do caminho do céu.

Daí a importância da mensagem sadia do espiritismo, esclarecendo os homens sobre a provisoriedade do mal e do sofrimento, porque eterna só é a Felicidade.

PERGUNTA: — *Há fundamento de o espiritismo dispensar a consagração do casamento religioso católico entre os seus adeptos? Ou de não adotá-lo em suas instituições?*

RAMATÍS: — O espírita ciente de que o espiritismo não adota cerimoniais ou culto religioso em sua feição dogmática, também não admite a consagração religiosa do casamento, seja de formação católica ou mesmo espírita. Basta-lhe, somente, a consagração das leis dos homens para o seu compromisso conjugal e garantia da vivência contratual sob o respeito do mundo. Não cabe aos espíritas condenar as preferências ou convicções dos outros religiosos, pois a crença é livre, mas sob o ensino espiritista não ignora que as fórmulas, cultos, preceitos e dogmas religiosos são absolutamente transitórios no convencionalismo da vida humana. Embora representem mensagens de excelente sugestão para o

[10] Vide a obra *Ação e Reação*, de André Luiz, capítulo IV, páginas 50 a 52.

homem interno, é preciosa perda de tempo para aqueles que já descobriram caminhos desimpedidos de óbices alegóricos na busca da Realidade Espiritual.

PERGUNTA: — *Mesmo a título de aperfeiçoamento, o espírita não poderia esclarecer o próximo da inutilidade do batismo, casamento, crisma e de cerimônias religiosas, que não modificam a estrutura íntima da alma?*

RAMATÍS: — Principalmente o espírita precisa distinguir com muito senso entre "esclarecer" e "criticar". Muitas vezes, como diz o adágio, "Enquanto crescem ervas daninhas no seu jardim, o jardineiro critica o jardim do vizinho". Aliás, o respeito, a tolerância e a bondade para com os equívocos do próximo são preceitos fundamentais da moral espiritista.

Embora o espiritismo não admita liturgias, cerimônias e cultos complexos, não é lícito aos espíritas censurarem aqueles que os adotam como fundamento dos seus postulados doutrinários. As instituições religiosas ou espiritualistas são degraus que correspondem a determinado grau evolutivo de seus adeptos. À medida que eles progridem para o entendimento superior, é óbvio que também buscam novas fontes de devoção e aprendizado espiritual. Quando o católico fatiga-se no culto exaustivo e nos dogmas misteriosos, ele também se faz eletivo para outros credos mais racionais, como sejam o protestantismo, o espiritismo, a umbanda ou o esoterismo. No entanto, a Igreja Católica continua a cumprir a missão de aliciar sob suas asas protetoras os crentes que ainda se afinam ao seu tipo doutrinário.

Considerando-se que a alfândega do "Além-túmulo" não costuma indagar da religião do "falecido", mas fundamentalmente de sua obra, parece-nos secundário e infantil qualquer preocupação religiosa ou método de adoração ao Senhor. Não é o rótulo de católico, protestante, espírita ou iniciado, que abre as portas do céu para os espíritos partidos da Terra; isso depende peremptoriamente de sua própria redenção espiritual. Aliás, diz velho adágio popular do vosso mundo que a "raposa pode mudar de pele e não mudar de manha", o que implica em se considerar que não basta mudar de "rótulo" religioso, porém, renovar o conteúdo espiritual interior.

PERGUNTA: — Mas não é louvável libertar o próximo de dogmas incongruentes e cerimônias inúteis? Não é essa a função primacial do espiritismo?

RAMATÍS: — Não é louvável convencermos o irmão menor da inutilidade de sua fé e devoção à imagem de Santo Antônio, São Sebastião, Senhor do Bonfim ou Nossa Senhora das Graças, que cultua no seio da nave iluminada e florida, pois em face do grande número de médiuns indisciplinados e profundamente anímicos, que, por vezes, dão incorporações excessivamente lúgubres, descontroladas e atemorizantes, é sempre angustioso para o católico recém-saído da Igreja suportar, com êxito, a nova paisagem de "libertação espiritual", oferecida pelos espíritas.

Tudo tem o seu tempo e sua hora, pois a fruta colhida prematuramente é ácida ou inconveniente para digerir. Os religiosos dogmáticos e viciados ao culto externo são como as crianças presas fanaticamente a certos objetos; não se deve tirar-lhes o que é familiar e agradável sem lhes dar cousas semelhantes. A libertação espiritual não é fruto de exigências, mas de eleição. No entanto, disse o próprio Jesus: "Dai água a quem tem sede!" Por isso, o espírita consciente de sua responsabilidade e dos valores da doutrina que cultua, é a fonte de água límpida para atender a sede do seu irmão cansado da jornada exaustiva entre símbolos, ídolos, cerimônias e temores. Então, é o momento psicológico de indagar das decepções ou fadiga do companheiro desanimado, oferecendo-lhe o novo ensinamento sem atravancamentos alegóricos ou litúrgicos, como ensina o espiritismo, para a libertação espiritual.

PERGUNTA: — Que dizeis da missa católica? Não é um ato puramente exterior, que não consegue modificar os crentes nem proporcionar a "salvação" aos mortos?

RAMATÍS: — Mormente tratar-se de um ato exterior é digno de todo o respeito humano, porque trata-se de uma cerimônia capaz de harmonizar a mente dos seus fiéis e afastar-lhes os pensamentos daninhos ou maledicentes, fazendo-os convergir para um só objetivo de elevação espiritual.

Enquanto os homens assistem à missa, numa atitude tranquila, respeitosa e eletiva à ideia de Deus, treinam as forças do espírito no sentido divino. Embora se trate de cerimônias convencionais, que não ensejam novos conhecimentos espirituais ao homem, é sempre um estágio salutar de "consciência mental", em favor de uma elevação superior. Muitíssimo melhor que os católicos gastem seu precioso tempo no culto externo e dogmático da Igreja Católica, do que vê-los no culto censurável do jogo, do álcool, da orgia ou da maledicência nos ambientes viciosos e censuráveis.

PERGUNTA: — Mas há fundamento em os católicos adorarem imagens, quando o próprio Gênesis e os Dez Mandamentos proíbem tal coisa?

RAMATÍS: — Quando se é católico não há motivo de censura no culto de imagens, porque isso é próprio dos postulados da Igreja Católica. É muito louvável para os espíritas dispensarem tal cometimento religioso, mas não é justo exigirem a mesma postura ou compreensão do próximo. È absurdo exigirmos que todos os homens se transportem de avião, só porque nós descobrimos que a via terrestre é muito morosa.

A imagem ainda serve de fixação mental para os religiosos que não podem manusear o pensamento sem o ponto de apoio da forma. Ademais, é inútil a crítica à adoração de imagens do culto infantil do próximo, se o crítico ainda é vítima de paixões desregradas ou vícios pecaminosos que também o algemam à escravidão das formas. É mais pernicioso à saúde física e espiritual do homem o culto desbragado aos "ídolos" como o cigarro, o álcool, o carteado, cujas imagens não são adoradas, mas se fazem adorar. Outros espíritas condenam a idolatria católica às imagens de pedra, mas, sub-repticiamente, devotam-se a perigosos ídolos de carne e osso, que, infelizmente, não se abrigam nos nichos das igrejas. Sempre é preferível a devoção fanática à figura de gesso de Santo Antônio, Santa Teresinha, Nosso Senhor do Bonfim ou Nossa Senhora da Conceição, do que o culto às imagens imponderáveis de maledicência, cólera, mentira, insinceridade, malícia, libidinosidade, ódio ou crime.

PERGUNTA: — *Há fundamento na prática do jejum tão apregoada pelo catolicismo?*

RAMATÍS: — Não endossamos os exagerados jejuns de 40 dias atribuídos a Jesus, no deserto, embora o Mestre tenha realmente recorrido a tal prática, como delicadíssima terapêutica para conservar o seu espírito no comando da carne. Mas o jejum é prática mais aconselhada para desafogar a circulação sanguínea dos tóxicos produzidos nas trocas químico-físicas da nutrição e assimilação; debilita as forças agressivas do instinto inferior através da carne, aquieta a natureza animal, clareia a mente e o sistema cérebro-espinhal passa a ser regado por um sangue mais límpido.

Durante o repouso digestivo, a natureza renova suas energias, restaura os órgãos enfraquecidos, ativa o processo drenador das vias emunctórias, por onde se expulsam todos os tóxicos e substâncias prejudiciais ao organismo. É óbvio que o jejum enfraquece, pela desnutrição, mas compensa porque reduz o jugo da carne e desafoga o espírito, permitindo-lhe reflexões mais lúcidas e intuições mais certas.

Durante o enfraquecimento orgânico pelo sofrimento, ou jejum, as faculdades psíquicas se aceleram e a lucidez espiritual se torna mais nítida, conforme se verifica em muitas criaturas prestes a desencarnar, pois recuperam sua clareza mental e rememoram os mais longínquos fatos de sua existência humana, desde a infância. A queda das energias físicas costuma proporcionar maior liberdade à consciência do espírito; há uma tendência inata de fuga da alma, para fugir do seu corpo físico, assim que ele enfraquece. Diz o vulgo que as criaturas, no auge da febre, costumam "variar", isto é, são tomadas de alucinações, chegando mesmo a identificar conhecidos que já desencarnaram, assim como vêem figuras grotescas, insetos ou coisas estranhas, que não são do mundo material.

Essa prática, portanto, obedecia a princípios sadios e de alta espiritualidade, pois se a frugalidade é virtude aconselhada por Jesus, o jejum é compensação dos instantes de abuso da fome animal exagerada. Desde que a vida física é processo de educação espiritual, ensejando a libertação da centelha divina para retornar ao seu mundo superior, o jejum é sempre um recurso que ajuda ao treino dessa libertação e auxilia o domínio da mente sobre o corpo. No entanto, a virtude está no meio, por cujo motivo é tão censurável a glutonaria que agrilhoa o espírito às idiossincrasias animais, como o jejum exagerado que enfraqueça o corpo e perturbe a vida em comum. Para os homens de alto intelecto, o jejum é recurso benéfico que contemporiza a excessiva tensão do seu Espírito sobre a carne, pois sua atividade mental muito profunda provoca saturações magnéticas na área cerebral.

PERGUNTA: — E qual é a significação do jejum antes da comunhão católica, quando não chega a ser uma prática terapêutica ou treino longo, como falais?

RAMATÍS: — Já dissemos que o espírito só se liberta do jugo triste das encarnações físicas, depois que desenvolve sua vontade a ponto de dominar todos os fenômenos escravizantes do mundo material. Por isso, os instrutores espirituais aconselham as "virtudes" que libertam o homem da escravidão viciosa e censuram os "pecados" que o algemam às formas perecíveis. O álcool, o fumo, o jogo e outros vícios elegantes são algemas jungindo o espírito ainda mais tempo ao jugo da carne. O espírito desencarnado, que ainda nutre em sua intimidade perispiritual o "desejo" de aguardente, uísque, cigarro, charuto, um bife sangrento ou do jogo do mundo, é como a mulher de Lott, que se transformou em estátua de sal, ao voltar-se para olhar o incêndio de Sodoma.

O espírito eterno precisa seguir para a frente, sem "olhar para trás", ou preocupar-se com os bens já queimados no incêndio da vida inferior do mundo transitório da carne.

Desde o início das civilizações terrícolas, os mestres espirituais fundaram seitas religiosas e confrarias iniciáticas para ajudar o homem a desenvolver a vontade, dominar o pensamento, extinguir desejos inferiores e buscar os bens do espírito eterno. Assim, inúmeras práticas aconselhadas pela Igreja Católica Romana são normas para ajudar aos seus prosélitos ao treino incessante de libertação. O "sacrifício" da missa obriga os católicos a se desligarem do mundo profano durante o tempo em que o sacerdote oficia a Deus; a postura de joelhos, o acompanhamento nas orações, as concentrações durante a elevação do cálice e outras fases da liturgia significam pequenos esforços da alma dinamizando sua vontade numa condição superior e benfeitora. O ambiente iluminado da nave, recendendo a incenso, os altares e as imagens de santos na homenagem poética das flores, as toalhas brancas de profundo asseio, o tremeluzir das velas, os paramentos de arabescos dourados, a vibração das orações coletivas ou dos cânticos, como aves flutuando, sustentadas pela sonoridade grave do órgão, significam um breve "chamamento" do espírito para a libertação da carne e meditação sobre o mundo divino. A Religião, no sentido lato da palavra, é união do ser com o Criador, e esse sentimento divino deve-se apurar no âmago do homem e pairar acima das exigências escravizantes da carne. Por isso, as cerimônias católicas são de molde a fazer convergir nos seus adeptos a vontade, os sentimentos e desejos num exercício de libertação sob a inspiração dos símbolos e liturgias elevadas.

O cenário colorido e iluminado da nave, as imagens, os cânticos e as cerimônias representam as forças do céu, num apelo à visão humana para o desligamento do mundo profano e o exercício espiritual em direção ao mundo divino. O incenso é a síntese do néctar das flores e inebria o olfato eliminando todos os odores profanos; a música sacra, na sua harmonia auditiva, aquieta a alma e não estimula os sentidos físicos, enquanto as orações traçam fronteiras protetoras em torno dos crentes. Tudo isso ajuda o espírito a se familiarizar com as disposições emotivas superiores, num condicionamento hipnótico para o céu.

PERGUNTA: — *Há quem diga que o cenário da igreja é apenas cópia do velho paganismo.*

RAMATÍS: — Há milênios, o povo não estava em condições de entender a "técnica" ou "processo científico" das cerimônias e liturgias que os sacerdotes e instrutores de alta envergadura espiritual compunham para atrair e ajudar os encarnados na libertação dos liames da matéria. Os atlantes, caldeus, assírios, hebreus e principalmente os hindus e egípcios, inspirados pelos numes da espiritualidade superior, organizavam seitas religiosas, construíam templos apropriados, compunham liturgias, devotavam a Natureza e múltiplos deuses, mas aplainando o caminho para a unificação de Moisés e o Evangelho de Jesus. Apesar do julgamento desairoso de muitos críticos radicalistas, no âmago de quase todas as religiões que ainda estendem seus ramos verdejantes até vossos dias, existe uma "contextura iniciática", velada por símbolos, imagens, altares e objetos, práticas e cerimônias excêntricas, que escapa aos próprios fiéis e a sacerdotes primários.

Impossibilitado de entender e comandar as forças poderosas a serviço da mente humana, o povo ativava os poderes inatos do espírito imortal de modo indireto e pela sugestão do cerimonial exterior. Mesmo na esfera dos esportes, sabemos que diversos tipos de jogos e competições humanas não passam de verdadeiro cerimonial com o objetivo importante de despertar e desenvolver os recursos vitais do corpo físico. O manuseio de símbolos e alegorias são estímulos e coordenações a fim de atrair os sentidos da alma para um só objetivo de progresso espiritual. Embora inconsciente do objetivo oculto do que presencia, a alma se aprimora por "tabela" durante a submissão, o respeito e a devoção no templo, que lhe favorece a harmonia do campo mental e lhe produz estímulos para desenvolver um ritmo superior.

PERGUNTA: — *Poderíeis dar-nos alguns exemplos dessa técnica ou processo científico, que pode existir no âmago das cerimônias ou alegorias da Igreja Católica?*

RAMATÍS: — Sabe-se que a Magia é a arte de empregar conscientemente os poderes invisíveis para se obter efeitos visíveis. A vontade, o amor e a imaginação são poderes mágicos que todos possuem, e quem sabe empregá-los ou desenvolvê-los a contento é então considerado um mago. Tais recursos empregados para fins benéficos significam magia branca; mas quem os empregar para o mal então pratica a magia negra.

Em consequência, desde a antiguidade das civilizações

existiram homens poderosos que desenvolveram suas forças ocultas e as empregaram na magia branca a serviço do próximo, enquanto os malfeitores praticavam a magia negra visando aos seus exclusivos interesses e domínio nefando. Não podemos deixar de render nossos louvores aos "magos brancos", de todas as épocas e raças, que, inspirados pela Sabedoria e Magnanimidade do Senhor, tudo fizeram para amenizar o caminho espinhoso e árduo da ascensão espiritual da humanidade. Eles dosaram o conhecimento oculto e perigoso ao homem comum, revestindo-o de símbolos e alegorias inofensivas, assim como se guardam armas perigosas em cofres inacessíveis às crianças. Os homens de hoje muito devem aos magos brancos, sacerdotes e instrutores, que souberam ocultar na liturgia e alegoria religiosas a realidade da vida eterna do Espírito.

PERGUNTA: — Podereis explicar a significação de alguma cerimônia, símbolos, objetos ou práticas religiosas de valor oculto na Igreja Católica?

RAMATÍS: — Lamentavelmente, as seitas religiosas enfraquecem o seu próprio poder de magia sobre as massas porque introduzem práticas e substituem os velhos recursos do cientificismo do mundo oculto, por coisas mais suntuosas, porém, menos eficientes na sua finalidade mágica.

É o que também acontece com a Igreja Católica Romana, cuja liturgia iniciática enfraqueceu-se bastante no seu objetivo de despertar as forças espirituais dos fiéis.

Os sacerdotes modernos parecem ignorar a função iniciática da cerimônia com objetos ou apetrechos do culto, para modificar os pensamentos dos adeptos. Nos velhos templos iniciáticos da Atlântida, Caldéia, Egito ou Índia, os altares dos templos eram feitos de cedro sem pintura, porque sua principal finalidade era atrair e absorver os fluidos nocivos emanados dos presentes no momento da concentração e elevação dos cálices sagrados. Durante a meditação ou concentração interior, a criatura penetra mais intimamente no mundo espiritual, e por assim dizer, "flutuam" em torno do perispírito os resíduos mentais e astrais dos pensamentos desordenados e emoções indisciplinadas.

Sob a ação saneadora dos espíritos técnicos em atividade no templo ou na igreja, esses fluidos perniciosos são endereçados e condensados pelo "campo magnético" superativado na madeira de cedro dos altares, arvoredo esse bem conhecido pela sua receptividade magnética. No entanto, os sacerdotes modernos, a fim de melhor impressionar os seus fiéis, optam pelos altares de mármore, mas contraditórios às leis da magia litúrgica. Isso também acontece com as velas, que devem ser exclusivamente de cera; a oblação aos santos preferidos consiste em o próprio enfermo ou necessitado doar, através da oferenda, a energia sutil do perfume, que é impregnado de excelente éter físico. No entanto, muitos fiéis modernos oferecem aos santos vela de espermacete, que além de não possuir a energia etérica própria do perfume das flores, é feita de substâncias animais.

PERGUNTA: — *Qual é a propriedade magnética do cedro e sua consequente utilidade benfeitora para a confecção de altares?*

RAMATÍS: — É muito comum, nos dias tempestuosos, o raio ferir o cedro e não qualquer outra árvore; e há, mesmo, quem aconselhe a não se abrigarem sob a mesma por tal perigo.

É madeira de boa condutibilidade sonora, prestando-se para o fabrico de instrumentos como violões, radiolas, pianos, órgãos. Leve e de contextura menos compacta, é um lenho muito notado no mundo invisível pelo seu atomismo fulgurante e pela predominância do éter físico num teor muito energético. Por isso, os egípcios preferiam o cedro para os altares dos seus templos.

PERGUNTA: — *Que dizeis da Igreja Católica adotar em sua prática o ritmo moderno do "iê-iê-iê", como tem sido experimentado ultimamente?*

RAMATÍS: — Sempre houve no mundo perfeita distinção entre a música sacra e a música profana, como expressões sonoras de dois mundos ou dois estados de espírito completamente diferentes. No primeiro caso é "melodia" sublimando as forças do espírito; no segundo, ritmo estimulante para as atividades do corpo. Sem dúvida, destacam-se as composições sinfônicas na sua expressão musical superior e acima do ritmo das melodias populares. No entanto, malgrado as adaptações de letras adequadas ao ambiente religioso, a música profana como o tradicional "iê-iê-iê", jamais poderá atender à finalidade elevada da cerimônia na igreja, assim como o "tantã" do selvagem não poderia substituir os movimentos da sinfonia, que é prolongamento sonoro da alma.

Ademais, todo ritmo ou produção musical ficam impregnados de emoções, sonhos, intenções ou objetivos dos seus próprios autores; há, portanto, imenso abismo de harmonia e significação espiritual entre a melodia feita para o espírito e o ritmo composto para o dinamismo do corpo. Jamais o "iê-iê-iê" poderia sequer aproximar-se da religiosidade das músicas de Bach, como "A Paixão Segundo São Mateus", "Paixão Segundo São João", "Missa em Si Menor", dos seus oratórios, oferendas, e principalmente "Tocata e Fuga em Ré Menor"; ou mesmo "O Messias", oratórios, prelúdios e fugas de Haendel; as encantadoras "Ave-Maria" de Schubert, Bach-Gounod, e inúmeras outras peças de conteúdo musical sublimado de Mozart, Haydn, Schumann, Verdi, Gounod e Beethoven, principalmente suas missas e a magnífica "Coral".

PERGUNTA: — Então a Igreja Católica não deveria permitir tais diatribes?

RAMATÍS: — Evidentemente, o Clero Romano empreende tentativas elogiosas para atrair os fiéis aos templos ou comungar mais intimamente com os surtos do progresso moderno. Mas é imprudência admitir nos templos o "iê-iê-iê", que grassa entre a juventude. No ambiente da vida profana é natural que os jovens precisem de música e ritmos em sintonia com suas necessidades vitais do corpo moço, tal como os esportes são recursos terapêuticos para o equilíbrio orgânico. Assim como atualmente predomina o pitoresco ritmo do "iê-iê-iê", noutras épocas a juventude adotou o "charleston", o "maxixe", o "chorinho", o "swing" e outros ritmos já abandonados. A Igreja não deveria trocar por essa música profana a mensagem dos consagrados compositores de "música sagrada", que permanece indestrutível.

A principal função da música sacra, como símbolo interpretativo da "música celeste", é desmaterializar a personalidade inferior, para eclodirem sentimentos definitivos do anjo criador. No seio de um templo religioso ou de qualquer instituição espiritualista, a música deve apurar a emotividade e adoçar a razão humana, fazendo vibrar os sentimentos mais pacíficos e generosos dos ouvintes. Se a música profana transmite o sentimento ou emotividade do seu autor, as músicas sacras trazem em suas harmonias a mensagem sonora dos anjos. É um cântico divino, em que o homem se despersonaliza buscando a Poesia, a Beleza e a Inspiração de Deus, como alimento à sua consciência espiritual.

Por isso, a música executada no seio das igrejas deve libertar os fiéis, isolando-os das lembranças ou preocupações terrenas a fim de elevá-los às regiões sublimes do espírito eterno. É linguagem divina falando aos homens através da vida interior do espírito imortal.

O templo católico, protestante ou de qualquer outra seita religiosa deve ser o ambiente de "recolhimento" aos fiéis cansados ou decepcionados das lutas do mundo profano. Assim como é dever dos católicos deixarem no limiar do templo os seus pensamentos daninhos, perturbados ou indisciplinados, também cumpre ao sacerdócio oferecer aos fiéis sugestões ou recursos adequados, que aproximem as criaturas da concepção sublime dos mundos celestiais. A igreja deveria significar a estação de repouso para o espírito fatigado de emoções violentas, de competições e astúcias do mundo, poder libertar-se de pensamentos negativos ou mundanos. Tudo deve ser mobilizado de modo a sugerir, exaltar e extasiar o crente para esquecer a matéria e viver as emoções superiores do espírito. São antípodas o mundo religioso e o mundo profano, pois o primeiro estatui a vida do espírito e o segundo estimula as taras animais.

Em consequência, é justo que a mocidade se movimente alegre e sadia no fenômeno moderno do "iê-iê-iê", jorrando vitalidade num ritmo ruidoso e próprio do jovem, mas isso não se afina à severidade e ao cerimonial religioso da Igreja

Católica Romana, porque é cadência buliçosa e instintiva do mundo carnal.

PERGUNTA: — *Que dizeis das campanhas sistemáticas de sacerdotes católicos, que procuram desmoralizar as práticas mediúnicas do espiritismo através dos recursos da hipnose e letargia?*

RAMATÍS: — Achamos que são campanhas de excelente proveito para os espíritas comprovarem a segurança e eficiência do espiritismo, mesmo tratando-se de hipnoses e letargias em público, com a finalidade de desmoralizar a codificação de Kardec. Assim como a têmpera faz o aço, o espiritismo também se mostra mais sólido e íntegro em seus princípios após as agressões adversas, lembrando a "Fênix" que ressurge das próprias cinzas.

É preciso que venha a lume todo o seu conteúdo superior e inalterável. Certas vezes os adversários ajudam de modo extraordinário, porque em suas críticas colocam-se num ângulo impessoal e apontam equívocos ou distorções dos próprios espíritas, dando ensejo ao saneamento benfeitor. Nenhuma doutrina espiritualista foi tão combatida e perseguida como o Cristianismo; no entanto, sua continuidade e sobrevivência vital se deve muito aos adversários, que eternizaram, pelo martírio, figuras eternas como Jesus, Pedro, Paulo, Maria de Magdala e outros, glorificados pelo amor incondicional aos princípios esposados em sua vida. O sacrifício dos seguidores de Jesus, desde as perseguições na Judéia até o holocausto nos circos romanos, divulgou o Cristianismo com mais êxito do que se o fizessem através de oradores exímios. Assim também aconteceu com o espiritismo. Sua força principal e sobrevivência tornou-se mais inexpugnável a partir das campanhas, dos ataques e sarcasmos que sofreu do Clero. A queima de obras espíritas na fogueira do Santo Ofício, em Barcelona, foi o selo definitivo de sua glorificação entre os homens.

A nosso ver, os sacerdotes que se movimentam por todo o território, na campanha febril de ridicularizar o espiritismo, deviam ser homenageados pelos espíritas, em face do seu trabalho profícuo de "testar" os valores da doutrina e pôr à prova as qualidades morais apregoadas por Allan Kardec. Jamais os espíritas poderão pagar-lhes trabalho tão útil e necessário; em verdade, separam o "joio" do "trigo", ou o falso do verdadeiro, pois divulgam e apontam justamente aquilo que não é espiritismo.

PERGUNTA: — Mas eles podem causar impressões negativas no público leigo, pelo sofisma de misturar a fenomenologia mediúnica espírita com a hipnose e letargia. Que dizeis?

RAMATÍS: — Os fenômenos de hipnose e letargia não desmentem nem destroem a realidade da fenomenologia mediúnica; mas, louvavelmente, ainda a confirmam. Através da prática hipnótica e letárgica, os sacerdotes católicos terminam convencendo o público leigo da existência incontestável do "espírito" no homem. Isso então corrobora os ensinamentos espíritas, porquanto, uma vez provada a existência do espírito, presente e ativo nas experimentações de hipnose e letargia do sacerdócio católico, resta somente encarar a "tese" de cada doutrina ou religião, no tocante à maneira de crer e julgar esse espírito.

Diz o catolicismo que a alma só é criada na hora do nascimento do homem; depois da morte do corpo físico ela vai para o céu, quando é sumamente virtuosa, ou para o inferno quando pecadora. Há, também, o purgatório, espécie de estação intermediária destinada às almas ou espíritos "mornos", nem quentes, nem frios. Ali, eles aguardam a intercessão de Maria, mãe de Jesus, para o ingresso, o mais breve possível, no Paraíso. O sacerdócio católico assegura que os "mortos não podem se comunicar com os vivos", conforme a proibição de Moisés; e se isso acontece ainda não passa de artimanhas do Diabo, que se diverte em enganar os homens ingênuos. Enfim, depois de os próprios sacerdotes comprovarem, pela letargia e hipnose, que a alma é uma realidade e habita o corpo do homem, resta apenas discutir as teorias católica ou espírita quanto à sua manifestação.

PERGUNTA: — E qual é a maior divergência no com-

portamento da alma segundo o catolicismo e segundo o espiritismo?

RAMATÍS: — O espiritismo diverge do catolicismo, ao ensinar que a alma do homem vem da origem dos tempos e forja sua consciência através de todas as espécies animais inferiores até adaptar-se ao corpo humano, numa evolução paralela com a própria modificação da matéria para estados superiores. Após a morte do corpo físico a alma retorna ao seu mundo espiritual, onde continua a trabalhar e a estudar para o seu mais breve aperfeiçoamento. Em seguida, ela encarna-se novamente, a fim de recapitular as lições vividas e corrigir os erros das existências pregressas, sob a disciplina retificadora da Lei do Carma. Mas não vai diretamente para o paraíso dos "ociosos" ou inferno dos "pecadores falidos", após uma só existência na carne. Isso seria absurdo e injusto, da parte de Deus, ao criar almas que, em tão pouco tempo, seriam virtuosas e outras fatalmente pecadoras.

Evidentemente, a tese espírita é bem mais lógica, quando admite a reencarnação como ensejo de o espírito faltoso reerguer-se através da lei cármica de Causa e Efeito. Ademais, se a alma vem de Deus e penetra no corpo humano, conforme diz o catolicismo, então é perfeitamente viável que ela também possa encarnar-se mais vezes na Terra. Se consegue encarnar-se da primeira vez, também poderá retornar dez, vinte ou cem vezes, porque há de ficar mais treinada. E se as almas realizam o mais difícil — subir ao céu, também poderão efetuar o mais fácil — baixar à Terra. Provavelmente, Deus não criou a alma movido por algum capricho tolo ou acicatado pelo sadismo de exilá-la na Terra, para depois negar-lhe o prazer justo de visitar a parentela humana. Ainda seria razoável que os pecadores não pudessem sair do inferno e se comunicar com os "vivos"; mas isso não se justifica com os "virtuosos" que merecem outro tratamento divino.

Em suma, a alma do católico "desce" de Deus, habita o corpo de carne numa só existência e depois retorna ao céu ou ao inferno, terminantemente proibida de visitar o mesmo planeta, onde às vezes chega a viver um cento de anos. No entanto, a alma do espírita também "desce" de Deus ainda imersa na "massa espiritual", ou "espírito-grupo"[11] e habita, gradualmente, os reinos mineral, vegetal, animal e finalmente fixa-se em centelha consciente no comando da forma humana. Durante o seu progresso espiritual ela também aprimora a própria matéria que lhe serve de sustentáculo no mundo planetário, pois nasce e renasce tantas vezes quantas forem precisas, para o seu "autoconhecimento" e purificação da "túnica perispiritual" exigida no Paraíso. Conforme a explicação espírita, a alma progride e angeliza-se independente de qualquer privilégio ou proibição Divina. Mas é uma "autodidata" que erra e acerta, sofre e goza, ignora e sabe, até completar o ciclo terrestre e merecer o ingresso noutros mundos mais venturosos.

Por isso, os sacerdotes católicos contribuem satisfatoriamente a favor do espiritismo, quando em suas práticas hipnóticas e letárgicas comprovam em público a existência da alma! E o tiro ainda lhes sai pela culatra, porque depois querem negar a própria alma que eles provam.

PERGUNTA: — Que deve fazer o moço ou a moça espírita, que não admite a cerimônia religiosa, mas o seu par é católico e pretende casar na Igreja?

RAMATÍS: — Sem dúvida, isso é uma excelente oportunidade para o moço ou a moça espírita demonstrar o elevado grau de tolerância e compreensão de sua doutrina, cedendo em favor do companheiro ou companheira, cuja ventura é casar sob o paraninfo de sua querida religião. Nada perde o espírita nesse ato de tolerância fraterna, pois concordar em casar na Igreja não é admitir os seus postulados, mas respeitá-los em favor da alegria de outrem. A tolerância é uma qualidade superior da alma; é patrimônio de espírito evoluído a caminho do altruísmo. Não são tolerantes os espíritos de desenvolvimento rudimentar, incapazes de compreender que é um dever e excelente qualidade espiritual respeitar as opiniões e os procedimentos alheios.

[11] Vide capítulo XI, "Dos Três Reinos", pergunta 592, "Os Animais e os Homens", do *Livro dos Espíritos*, de Allan Kardec; capítulo XVII, "Sobre os Animais", da obra *Emmanuel*, páginas 87 a 92; perguntas 163 a 170, de "Preguntas Concernentes a los Animales", da obra *Filosofia Rosa-Cruzes*, em "Preguntas y Respuestàs", edição da Editorial Cultura, Huerfanos 1165 — Santiago do Chile.

PERGUNTA: — *Mas por que o moço ou a moça espírita devem ceder em casar no religioso, e não o jovem ou a jovem católica, que também deveriam concordar no contrário?*

RAMATÍS: — Se isso acontecer, então é o moço ou a moça católica quem prova possuir um mais alto grau de tolerância do que o espírita. Ademais, a cerimônia de casamento na Igreja Católica em nada altera a convicção ou moral do espírita, que cede em favor de sua noiva ou seu noivo. Trata-se de um ato de aspecto e finalidade espiritual para as criaturas humanas; é um compromisso íntimo e moral de união, que os cônjuges fazem perante Deus através da cerimônia religiosa. Enquanto a Lei oficial apenas indaga sobre o compromisso do vínculo carnal, a Religião adverte da responsabilidade de ambos os cônjuges amarem-se e respeitarem-se até o fim da vida.

PERGUNTA: — *Porventura, a aceitação do casamento na Igreja Católica, não é um desmentido às próprias convicções espíritas?*

RAMATÍS: — Espiritismo é doutrina e Espiritualidade depende de grau evolutivo. Não se conquista o coração alheio desprezando-lhe as simpatias religiosas; e principalmente, quando se trata de futura esposa ou esposo. Não é conveniente iniciar a jornada conjugal perturbando a paz e harmonia, que provêm de bom entendimento desde a hora do esponsalício. Esse ato de tolerância por parte do moço ou da moça espírita ainda ganha maior apreço da família do outro cônjuge, ante o respeito às suas convicções religiosas.

PERGUNTA: — *É possível que muitos espíritas estranhem vossas conclusões a respeito deste assunto. Que dizeis?*

RAMATÍS: — A verdade é que não há outra alternativa; alguém terá de ceder, seja o espírita ou o católico. E por que não há de ser o espírita, que se julga mais compreensivo e esclarecido do que o católico? Aliás, isso faz lembrar-nos velho provérbio indochinês, que assim diz: "O mais sábio e o melhor, que se contente com o pior"!

PERGUNTA: — *Mas não é provável que o moço ou a moça que exigem se casar na Igreja, embora com espíritas, também o façam menos pela crença e mais pela repercussão da cerimônia religiosa?*

RAMATÍS: — O cerimonial do esponsalício religioso na Igreja Católica, que simboliza a "união espiritual" entre dois seres, na Terra, é de grande fascínio sobre as jovens casadoiras, porque lhes deixa um grato motivo para futuras recordações. Aliás, o casamento religioso marca um dos mais importantes rumos na vida do jovem católico, não sendo propriamente manifestação de vaidade, mas consagração de um sentimento terno e até infantil. Há criaturas que sentem um vazio ou até desconfiança, quando os principais acontecimentos de sua vida não se marcam por um ato público ou cerimonial de satisfação aos sentidos físicos.

Assim, o casamento exclusivamente civil parece-lhes sem significação e quase nulo, quando é realizado sem o ritual secular consagrado pela Igreja, as vestes nupciais da tradição e as fórmulas convencionais do mundo.

PERGUNTA: — Supondo-se que a noiva ou o noivo católicos exigem o seu casamento na Igreja, mais por "amor- -próprio" ou obstinação religiosa, assim mesmo deve ceder o espírita?

RAMATÍS: — Sem dúvida, esse amor-próprio pode ser tão obstinado nos jovens católicos que "exigem" se casar na Igreja, quanto nos jovens espíritas que se "negam", de acordo com sua convicção, no espiritismo. Em ambos os casos pode dominar o amor-próprio; mas a recusa é sempre mais desairosa para o espírita, porque subentende-se o mais esclarecido espiritualmente. Ao ceder em favor do casamento religioso com a criatura que escolheu para a ventura do seu lar, talvez concretiza-lhe um longo sonho alimentado desde a juventude, na vivência mental e prematura do cerimonial festivo na Igreja. A nave iluminada, as imagens enfeitadas de flores entre círios tremeluzentes, os paramentos sacerdotais, a "Marcha Nupcial" tocada pelo órgão sonoro sob o cântico das vozes humanas, não fascinam somente as moças católicas, mas, também, muitas jovens espíritas.

PERGUNTA: — Mas não é censurável o fato de os pais

espíritas permitirem suas filhas casarem na Igreja Católica ou no Templo Protestante, quando não admitem cerimônias religiosas no seio do espiritismo?

RAMATÍS: — A obstinação dos progenitores espíritas proibindo as filhas de casarem na Igreja pode causar-lhes frustrações indesejáveis, conservando-lhes na mente, por longo tempo, o pesar pela pouca significação do seu esponsalício. O casamento civil, em face da simplicidade, da brevidade e do formalismo rígido da Lei, pode convencer a moça e o moço da legalidade do ato, mas de modo algum satisfazerem pela ausência do cerimonial religioso. À moça frustrada no sonho de casar sob o brilhantismo da cerimônia religiosa, doer-lhe-á o coração toda vez que assiste ou certifica-se de igual acontecimento, sentindo-se até humilhada, por ter-lhe sido negado o que outras jovens lograram num ato festivo e prazenteiro.

PERGUNTA: — Mas os pais espíritas, tão esclarecidos pelo espiritismo libertador das fórmulas transitórias do mundo, não conseguem provar a seus filhos a inutilidade do casamento religioso? Por que persistir num acontecimento que já foi superado pelo esclarecimento superior?

RAMATÍS: — O casamento religioso antecedeu ao casamento civil; por isso, no recôndito da alma do homem permanece o jugo secular da cerimônia religiosa do esponsalício na Igreja. Quantas vezes os espíritas de hoje não se casaram no seio da Igreja Católica, em existências pregressas? Porventura, a maioria dos espíritas não provêm do catolicismo, onde também se consorciaram sob o seu ritual religioso?

O julgamento satisfatório em causa própria não é motivo para impormos nossas opiniões aos outros, sejam amigos, parentes ou filhos adultos. Os pais espíritas devem orientar e convencer os filhos quanto aos princípios superiores e libertadores da doutrina do espiritismo, mas não têm o direito de impor-lhes quaisquer exigências, que não encontram simpatia ou receptividade, pelos condicionamentos pretéritos. Isso sempre seria intolerância e flagrante desmentido aos próprios postulados espíritas. Onde começa a proibição termina a espontaneidade; e em questão religiosa, cada criatura tem o direito de escolher o caminho que melhor condiz com sua índole, simpatia e compreensão.

PERGUNTA: — *Porventura, os pais espíritas não devem orientar os filhos na mesma crença que tanto os beneficia?*

RAMATÍS: — Orientar não é impor. Principalmente os espíritas devem saber que o conjunto da família é constituído por espíritos da mais variada gama de sentimentos, moral e capacidade intelectiva. É inútil obrigar ao culto fiel do espiritismo os filhos que se mostram avessos a tal programa, caso trate-se de almas que em vidas pregressas foram sacerdotes, freiras ou devotos fanáticos fortemente condicionados ao ambiente secular da Igreja Católica.

A crença religiosa é fruto de eleição e não de imposição. Mais vale um bom católico do que um mau espírita, o que seria prejudicial ao próprio espiritismo. Antes a tolerância que semeia venturas no próximo, do que a obstinação que impõe convicções pessoais e produz amarguras.

PERGUNTA: — *Mas se ambos os noivos são espíritas, não é censurável casarem na Igreja?*

RAMATÍS: — Se os noivos casam na Igreja, elas não são espíritas, mas apenas "simpatizantes" do espiritismo. Os espíritas conscientes e convictos de sua doutrina dispensam o casamento religioso, porque ainda é cerimônia de fascínio do mundo material.

PERGUNTA: — *Mas já comprovamos casamentos religiosos de dignos trabalhadores da seara espírita, inclusive de alguns médiuns em franca atividade. Que dizeis a tal respeito?*

RAMATÍS: — Kardec argumentou "que se conhece o espírita pela sua incessante transformação moral", mas não se referiu à maior convicção de crença. Em face de o espiritismo rejeitar dogmas ou tabus religiosos, como as proibições sagradas, também não é possível fazer-se "proibições" para que os espíritas casem ou não casem no religioso. Tratando--se de questão de foro íntimo, e não sendo possível avaliar no reino oculto da mente do adepto ou simpatizante, qual é o grau exato de sua compreensão espiritual, ninguém pode prever como ele há de reagir na hora de comprovar os princípios espiritistas. Mas a verdade é que os espíritas conscientes de sua doutrina não casam no religioso; não pelo desprezo à Igreja, mas pela superação das fórmulas e convenções do mundo terreno.

PERGUNTA: — *O espírita pode batizar os filhos no religioso?*

RAMATÍS: — Desde que esteja plenamente esclarecido através do espiritismo, o espírita sabe que é desnecessário batizar os filhos em qualquer credo religioso, embora trate-se de um ato de simbolismo espiritual. O batismo como "salvação" é um mito, porque o homem gradua-se pelas obras e não pelas cerimônias ou crenças humanas.

PERGUNTA: — *Nesse caso também não seria violar o futuro direito de crença católica dos filhos, como no caso do casamento religioso?*

RAMATÍS: — Quando os filhos de espíritas pretendem casar, já possuem o discernimento e a idade suficientes para "decidirem" quanto à sua crença religiosa católica, protestante ou espírita. Mas no caso do batismo, cabe aos pais decidir por si, pois a criança ainda não sabe distinguir o que lhe é mais coerente ou inútil em questão religiosa.

PERGUNTA: — *Mas supondo-se que ao chegar à juventude a criança não batizada decide-se pelo catolicismo? Isso não implica em os pais espíritas terem lhe negado o batismo, como fundamento da crença católica?*

RAMATÍS: — Que o jovem então se batize, em qualquer idade, conforme permite e preceitua a Igreja. Mas os pais espíritas esclarecidos não devem prolongar a superstição do batismo, só porque na juventude seus filhos podem preferir a religião católica.

PERGUNTA: — *Há incoerência de alguns espíritas batizarem seus filhos no seio do espiritismo, embora o façam com toda singeleza possível e sem ritual ostensivo?*

RAMATÍS: — Sob qualquer aspecto complexo ou singelo, o batismo é prioridade da Igreja Católica, cuja fórmula lhe pertence por antiguidade e tradição. O resto não passa de imitação ou interpretação pessoal, malgrado o tentem num ato despido de cerimônias nos centros espíritas. O batismo espírita não deixa de ser uma espécie de sublimação ou saudosismo de "ex-católicos" transferidos para o espiritismo. Embora o pratiquem com toda singeleza, ainda é fruto de uma intenção oculta, espécie de amarra instintiva condicionada nos cerimoniais católicos. É preferível que o espírita então batize seu filho diretamente na Igreja, pois assim evita de praticar atos incongruentes na seara espiritista.

PERGUNTA: — Porventura, também é censurável essa preocupação quase extremista, de os espíritas evitarem qualquer motivo, ato ou fórmula que possa lembrar o catolicismo? Se há fanatismo no "excesso" dogmático da Igreja Católica, não é possível que também haja fanatismo no obstinado "vazio" do espiritismo?

RAMATÍS: — Há profunda diferença entre a mensagem católica e a espírita, pois ambas expressam-se em extremos opostos. A Igreja desperta no homem a emoção da alma pela fantasia do cerimonial que simboliza o mundo Divino; o espiritismo desveste o cerimonial e expõe a realidade exata cabível na mente humana. Deste modo, a doutrina Espírita jamais poderá transigir com qualquer ideia ou sugestão sub-reptícia, que agrilhoe novamente o seu adepto a cerimônias do mundo. Na função de libertador de consciências, o espiritismo deve rejeitar o menor indício que possa fascinar a alma a quaisquer fórmulas pertencentes à vida corporal transitória.

5. – O espiritismo e o protestantismo

PERGUNTA: — *Poderíamos admitir que o protestantismo está mais próximo do espiritismo do que a religião Católica Romana?*

RAMATÍS: — A nosso ver, diríamos melhor: se o protestantismo estaria mais identificado com o espiritismo. Alhures já dissemos que é bem mais fácil conduzir os budistas, hinduístas e demais adeptos de doutrinas orientalistas para aceitar os postulados da doutrina Espírita, do que conseguir o mesmo com católicos, protestantes ou adventistas. Isso porque os primeiros, embora asfixiados na simplicidade original de suas crenças, são partidários da Lei do Carma e da Reencarnação, não admitidas pelos católicos e reformistas.

Em consequência, os protestantes também serão mais adversos aos postulados do espiritismo codificado, porque, assim como os católicos, de onde provieram, não aceitam a coerência da Lei de Causa e Efeito do Carma e das vidas sucessivas. Quando Lutero empreendeu a reforma protestante, os mentores da Terra regozijaram-se pela nova mensagem de simplicidade e libertação da suntuosidade do Clero e das Igrejas, convictos de que o protestantismo não tardaria em assimilar as duas leis mais sensatas e lógicas da vida espiritual: a Lei do Carma e a da Reencarnação.

Mas, se os reformistas luteranos fugiram do luxo e da pompa, aboliram a hierarquia faustosa e evitaram o exibicionismo das jóias e dos tesouros próprios do Vaticano, eles caíram noutro anacronismo fanático, elegendo a Bíblia e os seus profetas com as mesmas características da infalibilidade papal. Houve mudança de trajes e de cenários, mas subordinaram a sua razão às mesmas crenças infantis de antanho, pregadas pela Igreja Católica, pontificando as lendas e histórias bíblicas insustentáveis em face da lógica do bom senso.

A missa faustosa foi substituída pelo culto pessoal e os protestantes a compensaram pelos cânticos religiosos no saudosismo de rezas e ladainhas. Sumiram-se os santos, mas surgiram os profetas; eliminou-se o missal e pontificou-se a Bíblia. O cidadão protestante, tal qual o católico, ainda é um fugitivo dos pecados do mundo, mas dificilmente um dominador dos vícios e das paixões.

No entanto, a reforma protestante já foi um passo salutar em direção à simplicidade do Cristianismo do tempo de Jesus e digna de sinceros louvores pelas suas obras de alta finalidade caritativa, seu programa de paz e amor ao próximo. Seus adeptos embrenham-se pelas matas e regiões inóspitas, levando o consolo, o socorro e medicamentos aos infelizes párias, que se encontram em zonas distantes e sem quaisquer recursos de assistência médica. São disciplinados, eficientes, ordeiros e até heróicos nos seus labores socorristas.

Mas, lastimavelmente, ficaram nas adjacências da reforma de Lutero, ramificaram-se em dezenas de outras seitas protestantes, com preferências por este ou aquele profeta, por esta ou aquela passagem do Velho e do Novo Testamento. A fonte pródiga da Bíblia abriu-se em minúsculos riachos, que depois ainda se subdividem em novas ramificações atendendo os mais variados tipos psicológicos de criaturas ansiosas por novas revelações no campo da religiosidade fenomênica do mundo.

PERGUNTA: — Alegam muitos protestantes e católicos, que no seio espirítico também se produzem dissensões e depois surgem entidades e sistemas de trabalhos diferentes, por vezes até adversos entre si. Citam os kardecistas, umbandistas, neo-espíritas, redentoristas e outros movimentos criados à sombra do espiritismo de Kardec e depois constituindo-se em outras tantas seitas desligadas da entidade "mater" federativa. Que dizeis?

RAMATÍS: — De conformidade com os diversos tipos de psicologia, veleidades e personalismo humanos, cremos que ainda surgirão muitas seitas marginais derivadas da codificação espírita, como alegam os católicos. Mas isso é muito natural em um mundo onde os homens devem desenvolver o espírito através de sofrimentos, vicissitudes e desenganos, para cultuar as virtudes do amor, da união, tolerância e fraternidade.

O planeta Terra ainda não é mundo de graduação superior e por isso não dispensa a variedade de doutrinas derivadas das principais fontes religiosas compatíveis com o entendimento e a capacidade dos seus novos adeptos. No entanto, o acontecimento mais importante nessa proverbial multiplicação de seitas, seja no catolicismo, protestantismo ou espiritismo, é verificar-se o comportamento futuro da fonte original de onde elas se derivaram. Não importa que surjam mil regatos de coloridos diferentes, se a fonte original donde provieram mantém a sua limpidez e pureza iniciática. É evidente que os fundadores de novas seitas subsidiárias de certa doutrina ou religião assim o fazem impelidos por insatisfações, vaidades, desavenças ou contrariedades. Descontentes ou obstinados, esses adeptos rebeldes teimam em impor suas ideias; e, por isso, fundam movimentos sectaristas atendendo à sua personalidade egocêntrica.

No entanto, quando a fonte iniciática ou original mantém-se incólume e pura na sua origem, em nada lhe afetam os movimentos bastardos, nascidos à sua sombra protetora. Ademais, os "inovadores" ou "reformistas" não apresentam novidades importantes em suas agremiações, seitas ou doutrinas, porque jamais poderão extinguir as raízes da árvore original onde firmam os seus ramos rebeldes. Algumas vezes não vão além de modificações à superfície da doutrina que hostilizam, com substituições por vezes ridículas ou adaptações primárias. Copiam, substituem ou deformam postulados consagrados anteriormente, elaboram novos cerimoniais sem a força da magia religiosa ou mudam velhos ídolos por simpatias modernas. No entanto, jamais poderão desvencilhar-se definitivamente da fonte original, assim como o filho rebelde não pode libertar-se do nome do pai.

PERGUNTA: — *Poderíeis dar-nos algum exemplo mais prático desse assunto?*

RAMATÍS: — No vosso país surgiram dois movimentos separatistas da fonte original da Igreja Católica Romana, na formação de igrejas católicas brasileiras, com novo ritual e cerimonial em português, mas os novos reformistas nada puderam acrescentar ao novo credo, limitando-se a imitar ou substituir santos, cerimônias, paramentos e devoções, sem poderem fugir à hierarquia tradicional do Clero Romano. Tentou-se modificar ou simplificar o cerimonial do batismo, casamento e a liturgia tradicional, mas o povo sentiu a debilidade dos renovadores e sua impotência em convencer os fiéis.

No intuito de atrair maior número de adeptos para a nova Igreja, os seus responsáveis admitiram os postulados da Lei do Carma e da Reencarnação, que são fundamentos principais do espiritismo, da umbanda e inúmeras filosofias e doutrinas espiritualistas do Oriente.

Mas o recurso, embora renovador e inteligente, não produziu o efeito desejado, por dois motivos bastante significativos: os espíritas kardecistas não se inclinaram pela nova Igreja, malgrado sua admissão à Lei do Carma e Reencarnação porque o espiritismo é avesso a liturgias, dogmas, adorações, casamentos, batizados ou fetiches. Os umbandistas, no entanto, já possuem o seu cerimonial tradicional e característico dos trabalhos de terreiros, além do seu tradicional intercâmbio com os "pretos velhos", índios e caboclos. Em consequência, muitos adeptos e até sacerdotes da nova Igreja Católica Brasileira retornaram à velha mansão da Igreja Católica Romana, sendo recebidos como "filhos pródigos", pois a fonte original permaneceu incólume apesar da debandada dos inconformistas. E o fenômeno explica-se com facilidade, pois não houve, realmente, um "protesto" ou "reforma" contra o catolicismo, e sim, apenas mudança do rótulo "romano" para "brasileira". Evidentemente, é preferível continuar com o original do que aceitar o sucedâneo de ingrediente inferior.

PERGUNTA: — Parece-nos que o fenômeno é diferente entre os protestantes, sendo raros os que retornaram ao catolicismo. Não é assim?

RAMATÍS: — Insistimos em dizer: Lutero não prosseguiu com as mesmas características da Igreja Católica Romana, mudando-lhe apenas o nome e sem modificar-lhe o conteúdo. Ele encetou uma "reforma" completa nos costumes, cerimoniais e hierarquia, opondo-se ao fausto clerical e tentando uma simplificação de retorno ao Cristianismo. Mas em face da diversidade de temperamentos, entendimento, costumes, simpatias e até interesses, também derivaram do protestantismo iniciático dezenas de seitas novas atendendo grupos, à parte, que não podiam ajustar-se satisfatoriamente aos postulados reformistas. Algumas adotaram práticas religiosas e interpretações bíblicas mais excêntricas, sem poderem libertar-se, em definitivo, da fonte original de onde provieram. Embora continue a existir certa pragmática familiar em todas essas seitas, observa-se um grande esforço de superioridade entre si e de propaganda intensiva dos seus postulados.

PERGUNTA: — Quais são essas seitas derivadas da reforma inicial de Lutero?

RAMATÍS: — Malgrado a multiplicidade de seitas e movimentos reformistas fundados à sombra da própria reforma de Lutero, e que prosseguem lançando novas ramificações pelo mundo, citaremos as que são oficialmente reconhecidas como unidades religiosas e de responsabilidade jurídica. São os Presbiterianos, Metodistas, Mórmons, Batistas, Episcopais, Luteranos, Testemunhas-de-Jeová, Adventistas do Sétimo Dia, Discípulos da Igreja Cristã, Grupos Pentecostais, e Cientistas Cristãos.

PERGUNTA: — E qual é a situação do espiritismo codificado, com relação a outros movimentos que também se derivam dele e possam surgir por efeito de novas inconformações?

RAMATÍS: — Evidentemente, qualquer movimento rebelde contra o espiritismo codificado só comprova a inconformação de certos adeptos contra os seus postulados doutrinários. No entanto, isso em nada é desairoso para a doutrina, caso permaneça íntegra e inalterável a "fonte original" da codificação kardecista.

A própria umbanda, por exemplo, não é movimento reformista ou de protesto contra a codificação espírita de Kardec, mas apenas sincretismo religioso e movimento espiritualista, à parte, derivado da magia do folclore africano e ameríndio, alicerçado sobre o fenômeno da mediunidade. Quanto a alguns movimentos que se observam, de espíritas em agrupamentos isolados ou temperando suas práticas com alguns condimentos de outras doutrinas reencarnacionistas, é mais propriamente uma espécie de insubordinação contra a tutela da federalização oficial do espiritismo no Brasil. O próprio Racionalismo Cristão ou espiritismo Redentorista, fundado por Luís de Matos, como um protesto contra médiuns mercenários, crédulos místicos e fanáticos, dogmáticos recalcitrantes, elites conservadoras e adeptos interessados apenas no bem-estar material, não afeta a Codificação Espírita, por uma razão muito simples: o próprio Allan Kardec já havia previsto e apontado tais diatribes numa sentença impecável: "Conhece-se o espírita pela sua incessante transformação moral!" O Racionalismo Cristão, de Luís de Matos, não é um "protesto" contra o espiritismo, porém, contra os "maus espíritas".

PERGUNTA: — E no caso do protestantismo, as seitas que derivaram dele, porventura, não se libertaram das velhas fórmulas conservadoras organizando movimentos liberais religiosos e oferecendo um padrão mais evoluído nas suas novas atividades religiosas?

RAMATÍS: — Até hoje ainda não puderam oferecer algo mais dinâmico e convincente ou progressista, além do conhecimento e da tradição do tronco central de onde se originaram. Não obstante a admissão de certas regras e conceitos que diferem um pouco da fonte original, as novas seitas ainda não se libertaram do sectarismo, biblismo e profetismo da Reforma Protestante iniciada por Lutero.

PERGUNTA: — *Que nos dizeis do Metodismo?*

RAMATÍS: — O Metodismo foi fundado por João e Carlos Wesley, membros da Igreja Anglicana; apesar de intencionarem organizar um grupo religioso de estímulo a uma vivência mais santificada e de protesto contra o mandonismo daquela época, com o decorrer do tempo eles também terminaram adotando e consagrando a hierarquia, o batismo ou aspersão, elegendo vários trechos bíblicos para fundamento do seu credo.

Conforme os ensinamentos metodistas, um crente em Cristo pode se perder ou "cair da graça"; mas se se arrepender pode recuperar a graça divina pela Vontade de Deus. O seu batismo também não é de imersão, mas de aspersão à semelhança da mesma cerimônia católica. Adotam, das Escrituras, muitos trechos do Velho e do Novo Testamento a respeito do pecado, da salvação, do batismo ou da Igreja, alicerçando seus ensinos principalmente nos Atos dos Apóstolos e particularizados nas epístolas de Paulo, com alguma preferência mais específica ao Evangelho de João.

PERGUNTA: — *Qual a significação da Igreja Presbiteriana?*

RAMATÍS: — Calvino e João Knox, no século XVII, fundaram a Igreja Presbiteriana, cujos adeptos, em grande número, começaram a emigrar para as colônias norte-americanas. Os presbiterianos consagram pessoas ao ministério religioso da entidade, batizando e propagando a salvação do homem sob o paraninfo de vários conceitos das Escrituras. Trata-se de uma seita meritória e obra missionária, com milhares de missionários disseminados pelo mundo em atividade socorrista aos enfermos, aos deserdados da sorte e aos ignorantes das leis de Deus.

Os presbiterianos também realizam o batismo infantil, por aspersão, pregando que a fé é necessária, mas é a fé dos pais que deve agir em prol dos filhos. Como os metodistas, parecem devotar particular simpatia pelas Epístolas de Paulo, que vicejam em quase todos os fundamentos de suas atitudes religiosas.

PERGUNTA: — *Poderíeis dizer-nos algo sobre a Igreja Protestante Episcopal e os Batistas?*

RAMATÍS: — A Igreja Protestante Episcopal disciplina--se pelos Trinta e Nove Artigos de Religião, incorporados no Livro de Oração Comum, considerada doutrina de regeneração batismal sob severo ritual, administrado pela imersão ou aspersão, fato que estabelece muita discussão entre os adventistas derivados da Reforma Protestante. Os episcopais também têm feito muitos benefícios à vida americana, quer pelo desenvolvimento cultural, assim como pelas missões em todo o seu território e também noutras partes do mundo. Seus pastores, depois de velhos e inválidos, recebem pensões do fundo de aposentadoria episcopal. As crianças batizadas devem ser apresentadas por padrinhos que respondem por elas, em aceitar o Credo Apostólico. No Ministério Religioso são reconhecidas três ordens diferentes: bispo, sacerdotes e diáconos.

Os Batistas são remanescentes de uma verdadeira identidade espiritual com grupos de crentes através de séculos, que aceitavam e praticavam o que o Novo Testamento ensinava. A Bíblia era a sua regra de fé, de sobrevivência e atividade no mundo. Em consequência, era quase um povo chamado Batista, que advogava o princípio de uma Igreja livre. Por isso, fundou uma comunidade civil onde os homens deviam ser livres para adorar a Deus conforme os ditames de sua própria consciência.

Os Batistas ensinam que a "salvação" vem pela graça divina mediante a fé em Deus e não pela lei, ordenanças e cerimônia. E não se deve coagir ninguém em sua crença espiritual. Eles adotam a separação entre o Estado e a Igreja, e podem ser membros da mesma quem foi regenerado antes mesmo de ser batizado. Aceitam o Cristo como o Senhor Vivo e não o cultuam como faz o catolicismo, no cerimonial fúnebre da morte.

PERGUNTA: — *E quanto aos "Mórmons"?*

RAMATÍS: — Os Mórmons, ou seja, a "Igreja dos Santos dos últimos Dias", foi fundada em 1830, no Estado de Nova York, por Joseph Smith. Diz a tradição dessa seita que os Nefitas, sobreviventes de uma luta religiosa em Jerusalém, fugiram para a Arábia, e através dos oceanos Índico e Pacífico chegaram até a América do Sul, rumando mais tarde para a América do Norte. A sua história fora escrita em "tábuas", "lâminas" ou "folhas" de ouro por Mórmon e entregue a seu filho, Moroni, que as enterrou num morro perto de Palmyra, Estado de Nova York; Joseph Smith, o fundador dos Mórmons, então declarava ter se comunicado com o espírito ressuscitado de Moroni e recebido dele a indicação do local onde se encontravam enterradas as folhas de ouro.

Essas tábuas então teriam sido traduzidos no *O Livro dos Mórmons*", contendo uns quinze livros, mas que em sua maior parte é extraída da própria Bíblia, formando certa miscelânea doutrinária. Os Mórmons também pregam o batismo como condição necessária para alguém entrar no reino dos céus; há cargos apostólicos perpétuos, apóstolos, profetas e outros oficiais; o Livro dos Mórmons é considerado superior, por conter muitas profecias inexistentes na Bíblia.

Os convertidos à doutrina devem dar um dízimo de sua propriedade e um dízimo de sua renda à comunidade. Joseph Smith foi morto por um grupo de adversários, no Estado de Illinois. E mais tarde foi eleito presidente da igreja o Sr. Brigham Young, que desde 1852 adotou a poligamia em sua seita, proibida mais tarde pela Corte Suprema dos Estados Unidos. Atualmente, os Mórmons têm sua atividade mais intensa em Salt Lake City, no Estado de Utah, dominando forte sistema econômico, político e religioso. Seguem, também, vários esquemas das escrituras sagradas concernentes às suas práticas e crença.

PERGUNTA: — *E os "Adventistas do Sétimo Dia"?*

RAMATÍS: — É seita protestante que dá muita importância à criação de hospitais, escolas, revistas e ao evangelismo; possuem, realmente, inúmeros hospitais, casas publicadoras de revistas, obras missionárias e construção de campos missionários, além de distribuírem sua literatura em 200 línguas diferentes. Em 1860, certo grupo de crentes da reforma decidiu-se mais propriamente pelo sábado, passando a considerá-lo seu domingo, assim como mudava o nome da seita para "Adventistas do Sétimo Dia".

Também adotam o batismo por imersão; e os novos membros precisam comparecer perante os pastores ou oficiais da igreja local para serem previamente examinados. Aceitam os 10 mandamentos, como norma direcional, guardam o último dia da semana e são observadores atentos da Lei de Moisés; consideram a morte um estado de inconsciência até o dia da ressurreição e os pecadores não convertidos desaparecem depois do Juízo Final. Seguem diversos versículos do Novo Testamento que lhes confirma adoração do sábado, o juízo final, o inferno, o céu e a salvação do homem pelo arrependimento.

PERGUNTA: — E as "Testemunhas de Jeová"?

RAMATÍS: — A seita surgiu numa pequena reunião liderada por Charles T. Russell e o movimento teve diversos nomes como Russellitas, Alvorecer do Milênio, Associação Internacional de Estudantes da Bíblia, Sociedade Bíblica e de Tratados da Torre de Vigília. Em 1931, foi-lhe conferido a denominação definitiva de "Testemunhas de Jeová", pelo Juiz J. C. Rutherford, que substituiu o Pastor Russell.

As "Testemunhas de Jeová" disseminam-se por quase todas as cidades dos Estados Unidos, e em outras partes do mundo, com o propósito fundamental de estudar a Bíblia. Não constroem templos para uso próprio e costumam reunir-se em salões alugados; publicam sua literatura em muitas línguas e se afirma que já produziram mais de 200.000.000 de exemplares em circulação. São inquietos, embora trabalhadores, zelosos e por vezes provocam discórdias pelo seu fanatismo irredutível, na admissão de seus conceitos religiosos. Negam a divindade de Jesus, afirmando que Jesus era um homem perfeito, nada mais, nada menos. Nasceu ao nível humano para ter natureza divina, na sua ressurreição. Ensinam que milhões de pessoas, agora vivas, jamais morrerão, porque lhes será dada a vida eterna quando chegar o terceiro milênio e os pecadores julgados perante os tribunais Divinos; sendo Jesus Cristo o Redentor da humanidade. O homem é alma, mas não tem alma; e que Jesus não ressuscitou o corpo, mas o conserva em algum lugar para o mostrar aos povos no momento profético. Negam que haja um inferno eterno, mas admitem o "Hades", como sepultura. Opõem-se a todos os governos presentes, recusam fazer continência à bandeira, são pacifistas, mas irascíveis em tempo de guerra e não aceitam a transfusão de sangue de réprobos ou profanos.

Seguem nas escrituras sagradas somente aquilo que confirme as suas convicções no Novo Testamento e nos vários versículos do Velho Testamento.

PERGUNTA: — *Os Luteranos?*

RAMATÍS: — Os Luteranos disseminados pelo mundo atingem provavelmente a mais de 100.000.000 de adeptos. Martinho Lutero, depois de formado doutor pela Universidade de Wurttemberg, concluiu que a paz espiritual e segurança do ser não se achava nos preceitos e práticas da Igreja Católica Romana, mas, sim, nos ensinos das Escrituras, mediante a fé e a comunhão individual com Jesus. Então, foi excomungado pelo Papa, por atacar os concílios, venda de indulgências, e a pompa do Clero. Em seguida, traduziu a Bíblia para a língua alemã e estabeleceu uma forma de culto simples para os luteranos; escreveu os catecismos ainda hoje em uso nas igrejas. As igrejas luteranas escolhem os seus próprios ministros e o candidato a ministro é ordenado por um sínodo, na tradicional reunião anual. O sínodo exerce sua jurisdição sobre determinado estado, distrito ou grupo de fiéis.

Mas é evidente que, ao rejeitar a Igreja Católica Romana, Martinho Lutero não abandonou por completo sua bagagem católica romana, pois dela conservou o batismo infantil, a concepção sacramental das ordenanças, substituiu o controle do Papa pelo Estado religioso, valorizando muito a letra em desfavor do espírito. O batismo entre os luteranos é necessário para a salvação do homem e concede o perdão dos pecados. Os luteranos são afeitos às escrituras, mas, dominados pelo espírito de discussão, muitas vezes promoveram sérias dissensões por causa das mais simples interpretações diferentes dos versículos e das passagens evangélicas.

Mas a verdade é que a Reforma Luterana também já sente a sua debilidade no esforço de esclarecer a humanidade; perde terreno pela sua obstinação fanática de se considerar a única religião que prega a "verdadeira" Verdade. O Alto empreendeu inúmeras tentativas no sentido de fazer a Igreja Católica ou Protestante admitir a Lei do Carma e o processo da Reencarnação, pois semeou fenômenos mediúnicos até entre os maiorais de tais credos, na forma de acontecimentos incomuns e destinados a provar a existência da alma e a possibilidade do seu intercâmbio entre vivos. Entre os padres franciscanos ou capuchinhos, os mentores espirituais encontraram mais facilidade para despertar a vidência, audição e incorporação mediúnica, inclusive o curandeirismo controlado pelo Além. Mas tanto o catolicismo como o protestantismo não só rejeitaram essas revelações como ainda hostilizam o espiritismo ou demais movimentos que admitem os princípios lógicos e sensatos da Reencarnação.

6. – O espiritismo e a teosofia

PERGUNTA: — *Que dizeis da teosofia, doutrina que também admite a Reencarnação e a Lei do Carma?*

RAMATÍS: — Teosofia, em essência, deveria expressar a ideia de "Ciência de Deus"; no entanto, constituiu-se, também, numa doutrina com certo aspecto religioso, graças à fundação da "Sociedade Teosófica", de Nova York, em 1875, por Madame Blavatsky. A sociedade, posteriormente, progrediu com a adesão de adeptos de boa envergadura intelectual, como Annie Besant, o Bispo C. W. Leadbeater, Sinnet, Olcoot e outros, que seguiram as pegadas de Madame Blavatsky.

PERGUNTA: — *Qual é a relação existente entre a Sociedade Teosófica e o pregador Krishnamurti, atualmente em excursão pelo mundo e que já pertenceu àquela entidade?*

RAMATÍS: — Conforme comunicados do Espaço, os componentes da Sociedade Teosófica aguardavam a vinda do Instrutor Espiritual do século XX, o qual deveria corresponder a determinados sinais e seria encontrado no momento oportuno. Em determinada época, Madame Blavatsky e Leadbeater julgaram encontrar o menino que possuía todos os predicados referidos pelos seus mentores. Então encarregaram-se dele; e proporcionaram-lhe a educação necessária ao seu desempenho messiânico, protegendo-o até a maturidade. Realmente,

Alcione (pois assim o chamavam), mais tarde designado como Krishnamurti, revelou-se desde cedo uma notabilidade espiritual, estreando aos quinze anos, com um magistral trabalho intitulado "Aos Pés do Mestre". Mas, em 1913, houve cisão e a excomunhão de 2.400 adeptos e membros da Sociedade Teosófica, por terem resolvido seguir o mestre R. Steiner, da Alemanha, que era contrário ao messianismo e à consagração de Krishnamurti. Aliás, mais tarde, o próprio Krishnamurti abandonou a Sociedade Teosófica, embora o considerassem o Avatar, o Messias moderno, alegando que o haviam transformado num ídolo, quando ele viera esclarecer os homens para se libertarem da exploração religiosa.

PERGUNTA: — Qual o conteúdo fundamental da doutrina teosófica fundada por Madame Blavatsky?

RAMATÍS: — Assemelha-se a quase todas as doutrinas religiosas que colocam a criatura na dependência de sua origem divina e do retorno à fonte criadora de Deus. A teosofia, como a rosa-cruz e o espiritismo, prega a necessidade de o homem livrar-se, o mais cedo possível, dos grilhões da matéria ou das ilusões da vida humana. E, consequentemente, apela para o conhecimento, educação e domínio do espírito sobre a carne, esclarecendo sobre a nocividade dos vícios, paixões e hábitos, que mais algemam o ser à vida física. É o conhecimento da Verdade, a iluminação pela meditação ou pelo raciocínio desenvolvido sob a vontade sadia e disciplinada. A teosofia não se ajusta à ideia de um Deus pessoal; e prega a fraternidade entre todos os homens como um recurso de amparo e proteção ao próprio indivíduo.[12]

PERGUNTA: — Quais os contatos mais eletivos da teosofia com o espiritismo?

RAMATÍS: — A teosofia, como é peculiar à doutrina Espírita, também se considera filosofia, religião e ciência. Ajusta-se ao conceito filosófico porque cuida e explica o

[12] As principais obras para o conhecimento mais profundo da teosofia são *Compêndio de Teosofia*, de Leadbeater, *Budismo Esotérico*, de Sinnet, *A Sabedoria Antiga*, de Annie Besant, *Conferências Teosóficas* e *Fundamentos da Teosofia*, de Jinarajadasa.

plano da evolução das almas e dos corpos nos diversos ciclos evolutivos dos planetas do nosso sistema solar; é admitida como religião, porque indica o caminho moral no esforço consciente do homem aproximar-se, cada vez mais intimamente, do seu Criador; como ciência, trata da investigação e estudo dos fenômenos do mundo imponderável, mas livre de tabus, superstições e lendas. Ensina que o homem não deve confiar cegamente na fé teológica sem base positiva, mas examinar por si mesmo os poderes latentes que existem na intimidade de todos os seres e são outorga do Espírito do Criador.

PERGUNTA: — E quanto à concepção da morte, onde ela mais se aproxima do espiritismo?

RAMATÍS: — Os teosofistas encaram a morte como um fato comuníssimo. É a extinção lógica de uma vida que proporciona ao homem os meios de ele acumular, concentrar e dinamizar as energias que depois lhe são preciosas nos mundos etéreos. Consideram a morte à guisa do indivíduo que despe o sobretudo protetor num ambiente frígido e depois enverga o traje tropical para manifestar-se num clima suave. Assim como os espíritas, os teosofistas também consideram o berço e o túmulo um rápido período, em que a alma do homem comparece a uma audiência na crosta física para reajustar suas complicações e imprudências pretéritas. A teosofia ensina, também, quanto à existência do Anjo ou do Homem Perfeito, que depois ingressa na Hierarquia Sideral Superior e se torna um Mestre dos "adeptos menores", que ainda marcham à retaguarda avançando para a redenção espiritual.[13]

O homem deve superar, consecutivamente, os diversos veículos de que ele se utiliza na sua encadernação na carne; evolui desde o tipo selvático até o organismo eletivo do santo, desenvolvendo a inteligência, a vontade e o discernimento espiritual através das suas diversas reencarnações.

PERGUNTA: — Há proibição de o teosofista devotar-se a outras religiões ou doutrinas, após filiar-se à teosofia?

RAMATÍS: — Considerando-se que o termo "teosofia"

---

[13] Vide a obra *No Recinto Externo*, de Annie Besant, cujo conteúdo é excelente e precioso programa informativo dessa concepção teosofista.

é mais propriamente definição de "ciência divina", a teosofia, embora seja doutrina particularizada, não deve limitar, restringir ou contrariar a crença alheia, porém, esclarecer, ensinar e elevar o crente de qualquer religião sem exigir-lhe abdicação ou adoção dos preceitos teosóficos. Em sua finalidade religiosa deve até restituir a crença ou a fé debilitada aos crentes alheios. A sua função ou missão, aliás, ainda incompreendida por muitos dos seus adeptos, seria despertar e desenvolver no homem, participante de qualquer credo ou doutrina, a confiança, o ânimo, a pesquisa e o estudo de si mesmo, fazendo-o perceber que ele é o único capaz de organizar sua própria ventura espiritual! Cada homem é o autor de sua ventura, glória ou sabedoria. Ninguém poderá impor a felicidade ao próximo, nem mesmo descobrir-lhe a realidade da alma atuando do mundo exterior para o seu interior.

Em nossa última encarnação na Indochina, aprendíamos, desde cedo, o seguinte aforismo: "Ninguém pode achar o Espírito por fora, se não o encontra por dentro. Não se pode provar a alguém a realidade do Espírito, se ele duvida de que existe"!

PERGUNTA: — Como o teosofista encara a Lei do Carma?

RAMATÍS: — As vicissitudes, tragédias, os dramas e malefícios são para o teosofista esclarecido, apenas acontecimentos temporários, superficiais, provisórios, mas de profunda significação para a sua escalonada espiritual. Considerando-se que o objetivo mais importante da vida do ser é a sua própria angelitude, o bom teosofista não protesta contra o destino desagradável, que lhe dá oportunidade de desenvolver suas faculdades criadoras e comprovar sua sabedoria à luz da crosta planetária. A desgraça, que às vezes, tanto estigmatiza ou conturba o ser, nada mais é que a arguição para os Mestres conhecerem a capacidade do aluno em curso no ciclo escolar primário do mundo terrícola. O homem não deve arrasar-se pela tristeza ou pelo desespero, pois tudo é transitório e se constitui num processo de angelização. Naturalmente, o teosofista não pretende ser insensível aos males e problemas que o rodeiam, no mundo, mas deve superá-los como coisas provisórias, ensejos educativos e de breve duração. Evidentemente, referimo-nos aos teosofistas conscientes e estudiosos, tais quais os espíritas devotados aos princípios salutares de sua doutrina.

A teosofia ensina que os espíritos ingressam na vida atribulada do mundo físico para triunfar no campo das atividades humanas, seja na pobreza ou riqueza. Mas o homem não deve aferrar-se ao que acumula, realiza e adquire, mas viver realizações superiores e sem escravizar-se à obra. Pode viver como vivem os homens ricos ou potentados, mas tão prudente, que não se deixe prender pelos grilhões dos bens e objetos do mundo ilusório.

O teosofista deve ser consciente de sua absoluta unidade espiritual à humanidade, como um todo nutrido pela mesma substância lucífera da Fonte Divina. Por isso, jamais pode tirar proveito de ações que prejudiquem os demais homens. Sob qualquer condição religiosa, de crença ou doutrina humana, o espírito do homem só progride para a angelitude tanto quanto ele mais beneficia os seus irmãos da mesma jornada carnal.

PERGUNTA: — *Os teosofistas não aceitam a mediunidade nem a comunicação dos espíritos, tal qual acontece com os espíritas. Não é assim?*

RAMATÍS: — Evidentemente, se aceitassem a prática mediúnica e a comunicação com os espíritos na forma preceituada por Kardec, os teosofistas então seriam espíritas, sem dúvida. O seu modo de trabalhar é diferente porque reúnem-se em grupos de estudos, arguições e pesquisas de filosofia espiritual, e o fazem mais pela intuição, em vez de comunicações mediúnicas diretas.

Mas é óbvio que também se relacionam com os espíritos desencarnados, embora neguem fazê-lo diretamente pelos recursos mais ostensivos da mediunidade. Todos os homens estão cercados de espíritos que os assistem, tentam, protegem, ajudam ou exploram, quer sejam teosofistas, rosa-cruzes, iogues, espíritas ou católicos. Os encarnados atraem espíritos de conformidade com suas ideias, paixões ou intenções, pouco importando a sua crença ou religião.

PERGUNTA: — *Porventura, o trabalho de passes, receituário, doutrinações e incorporações de espíritos necessitados, não é um processo mais eficiente e caritativo do que as reuniões intelectivas e pesquisadoras dos teosofistas?*

RAMATÍS: — Haveis de convir que são modos diferentes de cultuar a Divindade ou de se relacionar com o mundo oculto. As reuniões espíritas obedecem a um sistema doutrinário, próprio do gênero da doutrina codificada por Kardec; e as reuniões dos teosofistas representam o modo peculiar de eles exercerem sua doutrina. Não merecem censuras os espíritas pelo modo de cumprir os seus postulados doutrinários, nem os teosofistas pela sua habitual maneira doutrinária. Quanto à questão de caridade é assunto muito vasto para se julgar através de simples reuniões de homens praticando os postulados de suas doutrinas. Há caridade física, moral, espiritual e até educativa. É possível que na mesa teosofista, sem a preocupação diretamente caritativa, o ensinamento, às vezes, liberte do álcool um pai de família; destrua a ideia de suicídio de algum homem desesperado ou reconforte e console quem já perdeu toda a confiança na vida. Existem transformações individuais, discernimentos e decisões novas que, independente de doutrinas e religiões, podem modificar uma família, um bairro e até uma cidade.

PERGUNTA: — *Dizem os teosofistas que é contraproducente o exercício da mediunidade passiva, conforme proclama a doutrina espírita, porque o médium, ao receber espíritos perturbados, torna-se vítima de enfermidades orgânicas ou alienações mentais. Há fundamento de que os fluidos enfermiços dos espíritos inferiores possam provocar transtornos nos médiuns?*

RAMATÍS: — Tudo depende do estado psíquico e das condições morais do próprio médium; do caráter, do sentimento e da conduta moral. O homem só se resguarda dos fluidos perniciosos dos maus espíritos, quando se integra no critério moral superior.

No entanto, a criatura não está completamente indefesa a certas influências do mundo oculto, pois o perispírito, através de milênios de adaptações e atividade no seio das energias dos mundos planetários, também desenvolveu a sua capacidade de defesas contra as investidas maléficas. Assim como acontece com o organismo físico, ele consegue regenerar as zonas ofendidas e corrigir as lesões da hostilidade do mundo inferior. Evidentemente, sendo a matriz fisiológica ou etérica da organização humana, é óbvio que também supera as investidas malfeitoras por parte dos espíritos das sombras. O perispírito dispõe de recursos maravilhosos para a sua sobrevivência e proteção no seio das energias inferiores, tal qual o corpo físico mobiliza recursos para defender-se de quaisquer reações nocivas ao seu equilíbrio vital.

PERGUNTA: — Poderíeis fornecer-nos algum esclarecimento comparativo?

RAMATÍS: — A simples picada de um inseto no corpo físico faz o mesmo carrear água em torno da zona ofendida ou afetada, para enfraquecer o veneno ali injetado. Igualmente, o perispírito enfraquece ou desintegra os fluidos malfazejos que lhe penetram pela aura desguarnecida ante a invigilância espiritual do seu dono. Sem dúvida, essa defesa também será de tal êxito, quanto seja a contribuição espiritual do próprio ser. Os "fótons" perispirituais projetados pela Luz que é intrínseca do próprio homem, têm ação profilática e desintegram os maus fluidos. Em consequência, os médiuns também são protegidos naturalmente pela sua segurança perispiritual, embora essa resistência varie conforme a sua estrutura moral. Assim como os fluidos perniciosos agem de modo coercivo adensando a aura perispiritual das criaturas e favorecendo a nutrição de miasmas ou bacilos do astral inferior, os fluidos luminosos ministrados pelos espíritos angélicos são recursos profiláticos que ajudam a dissolver a carga dos fluidos infectos.

É evidente que não depende de o homem ser médium ou espírita para expor-se aos perigos dos espíritos inferiores, pois os encarnados também são espíritos e podem causar prejuízos tão nefastos como os próprios desencarnados. As sugestões, os convites e os conluios para o vício, o pecado e atos condenáveis ainda são mais perigosos quando feitos pelos vivos do que pelos mortos. Ademais, o exercício perigoso da mediunidade passiva não se efetiva tão-somente em torno das mesas espíritas ou dos terreiros de umbanda. Isso acontece a qualquer momento e conforme as "invocações" boas ou más, que os vivos fazem aos mortos em seus projetos de vingança, disposições maledicentes, desejos lúbricos, ressentimentos, excesso de orgulho e de amor-próprio.

PERGUNTA: — Mas há alguma razão na crítica dos teosofistas, quando afirmam que o médium espírita é prejudicado pela sua passividade perigosa às entidades sofredoras ou malévolas?

RAMATÍS: — Sem dúvida, seria ideal que o homem pudesse alcançar os grandes desideratos da mediunidade somente através da intuição ou da inspiração dos espíritos superiores. Seria um desenvolvimento consciente e sadio, sem espasmos e sofrimentos próprios da presença de espíritos inferiores e conturbados. Para os teosofistas, os médiuns que se desenvolvem junto à mesa espírita ou nos terreiros de umbanda, não passam de "bengalas vivas" submissas à vontade boa ou má dos desencarnados. Indubitavelmente, há certo exagero nessa conceituação, pois as criaturas de má qualidade espiritual, embora não sejam médiuns espíritas ou "cavalos" de umbanda, também não passam de "bengalas vivas" dos espíritos malfeitores, ainda que invoquem as suas credenciais de teosofistas. Não é a doutrina, crença ou religião, a simpatia ou participação de confrarias iniciáticas que imunizam o homem dos maus espíritos, porém, essa defesa depende exclusivamente de sua conduta moral.

É verdade que as confrarias iniciáticas do passado proibiam o desenvolvimento da faculdade mediúnica passiva, assim como o "sujet" se deixa hipnotizar à vontade estranha de outrem. Os seus adeptos não deviam submeter-se ao comando do mundo oculto e à interferência mental de qualquer outro ser, fora da influência dos seus mestres e guias consagrados. Antigamente profligava-se que o desenvolvimento das forças ocultas latentes em todos os homens, só devia ser tentado depois do aprimoramento moral e discernimento mental do discípulo sobre as coisas do mundo! Nos templos ocultistas ensinava-se que o metabolismo psicofísico do homem dependia fundamentalmente do seu nível espiritual. O perispírito, o controle dos chacras ou centros de forças etéreas eram objetos de estudos meticulosos. Exigia-se a disciplina sexual, pois o fluido que circula pela coluna vertebral em coesão com o "fogo serpentino" dos eflúvios telúricos da terra, fertiliza a mente, quando é endereçado para fins superiores e dispensado do mecanismo sexual. O discípulo era vegetariano e frugal em sua alimentação; dominava todos os vícios e superava os desejos inferiores. Mesmo assediado pela dor era avesso a entorpecentes, mas habituado à oração e às invocações sublimes. Isso o ajudava a imunizar-se contra a investida de entidades inferiores, carnívoras, viciadas, luxuriosas e alcoólatras, que desistiam de agir sobre quem não lhes daria o mesmo prazer ou gozo sensual na prática desregrada. É certo que a maioria dos médiuns espíritas ingere álcool, fuma, empanturra-se nas mesas carnívoras, discute, irrita-se e acende desejos lúbricos ante o primeiro corpo feminino ondulante. Isso os torna mais vulneráveis às penetrações do astral inferior e justifica, em parte, a crítica dos teosofistas.

Mas não é o desenvolvimento mediúnico ao gênero kardecista ou umbandista, o que realmente pode trazer perigo ao homem. Indubitavelmente, se Jesus ou Francisco de Assis tentassem o desenvolvimento mediúnico só poderiam transmitir comunicações angélicas. Malgrado o julgamento exagerado dos teosofistas contra a prática mediúnica, alguns deles têm encontrado em suas famílias dolorosos problemas de obsessões e vinganças do mundo invisível, independentemente de qualquer intercâmbio propositado com o mundo oculto. E muitos deles só puderam solucionar tais problemas aflitivos através de trabalhos espíritas de tratamentos desobsessivos, falhando as invocações aos mestres e os recursos intelectuais da Loja Teosófica. Não nos esqueçamos de que Jesus permaneceu 33 anos na crosta terráquea, em contato permanente com o mundo oculto, e, no entanto, jamais algo contaminou-lhe a alma sublime.

PERGUNTA: — *Evidentemente, a mediunidade sensibiliza o médium e por isso acha-se mais desprotegido do que o teosofista, que resiste desde o início à influência oculta dos desencarnados. Não é assim?*

RAMATÍS: — Aliás, quanto aos médiuns que despreocupam-se da higiene física, moral ou espiritual, o próprio Allan Kardec, em suas obras, advertiu que o êxito do intercâmbio mediúnico reside principalmente nas condições espirituais dos médiuns, resultando êxitos ou prejuízos de acordo com a intenção e a sua pose moral.

Mas insistimos em dizer-vos, que ninguém se livra de comunicações mediúnicas, conscientes ou inconscientes, boas ou más, quer seja espírita, teosofista, iogue ou católico, apenas por rejeitá-las. Os espíritos desencarnados "rodeiam os homens", já o disse Paulo em suas epístolas; e acionam as criaturas de conformidade com a sua receptividade moral. Que adianta o teosofista condenar o médium espírita, quando ele também é antena viva capaz de recepcionar os desencarnados, variando a qualidade dos comunicantes conforme o seu modo de agir e pensar?

PERGUNTA: — *Então, não seria melhor o homem abandonar as práticas mediúnicas preceituadas pelo espiritismo, em face da sua precariedade espiritual no intercâmbio com o Invisível?*

RAMATÍS: — Embora louvando as considerações prudentes dos teosofistas e outras escolas espiritualistas sobre os perigos da mediunidade, convém distinguirmos a época em que viveis, comparada ao tempo das confrarias ocultas e da rigorosa exigência nas práticas espirituais. O próprio Jesus preconizou a vinda do "Consolador" a derramar-se pela carne de todos os homens e facultando a profecia e o dom de curar às crianças, aos moços e velhos, focalizando assim o advento da mediunidade generalizada.

O Mestre previu que no dealbar do século XX a humanidade estaria cada vez mais neurótica, aflita e desesperada, ante a emersão do instinto animal inferior tentando romper o temor religioso e as convenções sociais do mundo. Por isso,

João Evangelista profetizara que no "fim dos tempos" a Besta do Apocalipse tentaria o seu domínio sobre os homens pela prática das sensações inferiores, sedução do luxo e da fortuna. Em verdade, cresce a perturbação no seio da humanidade terrícola, pois foram abertas as comportas do astral inferior e descem para a carne a multiplicidade de espíritos trevosos, que viviam estagnados no caldo de cultura dos pântanos infernais. Assim, aumenta a fauna dos desregrados, rebeldes, viciados, tiranos, perversos e inescrupulosos, revelando taras estranhas e cometendo crimes aviltantes. E "Satanás seria solto depois de mil anos e teria pouco tempo para agir", pois Satanás, na verdade, é o símbolo da escória espiritual atuando sobre a face do orbe.[14] O homem não consegue fugir do contato com o mundo invisível, nem livrar-se facilmente da horda de almas sedentas de prazer, de vingança e de paixão, que se debruçam avidamente sobre a humanidade. Ademais, não é o homem que busca a sensibilização mediúnica; porém, esta é que surge em sua vida, malgrado qualquer descrença ou rebeldia aos postulados espiritistas ou umbandistas. Nem a teosofia, embora a sua aversão à mediunidade ostensiva, poderá resguardar seus adeptos da probabilidade de serem "bengalas vivas" dos desencarnados. Os espíritos obsessores e malfeitores vivem aderidos ao pó do mundo e perambulam pela Crosta terráquea alimentando-se com os eflúvios pecaminosos, frutos das paixões e dos vícios detestáveis da humanidade. Eles só entendem a natureza do mundo terráqueo, onde já viveram conturbados e simpatizam-se à linguagem dos homens fesceninos e inescrupulosos. São almas prenhes de ressentimentos e revoltadas contra qualquer empreendimento conciliador que lhes exija modificações íntimas. Mas, renteando com os homens, elas terminam envolvidas pelos pensamentos e sentimentos dos bons trabalhadores do Cristo, até submeterem-se aos serviços mediúnicos, onde os médiuns serão os intérpretes de suas aflições e problemas atrozes.

Jamais o Criador perderá uma só ovelha; e, por isso,

---

[14] "E ele tomou o dragão, a serpente antiga, que é o Diabo e Satanás, e o amarrou por mil anos; e meteu-o no abismo, e fechou-o e pôs selo sobre ele, para que não engane mais gentes, até que sejam cumpridos mil anos; e depois disso convém que Satanás seja desatado por um pouco de tempo." Apocalipse, 20:2, 3.

os próprios "satanazes" também serão salvos no momento oportuno.

PERGUNTA: — Porventura, os teosofistas não têm razão, quando alegam que o homem pode lograr a sua redenção espiritual, dispensando a prática mediúnica?

RAMATÍS: — Desde que os homens cumprissem integralmente os ensinamentos ministrados em todas as latitudes geográficas, por instrutores espirituais como Hermes, Orfeu, Moisés, Chrisna, Zoroastro, Fo-Hi, Confúcio, Buda ou Jesus, é óbvio que eles poderiam dispensar o complexo processo da mediunidade desenvolvida com espíritos sofredores e rebeldes, que às vezes os conturbam. Então, a humanidade desenvolveria a sua mediunidade somente no plano da Intuição Pura, tal qual acontecia a Jesus, que podia conversar com os anjos, embora o seu espírito estivesse enclausurado na carne.

PERGUNTA: — Os teosofistas ainda discordam de que seja preciso doutrinar os espíritos sofredores e perturbados através de médiuns, pois isso é tarefa comum no Além e dispensa a interferência dos encarnados. Que dizeis?

RAMATÍS: — Sem dúvida, antes da modificação espírita já existiam espíritos sofredores que eram doutrinados no Espaço e dispensavam os trabalhos mediúnicos da Terra. Mas em face da época profética de "fim dos tempos" e seleção espiritual, além da carga magnética inferior que satura todo o orbe, os Mestres Siderais autorizaram a eclosão da mediunidade entre os homens, a fim de cooperarem espiritualmente na redenção dos seus irmãos infelizes e desencarnados.

Em consequência, o espiritismo é o movimento espiritualista mais eficiente e sensato para disciplinar os médiuns e orientar-lhes as relações perigosas entre "vivos" e "mortos", dando-lhes a garantia e segurança contra as investidas malfeitoras do mundo oculto. Por isso, é doutrina sem mistérios, tabus ou compromissos religiosos. O espírita não precisa abandonar suas obrigações cotidianas, nem submeter-se aos retiros purificadores ou isolar-se em conventos, monastérios e confrarias exóticas para merecer o apoio dos Mestres.

A Missão do Espiritismo

PERGUNTA: — Dizem os teosofistas que a libertação espiritual só é possível através da "autotransformação", ou "autodiscernimento", e não pela prática mediúnica. Isso não justifica a existência das confrarias iniciáticas do passado, resguardando os valores do Espírito somente aos eleitos?

RAMATÍS: — Inegavelmente, é o aprimoramento íntimo espiritual, a abdicação consciente das ilusões da vida carnal, ou o treino mental de libertação dos instintos inferiores, o que realmente gradua o espírito para a sua ascese angélica. O espiritismo, embora seja doutrina vulgarizando os segredos iniciáticos à luz do dia, é a clareira que se abre na escuridão do ceticismo humano para mostrar a todos os homens a estrada larga da vida imortal.

As velhas escolas espiritualistas só puderam iniciar os homens que já revelavam qualidades ou tendências para o conhecimento superior. Admitiam exclusivamente os discípulos de capacidade psíquica e adestramento mental que já pudessem corresponder aos "testes" severos e às arguições complexas exigidas pelos Mestres dessas confrarias. Os candidatos eram selecionados através de provas que lhes identificavam as qualidades superiores, mas os céticos, os curiosos e os menos aquinhoados em espiritualidade, isto é, os que mais precisavam de esclarecimentos espirituais, esses ficavam à margem, reprovados pela sua insuficiência. Enfim, eram admitidos os mais esclarecidos e desaprovados os mais necessitados.

Por isso, o Alto então optou pela prática mediúnica, embora reconhecesse tratar-se de um evento ainda imaturo para os homens escravos das paixões inferiores, agrilhoados aos postulados separatistas de pátria, raça e religiões, que servem de combustível às guerras fratricidas. A mediunidade, portanto, é recurso de emergência, espécie de "óleo canforado" para erguer a vitalidade espiritual do terrícola e mantê-lo desperto para a severa arguição do Juízo Final. Não importa se os ensinamentos e segredos das confrarias iniciáticas foram vulgarizados pelo espiritismo e traído o sigilo dos templos, mas a verdade é que o Alto assim proporciona os recursos de salvação a todos os homens. Então, salve-se quem quiser, mas o Senhor tudo fez para "não se perder uma só ovelha".

7. – O espiritismo e o budismo

PERGUNTA: — Há quem considere Buda superior a Jesus. Que dizeis?

RAMATÍS: — Jesus é o sintetizador de todos os credos, doutrinas e religiões do mundo porque é o Governador Espiritual da Terra. Jamais deveis preocupar-vos quanto à sua superioridade sobre determinado instrutor religioso que o tenha precedido. Os antecessores de Jesus aplainaram-lhe o caminho para o melhor entendimento iniciático de sua paixão e crucificação. No entanto, cada um desses instrutores trouxe mensagem adequada a certo tipo de raça ou povo, ensinando-lhes a imortalidade da alma e os deveres do espírito encarnado em afinidade com os postulados evangélicos de Jesus.

Confúcio aplainou o caminho na China, Crisna na Índia, Zoroastro na Pérsia, Hermes no Egito, Orfeu na Grécia e Buda na Ásia. Todos eles pregaram conceitos semelhantes aos que Jesus depois iria proclamar na Judéia, embora sob as características peculiares do seu povo. Eles foram a preliminar do Cristo Jesus, os niveladores do terreno agreste e erosado para a compreensão futura do Cristianismo. Buda também transmitiu aos asiáticos mensagem renovadora em perfeita eletividade com a mensagem de Jesus, embora recendendo ao perfume peculiar da filosofia oriental.

PERGUNTA: — Como se iniciou a missão de Buda?

RAMATÍS: — O príncipe Siddharta Sakya-muni Gautama, mais tarde conhecido por Buda, o "Senhor da Mente", o "Esclarecido", nasceu na Índia, nas fímbrias do Himalaia e cresceu entre os prazeres da corte real de Kapilavastu. Era um jovem belo, disputado pelas jovens, mas se mostrava inquieto mesmo entre a incalculável riqueza, glória e o conforto principesco.

Certa vez, saindo do palácio às ocultas, encontrou em seu caminho mendigos, aleijados e enfermos, o que nunca lhe acontecia quando em viagem oficial, pois os infelizes estropiados e párias, sob pena de morte, eram proibidos de se mostrar na rua, para não constrangerem a visão do glorioso príncipe Sakya-muni. Profundamente impressionado pela desdita humana que ele não conhecia, sentiu-se infeliz vendo os seus compatriotas desditosos. Certa noite em que se realizava esplêndida festa em seu palácio, ele desapareceu disposto a compartilhar da dor dos seus semelhantes e aliviar-lhes o fardo do sofrimento.

Era uma alma elevada e realmente missionária; e por isso feriram-lhe o coração as aflições dos infelizes do mundo. O seu amor à natureza era inconcebível, pois devotava carinho à mais singela flor. Muito sensível às inspirações do mundo espiritual, gostava de pensar em silencioso recolhimento, junto à natureza, meditando longas horas sobre o motivo da existência e do sofrimento humano. Em breve tempo percebeu quanto o homem ainda se escraviza às superstições, aos sacrifícios inúteis e repugnantes, aos fanatismos separatistas e odientos.

Pressentindo na própria alma a natureza ardente e gloriosa do seu Criador, tentou transferir para os seus discípulos a ideia e o sentimento que lhe dominavam o ser com respeito à Divindade. Mas, em breve, verificou a impossibilidade de os homens compreenderem a existência de Deus, ou mesmo alguma ideia aproximada do Absoluto. Buda confirmou a reencarnação admitida na Índia desde os Vedas; e esclareceu os seus seguidores quanto à Lei do Carma, explicando que o espírito do homem deve libertar-se conscientemente do cárcere corporal para então alcançar o Nirvana ou a região da eterna bem-aventurança.

Ensinou que toda miséria e sofrimento humano é fruto das ambições desmedidas e egoístas, fruto do desejo incansável de posse e prazer sensual. O budista não devia roubar, mesmo para matar a fome; não mentir, nem se embriagar; evitar os pecados do ódio, da ambição, da preguiça, da arrogância, da avareza e da impudicícia. Ensinava a paciência, a humildade, e a ternura para vencer os duros de coração. Enfim, o budismo, hoje, ainda se consagra pelas máximas ou oito conceitos seguintes: Ação reta, existência reta, linguagem reta, visão reta, vontade reta, aplicação reta, pensamento reto e meditação reta, equivalentes à boa regra de vida, bons sentimentos, boas ideias, boas palavras, boa conduta, bons esforços e boa meditação.

PERGUNTA: — *Qual é a diferença mais generalizada entre o espiritismo e o budismo?*

RAMATÍS: — Sem dúvida, é a grande diferença de compreensão e temperamento que existe entre o Oriente e o Ocidente. Enquanto os orientais, principalmente os hindus, são meditativos e buscam aprender a realidade imortal no silêncio da alma, os ocidentais são dinâmicos e procuram o conhecimento através das formas ou da manifestação fenomênica do mundo.[15]

A vida inquieta e tumultuosa do Ocidente só proporciona ao ser o entendimento das coisas espirituais através da própria vivência cotidiana, desatinada, enquanto os orientais podem devotar-se mais intensamente à meditação na tranquilidade da natureza e no fervor das coisas íntimas do espírito. A figura tradicional do Mestre sereno a palmilhar os caminhos

---

[15] "O ocidental considera o Universo pelo lado de fora, por suas manifestações externas, concretas, palpáveis, visíveis; o oriental nasce com a intuição interiormente, considerando o aspecto externo efeito de uma Causa invisível, mas não a Realidade. Por isto, não há no Oriente ateus nem materialistas; a sua consciência habitual vive noutra dimensão, pois a realidade invisível é para ele o objeto de intuição espiritual e lhe dá plena certeza. Para o oriental o visível é derivado do invisível; para o ocidental, o invisível é efeito do visível. Para o oriental, os ocidentais são caçadores de sombras — o Maya, a ilusão. O oriental vive muito alheio às coisas da vida terrestre; o ocidental vive engolfado nas coisas terrenas; realiza mais coisas em redor de si do que o seu próprio eu interno." (Trecho extraído da obra: *Espírito da Filosofia Oriental*, de Huberto Rohden).

poéticos e as veredas calmas da Índia, não se ajusta ao turbilhão fatigante do Ocidente. A vida ocidental é ruidosa, prenhe de buzinas, gritos, pregões, apitos e barulhos ensurdecedores; as criaturas atravessam as ruas, apressadas, aos saltos diante dos veículos, aos empurrões no ônibus e nervosas pela perda de tempo nas extensas filas. As exigências incessantes do mundo exterior, arrasando os sentidos humanos, impossibilitam o homem de sua concentração interior e a mobilização de suas forças espirituais. À sua frente reclama ou interfere o esmoler, o fiscal de trânsito, o bilheteiro, o cobrador, o vendedor de bugigangas, o propagandista, a reação do transeunte impaciente, o som estridente dos alto-falantes e o barulho atordoante dos caminhões.

O Mestre Oriental é consagrado pelas suas vestes níveas e longas, o turbante imaculado e olhar sereno, impassível diante dos acontecimentos mais tormentosos e avançados do mundo material. Seus gestos são comedidos e suas palavras de alta sabedoria. No entanto o mestre ocidental atravessa as ruas apressado, perdido entre as multidões azafamadas e cumprindo as tarefas mais prosaicas.

Ninguém o conhece como chefe de seita sigilosa ou instrutor de confraria iniciática; porém, ele surge no momento apropriado, como o cidadão comum, mas capacitado para aconselhar soluções no plano da espiritualidade, reajustar temperamentos atormentados e orientar com sabedoria o seu próximo. É também sujeito aos horários rígidos, obrigado ao transporte comum, responsável pela família ou parentela, sujeito às obrigações do fisco do mundo. Então retorna ao lar, exausto, inquieto e mesmo nervoso, conclamado a resolver e atender os problemas domésticos em comum e amenizar os conflitos da família humana.

Quando se desobriga de todas as providências e responsabilidades de fora ou de dentro do lar, domina-o o cansaço e sobra-lhe pouco tempo para a meditação peculiar aos orientais. Consome alguns minutos ou mesmo algumas horas na pesquisa sobre os princípios do mundo espiritual e da melhor conduta humana de seus irmãos. Há em si, espontaneamente, o desejo ardente de servir o próximo, auxiliá-lo em suas dores e solucionar seus problemas porque vibra em sua alma a mesma ansiedade do instrutor, variando, apenas, quanto ao ambiente onde Deus o colocou para o serviço benfeitor.

PERGUNTA: — Quereis dizer que o homem do Ocidente está mais desamparado de ensinamentos tão proveitosos, quanto aos benefícios que recebem os orientais?

RAMATÍS: — Apenas expomos que a turbulência da vida ocidental exige doutrina ou religião perfeitamente em sintonia com essa atividade desordenada. O povo ocidental precisa de ensinamentos sintéticos e popularizados, que lhe sirvam a toda hora e lhe concedam a oportunidade de graduar-se progressivamente entre a poeira do mundo, mas sem abandonar suas obrigações onerosas no seio da sociedade, do trabalho, do estudo, do esporte e até da diversão.

Em consequência, é o espiritismo, realmente, a doutrina no século XX mais indicada para atender as necessidades do homem, ensinando-lhe a imortalidade do espírito, os preceitos da Reencarnação e Lei do Carma, isso de modo direto e fácil, sem exigir qualquer abstenção. Ademais, tanto o budismo como o espiritismo, tentam libertar o homem de suas algemas carnais, porém, cada uma dessas doutrinas opera de conformidade com as atividades, temperamentos e psicologia do cidadão oriental e do ocidental.

Buda servia-se de comparações para ensinar sua doutrina, lembrando bastante a natureza poética de Jesus e suas parábolas. O espiritismo, no entanto, profundamente eletivo à mente ocidental, manifesta os seus ensinamentos diretamente e sem a poesia ou o simbolismo que requerem demoradas meditações. É doutrina de esclarecimento imperativo e próprio para a época atual, em que não sobeja tempo para as longas contemplatividades próprias da escolástica oriental. O espírita se ajusta corretamente ao homem apressado, ativo e onerado no turbilhão incessante da vida moderna, mas pronto a servir ao próximo e a meditar também sobre a vida espiritual.

PERGUNTA: — Gostaríamos de mais alguns exemplos comparativos entre os ensinamentos do budismo e o método direto do espiritismo, em nossa época.

RAMATÍS: — Buda e a doutrina espírita, na essência, dizem as mesmas coisas, porém, de modo diferente; o primeiro dirige-se à mente oriental, poética e mística, a partir de 600 anos antes de Cristo, quando iniciou sua missão libertadora; o espiritismo dirige-se, particularmente, ao cidadão ocidental do século XX, cheio de dúvidas ou interpretações equívocas.

O budista ainda pode alegar falta de treino meditativo para interpretar, a rigor, certas máximas budistas; mas o espírita assimila o ensinamento que é acessível tanto à criança como ao velho, ao analfabeto como ao sábio. Na época da vivência de Buda e no tempo de Jesus, o conhecimento do mundo oculto não podia ser transmitido ao povo de modo "ex-abrupto", pois só alimentaria a superstição, o temor e o fanatismo. Daí, a peculiaridade das máximas budistas e das parábolas de Jesus, que velavam à massa comum certa parte do ensinamento transcendental. Por isso, ainda hoje os exegetas bíblicos discutem o sentido da parábola em que Jesus fez secar a figueira, porque ele traria a guerra e não a paz, ou pretendem que tenha chamado o Templo de Jerusalém (um matadouro de aves e animais), de casa de Deus.

Obviamente, o espiritismo não pretende superar o budismo, mas em face de grande disparidade de condições evolutivas, realizações científicas e descobertas técnicas, domínio do mundo oculto e demais avanços do homem atual, a doutrina Espírita é mais própria para as massas populares, enquanto o budismo requer mentes e costumes mais eletivos à meditação. No ensino budista, comumente, o discípulo deve tirar suas próprias ilações, após ouvir o conceito doutrinário, enquanto no esclarecimento espírita o ensino é direto e taxativo.

Dizia Buda: "Quem renuncia aos desejos se torna um brâmane", isto é, só depois que o discípulo buscava conhecer o que era um brâmane, então assimilava o ensinamento, por saber que o brâmane era aquele que não se reencarna mais e que atinge o Nirvana, região equivalente ao céu do catolicismo. No entanto, na exposição do mesmo conceito, o espiritismo é rápido, prático, direto e impressivo, explicando: "liberta-te da carne e serás um anjo". Buda diz: "Quem injuria o homem virtuoso é como quem cospe contra o vento." E a doutrina de Kardec, no seu esclarecimento simples, indica a mesma coisa no seguinte: "Quem injuria o próximo será injuriado." A poética e simbólica composição doutrinária de Buda diz noutro ensinamento: "As coisas brotam do coração e o coração as dispõe; quem fala ou age com mau coração, a dor o acompanha como o pé do animal que o arrasta; quem fala ou age com bom coração, a felicidade o acompanha como a própria sombra". O espiritismo, maravilha de simplificação para todos os homens, explica sem rodeios poéticos ao traduzir o mesmo conceito acima, expondo: "O homem colhe no presente ou no futuro os efeitos felizes ou desventurados das causas boas ou más do passado." Buda, expondo outro ensino de sua doutrina, assim se dirige à mente oriental: "Se tu pedires que a margem oposta do rio venha a ti, ela virá? Não! Tu é que tens de atravessar o rio para ir buscá-la." Seguindo as pegadas de Jesus, e sob o mesmo tema, o espiritismo é unânime em esclarecer que, sem esforço, o homem nada alcança; e por isso, apenas diz "Buscai e achareis."

PERGUNTA: — Desde que na última encarnação fostes indochinês, qual era a doutrina que professáveis na vida carnal?

RAMATÍS: — Era o budismo, porém, devotávamo-nos principalmente à sua forma iniciática, ao espírito da doutrina, despida de quaisquer símbolos, alegorias ou sugestões indiretas, tal como hoje, muitos espiritualistas modernos sabem distinguir no Evangelho de Jesus o "espírito que vivifica e a letra que mata". Ademais, além do aspecto contemplativo de certas normas budistas, desenvolvíamos os poderes psíquicos e latentes na alma através de práticas esotéricas. O magnetismo, a psicometria, levitação, voz direta, radiestesia, materialização e psicografia já eram do conhecimento dos sacerdotes budistas dispersos pelas dezenas de templos-miniaturas espalhados pela terra indochinesa.

O budismo, como o espiritismo, também assenta suas bases na Lei do Carma e da Reencarnação, com a precípua finalidade de esclarecer os homens e livrá-los da superstição, mentira, lubricidade, avareza, medo, sofrimento, orgulho, ambição e de todos os desejos que escravizam o homem à matéria. O ideal moral pregado por Buda em nada fica devendo ao ideal cristão consumado no Evangelho do Cristo-Jesus, embora algumas vezes divirjam em sua forma de expressão.

Buda foi um esclarecido, entidade fulgente e dominante no plano mental, e hoje mais conhecido por plano búdico; sua doutrina é fonte de profunda beleza moral. Assim como Jesus impregnou o Cristianismo com a simplicidade e a doçura de sua vida santificada, o budismo traz em sua fonte a humildade de um príncipe glorioso e poderoso, que trocou as vestes de seda e as pedras preciosas do corpo pela vestimenta de estamenha[16] e pelo bordão de peregrino.

No entanto, há que distinguir o budismo, doutrina iniciática que se dirige diretamente ao coração do homem sem os ritos e a superstição, e o budismo, religião organizada pela classe sacerdotal asfixiando a Verdade pura e simples, conforme o catolicismo sacrificou a sua singeleza sob o peso das liturgias.

PERGUNTA: — *Porventura, os princípios simples do espiritismo também conseguiriam influenciar os budistas religiosos ainda presos aos dogmas seculares?*

RAMATÍS: — Seria bem mais fácil o budista abandonar a pompa, a liturgia e o temor da classe sacerdotal para devotar-se ao espiritismo com ardor e sinceridade, porque já cultua e conhece tanto a Lei do Carma como a Reencarnação, ao passo que o católico e o protestante são profundamente avessos a tais postulados.

Não obstante a diferença e o condicionamento de raças, climas, preconceitos e costumes, em todas as latitudes geográficas é sempre a mesma camada de espíritos apropriada à escola educativa terrena. Em verdade, em todos os povos ou raças, há tipos espirituais de graduações e sentimentos semelhantes.

Tanto no Oriente, como no Ocidente, as religiões tiveram o seu início nos temas mais simples e puros, mas à medida que se sucediam os anos e os séculos, elas foram perdendo

[16] Estamenha – tecido grosseiro de lã.

a sua simplicidade iniciática sufocadas pelas superstições, temores, liturgias, sistemas eclesiásticos e fanatismo sectaristas. Assim como o catolicismo, com a pompa e o poder de sua organização sacerdotal, interfere na política de vários países, o budismo de hoje também sacrificou a pureza e simplicidade dos ensinamentos pregados por Buda à luz das estrelas, entre as veredas sombreadas das matas ou à porta das hospedarias.

Deste modo, no seio do budismo também se mostram insatisfeitos milhares de budistas, cujo amadurecimento espiritual os torna mais conscientes da realidade da vida superior. Alguns também são religiosos tradicionalistas, por questão de família, de tolerância ou situações políticas, mas na intimidade da alma já perderam a fé nos postulados consagrados pelo mundo exterior, mas vazios da força angélica do inigualável Buda. São adeptos que vibrariam mais facilmente com o espiritismo do que os próprios devotos católicos, protestantes e de outras seitas religiosas do Ocidente. Quando a doutrina espírita achegar-se a eles cavando a crosta das inutilidades pomposas e dogmas atrofiantes do budismo, ser-lhes-á fácil aceitar e professar uma doutrina ocidental de profunda semelhança com as raízes fundamentais da Lei do Carma e da Reencarnação dos ensinos budistas. Ademais, devotar-se-ão, satisfeitos, à disciplina lógica e sensata da comunicação com os mortos sem a proverbial obstrução de superstições e temores, que transformam parentes falecidos em seres irreais e moradores de um mundo caricato.

8. – O espiritismo e a psicanálise

PERGUNTA: — *Temos ouvido de alguns médicos que os fenômenos mediúnicos sob a égide do espiritismo não passam de fatos exclusivos da esfera da "psicanálise" de Freud. Que dizeis?*

RAMATÍS: — Não há dúvida de que a maioria dos fenômenos mediúnicos se enquadram, em sua aparência, na psicologia individual e profunda do inconsciente, investigado por Sigmund Freud e generalizada sob o termo "Psicanálise".

Mas é óbvio que as comunicações de espíritos desencarnados, embora guardem certas semelhanças com as manifestações assinaladas por Freud, não pertencem ao médium. Este é apenas um transmissor do psiquismo do espírito desencarnado. Em consequência, o espírito comunicante é que deveria ser psicanalisado e não o médium, simples intérprete da vontade alheia.

PERGUNTA: — *Quais os espíritos desencarnados que seriam passíveis de uma investigação ou pesquisa freudiana?*

RAMATÍS: — Sem dúvida, os espíritos sofredores, primários, desajustados ou perseguidores, que se comunicam nas sessões espíritas de tratamento espiritual, pois constituem farto material de identificação de recalques e demais tendências mórbidas freudianas.

PERGUNTA: — Conforme preceitua a Psicanálise, quando esses complexos, tendências ou recalques mórbidos do inconsciente emergem à luz da consciência em vigília, através do método de Freud, o paciente livra-se da perturbação ou conflito psíquico. Não é assim?

RAMATÍS: — Sim; pelo menos é assim que Freud propôs o seu método e lograva suas curas.

PERGUNTA: — Desde que os espíritas aplicassem o mesmo método de investigação e terapêutica freudiana nos espíritos sofredores e enfermiços, que se comunicam pelos médiuns, isso não seria mais fácil para curá-los ou livrá-los das perturbações que ocorrem após a morte corporal?

RAMATÍS: — O problema do espírito desencarnado é muitíssimo mais complexo e difícil de solução, se o compararmos com o mesmo método psicanalítico aplicado aos encarnados. Os homens enfermos da mente e passíveis de êxito na terapêutica freudiana são criaturas desajustadas ou complexadas com o "meio" ou existência em que vivem. Após a correção mental e identificada a libido, a causa mórbida, a frustração enfermiça da infância ou juventude que os atormenta, os pacientes liberam-se de suas algemas ou estímulos inconscientes e perturbadores.

Depois de extinta no inconsciente a atividade da causa determinante de uma conduta indisciplinada, neurótica ou contraditória, a mente do enfermo passa a funcionar livre de impulsos incontroláveis ou direções indesejáveis. Isso melhora o seu contato com o ambiente e harmoniza suas relações com as pessoas do mundo, integrando-o numa existência normal livre de inibições ocultas, tornando-o mais afetivo e conciliador entre a família, amigos e estranhos.

Mas não adianta aplicar o método de investigação freudiana no espírito desencarnado e enfermo, que se manifesta através do médium, nem perquirir-lhe o inconsciente, exumando as raízes mórbidas de complexos e recalques culposos. Em verdade, as causas mórbidas não podem ser removidas do espírito desencarnado, porque elas estão ligadas ao mundo material na forma de crimes, calúnias, traições, rapinagens, perversidades, avarezas, luxúrias ou tirania. São dívidas ou "pecados" que praticou contra o próximo, e não produto de choques, conflitos ou desajustes da infância ou juventude, que depois passaram a ferir-lhe a mente desgovernada.

Não se trata de causas desconhecidas na vivência secreta do inconsciente, mas de acontecimentos positivos e degradantes, que foram estigmatizados na consciência sob a forma de remorsos, temores ou desesperos.

Em tal caso, o espírito sofredor não vive através dos médiuns uma condição contraditória e forjada por causas ignoradas no seu consciente; mas ele sofre os efeitos das mazelas praticadas com conhecimento de causa. O psicanalista poderia apenas identificar-lhe os quadros mórbidos, mas não poderia devolver o paciente para a vida física onde praticou os seus delitos. Ninguém poderá libertá-lo da lembrança dos atos censuráveis e conscientes que praticou no mundo material. Só através de novas existências se apagarão de sua memória esses efeitos daninhos. Aliás, também não seria possível livrá-lo da região do astral inferior, onde se aloja todo delinquente espiritual, por força do seu magnetismo muito denso.

O espírito enfermo pode amenizar suas angústias e aflições pelo tratamento "evangélico" preceituado pelo Mestre Jesus, o médico das almas, enquanto será inócuo à cura pelo método freudiano.

PERGUNTA: — Considerando que os espíritos, tanto encarnados como desencarnados, são entidades imortais que já viveram "outras vidas", isso não justifica o fato de também possuírem recalques, complexos ou tendências enfermiças passíveis do tratamento freudiano?

RAMATÍS: — Atualmente os próprios psicanalistas e diversos psicólogos atenuaram bastante a cobertura da terminologia freudiana sobre a humanidade, pois até certo tempo seria muito difícil encontrar alguma criatura na Terra perfeitamente hígida de qualquer anomalia freudiana. O arsenal freudiano era imenso e possuía rótulos para todas as atitudes, atividades e composturas humanas. O mundo encheu-se de complexos, desde os mais ridículos até os mais excêntricos.

Havia complexos de pobreza, de riqueza, de inferioridade, de superioridade, de glória, de derrota, de masculinidade, de feminilidade, de frustração, de castração, de Édipo ou de Electra, atribuídos a efeitos causados pelos conflitos na infância. Muitos acontecimentos, impulsos e certas atividades que há milênios perturbam a humanidade na terminologia simplista dos "pecados" tradicionais, quando o homem luta contra sua própria organização espiritual, serviram de alimento a numerosas obras excêntricas baseadas na sistematização de Freud. A nova rotulagem médica matou fragorosamente as velhas "fobias" habituais da circulação humana; "claustrofobia" virou complexo de prisão e o medo da multidão enquadrado na "agorafobia", passou a fomentar o complexo de inferioridade. Aliás, seguindo o mesmo critério, nem o próprio Jesus, o mais sábio e equilibrado dos homens, escaparia da mania freudiana. O Divino Mestre seria também um doente recalcado, portador do "complexo messiânico", quiçá, produzido por alguma arrasadora frustração de comando, na infância.

Em consequência, e sob a luz de Freud, qualquer homem há de ter o seu complexozinho para ser exumado lá do inconsciente sob a perícia de sentencioso psicanalista. O recalque há de ser, pelo menos, proveniente de algum susto ante o grito intempestivo de um papagaio, da cena em que o progenitor enraivecido atirou um prato na progenitora tagarela, ou, talvez, a frustração na infância por não ter ganho a bicicleta ou a gaitinha, no Natal.

PERGUNTA: — Porventura, os médiuns não possuem recalques ou complexos passíveis de um exame psicanalítico? Não é possível que confundam mediunidade com certos recalques ou complexos freudianos?

RAMATÍS: — Afora os exageros e as fantasias dos psicanalistas, Freud, realmente, identificou muitas causas mórbidas radicadas no subconsciente, aplicando uma técnica revolucionária de todos os métodos e estudos psicológicos anteriores. Sem dúvida, há médiuns de "mesa" ou de "terreiro", que requerem uma drenagem freudiana a fim de melhorarem o seu contato com o mundo psíquico e distinguirem a sua interferência anímica nas comunicações com os falecidos. Tanto na seara espírita, como nos terreiros de umbanda, ainda pontificam criaturas neuróticas, esquizofrênicas, exaltadas, neurovegetativas e histéricas que em contato empobrecido com o Além-túmulo, ainda confundem seus próprios recalques, impulsos enfermiços, complexos e alucinações à guisa de manifestações de espíritos.

Não há dúvida de que o médium, em geral, veste nossas ideias com algo de sua natureza anímica, podendo deformar parte dos nossos pensamentos pela sua maneira de sentir e pensar. Evidentemente, uma boa garimpagem psicanalítica talvez poderia sanear a mente complicada de muitos médiuns, ajustando-os na sua função de intérpretes do Além.

PERGUNTA: — *Poderíeis dar-nos alguns exemplos mais concretos?*

RAMATÍS: — Há médiuns anímicos muito indisciplinados em suas emoções além de entontecidos pelo excesso de fantasia motivado pelas imagens que bailam na sua mente descontrolada. Quando histéricos, exaltados, neurovegetativos ou esquizofrênicos, transferem facilmente para a atividade mediúnica os fatos ou simpatias que mais os impressionaram na existência. Os grandes líderes, profetas, santos, escritores, artistas, governadores, ministros e demais personalidades que se destacam no cenário do mundo material exercem profunda impressão nos médiuns muito anímicos. Então eles substituem os seus próprios guias espirituais pelos nomes mais em evidência na história religiosa ou literatura profana. Através de supostas comunicações mediúnicas do Além, os personagens exaltados nos romances de fundo histórico ou grandes vultos da ciência, ainda continuam a se manifestar com insistência em certos trabalhos espiríticos, copiando as mesmas características que há séculos deveriam ter possuído em vida.

Sob tais condições, então predominam as ideias fixas, os falsos messianismos, auto-exaltações, recalques, fobias e sublimações enganosas. Embora esses médiuns sejam vítimas de sua própria exaltação psíquica, agindo sem má intenção, tornam-se improdutivos e até semeiam prejuízos por confundirem o sensato com o ridículo e o verdadeiro com o falso. Sem dúvida, o método de psicanálise freudiano poderia ajudar esses médiuns quanto à drenagem de suas próprias contradições e complexos levados à conta de mediunidade.

PERGUNTA: — *Qual é a diferença mais acentuada entre a Psicanálise de Freud e o espiritismo de Kardec?*

RAMATÍS: — Enquanto a Psicanálise limita-se a perquirir na intimidade humana as "emersões" do subconsciente, recalques, libido ou complexos que presume adquiridos numa só existência terrestre, o espiritismo estuda a personalidade humana em área bem mais extensa, porque analisa e esclarece acontecimentos mórbidos característicos de outras vidas pregressas. Daí, a limitação de Freud, que investigando fatores mórbidos nos homens, apenas do berço ao túmulo de uma só existência, ignorou que a verdadeira individualidade do homem, gerada no tempo e no espaço, remonta a alguns milênios. Inúmeros fenômenos enfermiços, cuja origem prendia-se a acontecimentos seculares, Freud os classificou na singeleza de uma existência terrena, ou seja, em alguns "minutos" de vida do espírito milenário. Acontecimentos mórbidos fixados na contextura imortal do perispírito foram analisados à conta de fatos e conflitos ocorridos na infância do paciente. Enquanto Freud procurava examinar a personalidade humana decorrida na precariedade de uma vida carnal, o espiritismo remonta aos milênios no estudo do espírito imortal.

PERGUNTA: — *Porventura, a fonte de investigação ou exumação de Freud, não era o subconsciente, e que os espíritas também consideram o repositório de vidas passadas? Em consequência, ao examinar certas origens mórbidas, ele também estaria investigando o passado milenário do espírito. Não é assim?*

RAMATÍS: — Sem dúvida, o subconsciente é o "porão" dos desejos, impulsos, emoções ou estímulos, que ali são guardados após o "confere" do consciente. É uma espécie de "guarda-roupa" da memória instintiva em que o espírito costuma arquivar tudo aquilo que o impressiona e domina. A herança dos instintos animais também se fixa nesse "porão" da individualidade humana, agindo na forma de automatismos que podem operar mesmo sem a aprovação da consciência. O homem ainda nutre e repara os prejuízos do seu edifício celular sem necessidade de cogitar disso conscientemente, porque o seu subconsciente trata do assunto de modo satisfatório, esclarecido pela experiência milenária.

Mas Sigismund Freud equivocou-se, quando confundiu as aquisições mentais e emotivas do espírito humano através de várias encarnações na Terra, com acontecimentos oriundos de uma só existência humana. Apesar da sua terminologia brilhante, pesquisa sincera e obstinada, inclusive suas concepções da libido como desejo e força oriunda do instinto sexual, ou "instinto vital", segundo Jung, ele apenas investigou um fragmento do espírito imortal. Suas teorias, impressionantes para os doutos da época, enfraqueceram em sua vitalidade científica porque ele desconhecia a reencarnação do espírito nas vidas sucessivas. Ademais, Freud, como diversos outros pesquisadores, ignorava que a maioria dos distúrbios nervosos, mentais ou emotivos radicavam-se fundamentalmente no perispírito preexistente e sobrevivente à morte do corpo físico.

Inúmeras psicoses do sexo, impulsos delinquentes, condutas excêntricas ou extravagantes, nada mais são do que produtos do impacto "pré-reencarnatório" do espírito naufragado no vórtice das paixões e dos instintos inferiores em vidas pregressas. Muitos complexos de inferioridade, de Édipo ou de Electra, assinalados pelos *experts* da Psicanálise, são de projeções mórbidas do pretérito, e não reflexos da infância humana. Há frustrações seculares vibrando na contextura delicada do perispírito do homem, que jamais poderão ser curadas pela terapêutica de Freud fundamentada em uma só vida carnal. São acontecimentos que traumatizaram uma existência inteira no passado, cujos estímulos mórbidos ainda centuplicaram-se na vivência do espírito desencarnado e sob intenso desespero, no Além-túmulo.

Os psicanalistas não poderão libertar seus pacientes de recalques ou complexos cuja origem se perde na trama secular ou milenária das encarnações pregressas. São distúrbios gerados pelo ódio, egoísmo, orgulho, pela ambição, crueldade, vingança ou cobiça. Em tais casos, os postulados brilhantes e sugestivos de Freud são inócuos para a solução de problemas espirituais, sensíveis unicamente à medicação do Evangelho do Cristo. Jamais os sentimentos e atos pecaminosos produzidos pelo espírito em suas vidas sucessivas podem lograr solução satisfatória na pesquisa de acontecimentos ocorridos na infância do homem, situados no prazo de uma só existência carnal.

PERGUNTA: — *Gostaríamos de entender melhor esse assunto.*

RAMATÍS: — O Espírito reencarnado sofre o assédio incessante dos estímulos enfermiços das existências anteriores. Há criminosos que ainda guardam no recôndito da memória perispiritual a cena do crime infamante; caluniadores de ontem vivem assustados temendo a descoberta de suas violências passadas; tiranos trafegam desesperados pelas ruas das cidades, fugindo inconscientemente dos gritos de suas vítimas seculares. Há espíritos que lutam apavorados contra os estímulos suicidas de vidas pregressas; mulheres tentam a santidade ainda sentindo nos lábios o gosto amargo do lodo da prostituição; homens de talento vagueiam a esmo acicatados pelas imagens torpes da literatura fescenina e libidinosa que infiltraram outrora na mente da juventude; criaturas aparentemente sadias, empalidecem e tremem no cenário da igreja que conspurcaram no passado ou desmaiam ante os cepos dos açougues, revivendo na memória perispiritual a sua vivência de "carrasco" no passado.

Jamais Freud e seus seguidores poderiam identificar a libido desses seres, recorrendo sumariamente aos acontecimentos da infância e dos conflitos emotivos dos seus progenitores. Terão de penetrar no passado reencarnatório da alma eterna. Então, poderão reajustar suas classificações mórbidas e ampliar seu repertório freudiano, anotando, indiscutivelmente, os "complexos" pré-reencarnatórios, tais como complexos de suicídio, calúnia, ódio, tirania, crueldade, perversidade, luxúria ou de rapina.

Por isso, a terapêutica espírita é muitíssimo superior à análise freudiana, porque além de remontar às causas "pré-encarnatórias", ainda oferece o medicamento eficiente do Evangelho para a higienização do espírito eterno. A psicanálise convence o paciente de que determinadas perturbações são provenientes de conflitos e acontecimentos vividos na infância. O espiritismo, no entanto, aponta a delinquência do espírito, no passado, mas lhe oferece a oportunidade de reajuste pela submissão ao processo cármico das vidas sucessivas. O espírito é classificado como devedor, mas também recebe o endosso espiritual para liquidar seu débito conforme sua capacidade e entendimento.

PERGUNTA: — *Sob vossa opinião, o método desenvolvido por Sigismund Freud na pesquisa da mente humana trouxe algum benefício à humanidade?*

RAMATÍS: — Incontestavelmente! Sigismund Freud aproximou-se da verdadeira luta espiritual do ser na escalonada e classificou inúmeros problemas do espírito ainda preso nos liames da vida inferior. No entanto, não alcançou a solução, porque, como já dissemos, atribuiu, restringiu a uma só vida, recalques ou taras que vinham se complicando há séculos. Suas palavras eruditas e alentadas exposições como legista das enfermidades mentais, foram motivo de satisfação para muitos curiosos e exigentes escravos da terminologia acadêmica. No entanto, não puderam oferecer o remédio positivo, que é fruto do amor e do entendimento espiritual.

No entanto, hoje não se ignora que a mente humana pode ser clinicada e cuidada tanto quanto o corpo físico. Embora vos pareça fantasia, a cirurgia do corpo evolui para a cirurgia do espírito; no futuro, caberá ao médico operar determinada afecção mental, como se faz hoje na rudeza de eliminar um quisto ou apêndice. As excrescências e deformações que se produzem em torno da alma, têm suas raízes mórbidas fixadas no passado, assim como o câncer emite suas ramificações nas entranhas do organismo carnal.

Em consequência, malgrado a frieza e a indiferença espiritual da teoria de Freud, não podemos olvidar que ele deu início ao verdadeiro processo de investigação e cirurgia da mente enfermiça, assinalando aos cientistas modernos o processo e o fundamento de inúmeras anomalias radicadas exclusivamente na atividade mental do ser. Ele fez-nos sentir o poder fabuloso da mente e a veracidade de que o espírito pode enfermar o corpo.

9. – Espiritismo e umbanda

PERGUNTA: — *Como é que os Mentores Espirituais encaram o movimento de umbanda observado do Espaço?*

RAMATÍS: — Evidentemente, sabeis que não há separação nem competição entre os espíritos benfeitores, responsáveis pela espiritualização da humanidade. As dissensões sectaristas, críticas comuns entre adeptos espiritualistas, discussões estéreis e os conflitos religiosos, são frutos da ignorância, inquietude e instabilidade espiritual dos encarnados. Os Mentores Espirituais não se preocupam com a ascendência do protestantismo sobre o catolicismo, do espiritismo sobre a umbanda, dos teosofistas sobre os espíritas, mas lhes interessa desenvolver nos homens o Amor que salva e o Bem que edifica.

Os primeiros bruxuleios de consciência espiritual liquidam as nossas tolas críticas contra os nossos irmãos de outras seitas. Em primeiro lugar, verificamos que não existe qualquer "equívoco" na criação de Deus, e, secundariamente, já não temos absoluta certeza de que cultuamos a "melhor" Verdade. Ademais, todas as coisas são exercidas e conhecidas no tempo certo do grau de maturidade espiritual de cada ser, porque o Espírito de Deus permanece inalterável no seio das criaturas e as orienta sempre para objetivos superiores.

As lições que o homem recebe continuamente, acima do seu próprio grau espiritual, significam a "nova posição evolutiva", que ele depois deverá assumir, quando terminar a sua experiência religiosa em curso. Obviamente, os Mentores Espirituais consideram o movimento de umbanda uma sequência ou aspiração religiosa muitíssimo natural, e destinada a atender uma fase de graduação espiritual do homem. A Administração Sideral não pretende impor ao Universo uma religião ou doutrina exclusivista, porém, no esquema divino da vida do espírito eterno, só existe um objetivo irredutível e definitivo — o Amor!

Em consequência, ser católico, espírita, protestante, umbandista, teosofista, muçulmano, budista, israelita, hinduísta, iogue, rosa-cruz, krisnamurtiano, esoterista ou ateu, não passa de uma experiência transitória em determinada época do curso ascensional do espírito eterno. As polêmicas, os conflitos religiosos e doutrinários do mundo não passam de verdadeira estultícia e ilusão, pois só a ignorância do homem pode levá-lo a combater aquilo que ele "já foi" ou que ainda "há de ser". É tão desairoso para o católico combater o protestante, ou o espírita combater o umbandista, como em sentido inverso, pois os homens devem auxiliar-se mutuamente no próprio culto religioso, embora respeitem-se na preferência alheia, segundo o seu grau de entendimento espiritual.

É desonestidade e cabotinismo condenarmos a preferência alheia, em qualquer tributo espiritual da vida humana. Pelo simples fato de um homem detestar limões, isto não lhe dá o direito de reclamar a destruição de todos os limoeiros, nem mesmo exigir que seja feito o enxerto a seu gosto.

PERGUNTA: — *E o que vós julgais da umbanda?*

RAMATÍS: — Embora reconheçamos que o vocábulo trinário umbanda, em sua vibração intrínseca e real, significa a própria "Lei Maior Divina" regendo sob o ritmo setenário o desenvolvimento da filosofia, ciência, religião e a existência humana pela atividade da Magia em todas as latitudes do Universo, neste modesto capítulo referimo-nos à umbanda, apenas como doutrina de espiritualismo de "terreiro". Sabemos que a palavra umbanda é síntese vibratória e divina, abrangendo o conjunto de leis que disciplinam o intercâmbio do Espírito e a Forma, em vez de doutrina religiosa ou fetichista. Ela é conhecida desde os Vedas e demais escolas iniciáticas do passado, mas foi olvidada na letargia das línguas mortas e abastardada nos ritos africanos, passando a definir práticas fetichistas e atos de sortilégios. Em certos casos, chegaram a confundi-la com a própria atividade do mago negro.

Sem dúvida, ela deturpou-se na sua divina musicalidade e enfraqueceu a sua intimidade sonora na elevada significação de um "mantra" cósmico. Mas pela ancestralidade divina existente no espírito humano, umbanda será novamente expressa e compreendida na sua elevada significação cósmica, mercê do trabalho perseverante dos próprios umbandistas estudiosos e descondicionados do fetichismo escravizante de seita.

No entanto, nós prosseguiremos neste labor mediúnico, examinando umbanda, somente em sua atual condição de sistema doutrinário mediúnico religioso.

PERGUNTA: — *E que dizeis de umbanda, como "espiritualismo de terreiro"?*

RAMATÍS: — Em face de nosso longo aprendizado no curso redentor da vida humana, almejamos que a doutrina espiritualista de umbanda alcance os objetivos louváveis traçados pela Administração Sideral.

Indubitavelmente, a umbanda, como seita, ainda não passa de uma aspiração religiosa algo entontecida, mas buscando sinceramente uma forma de elevada representação no mundo. Não apresenta uma unidade doutrinária e ritualística conveniente, porque todo "terreiro" adota um modo particular de operar e cada chefe ou diretor ainda se preocupa em monopolizar os ensinamentos pelo crivo de convicção ou preferência pessoal. Mas o que parece um mal indesejável, é consequência natural da própria multiplicidade de formas, labores e concepções que se acumulam prodigamente no alicerce fundamental da umbanda.

Aqueles que censuram essa instabilidade muito própria

da riqueza e variedade de elementos formativos umbandísticos, são maus críticos, que pela facilidade de colherem frutos sazonados numa laranjeira crescida, não admitem a dificuldade do vizinho ainda no processo da semeadura.

PERGUNTA: — Poderíeis usar de alguma imagem comparativa, que nos sugerisse melhor entendimento sobre a situação atual da umbanda?

RAMATÍS: — A umbanda é como um grande edifício sem controle de condomínio, onde cada inquilino vive a seu modo e faz o seu entulho. Em consequência, o edifício mostra em sua fachada a desorganização que ainda lhe vai por dentro. As mais excêntricas cores decoram as janelas ao gosto pessoal de cada morador; ali existem roupas a secar, enfeites exóticos, folhagens agressivas, bandeiras, cortinas, lixo, caixotes, flores, vasos, gatos, cães, papagaios e gaiolas de pássaros numa desordem ostensiva. Debruçam-se nas janelas criaturas de toda cor, raça, índole, cultura, moral, condição social e situação econômica, enquanto ainda chega gente nova trazendo novo acervo de costumes, gostos, temperamentos e preocupações, que em breve tentam impor aos demais.

Malgrado a barafunda existente, nem por isso é aconselhável dinamitar o edifício ou embargá-lo, impedindo-o de servir a tanta gente em busca de um abrigo e consolo para viver a sua experiência humana. Evidentemente, é bem mais lógico e sensato firmar as diretrizes que possam organizar a vivência proveitosa de todos os moradores em comum, através de leis e regulamentos formulados pela direção central do edifício, e destinados a manter a disciplina, o bom gosto e a harmonia desejáveis.

PERGUNTA: — Quereis dizer que, apesar da confusão atual reinante na umbanda, ela tende para a sua unidade doutrinária, não é assim?

RAMATÍS: — Apesar dessa aparência doutrinária heterogênea, existe uma estrutura básica e fundamental que sustenta a integridade da umbanda, assim como um edifício sob a mais flagrante anarquia dos seus moradores mantém-se indestrutível pela garantia do arcabouço de aço.

Da mesma forma, o edifício da umbanda, na Terra, continua indeformável em suas "linhas mestras", bastando que os seus líderes e estudiosos orientem-se através da diversidade de formas exteriores, para em breve identificar essa unidade doutrinária iniciática. Os terreiros ainda lutam entre si e atacam-se mutuamente, em nome de princípios doutrinários e ritualísticos semelhantes, enquanto sacrificam a autenticidade da umbanda, pela obstinação e pelo capricho da personalidade humana. É tempo de os seus líderes abdicarem do amor-próprio, da egolatria e interesses pessoais, para pesquisarem sinceramente as "linhas mestras" da umbanda, e não as tendências próprias e que então confundem, à guisa de princípios doutrinários.

PERGUNTA: — Considerando-se que a umbanda é de orientação espiritual superior, qual é a preocupação atual dos seus dirigentes, no Espaço?

RAMATÍS: — Os mentores da umbanda, no momento, preocupam-se em eliminar as práticas obsoletas, ridículas, dispersivas e até censuráveis, que ainda exercem os umbandistas alheios aos fundamentos e objetivo espiritual da doutrina. Sem dúvida, uns adotam excrescências inúteis e abusivas no rito e características doutrinárias de umbanda, por ignorância, alguns por ingenuidade e outros até por vaidade ou interesse de impressionar o público. Inúmeras práticas que, de início, serviram para dar o colorido doutrinário, já podem ser abolidas em favor do progresso e da higienização dos "terreiros". Aliás, a umbanda é um labor espiritual digno e proveitoso, mas também é necessário se proceder à seleção de adeptos e médiuns, afastando os que negociam com a dor alheia e mercadejam com as dificuldades do próximo.

Raros umbandistas percebem o sentido específico religioso da umbanda, no sentido de confraternizar as mais diversas raças sob o mesmo padrão de contato espiritual com o mundo oculto. Sem violentar os sentimentos religiosos alheios, os pretos velhos são o "denominador comum" capaz de agasalhar as angústias, súplicas e desventuras dos tipos humanos mais diferentes. São eles os trabalhadores avançados, espécie de bandeirantes desgalhando a mata virgem e abrindo clareiras para o entendimento sensato da vida espiritual, preparando os filhos e os habituando a soletrar a cartilha da humildade, para mais breve entenderem a própria mensagem iniciática do espiritismo.

A umbanda tem fundamento, e quando for conhecido todo o seu programa esquematizado no Espaço, os seus próprios críticos verificarão a comprovação do velho aforismo de que "Deus escreveu direito por linhas tortas".

PERGUNTA: — Que quer dizer, em essência, o vocábulo umbanda?

RAMATÍS: — Etimologicamente, o vocábulo umbanda provém do prefixo AUM[17] e do sufixo "BANDHÃ", ambos do sânscrito, cuja raiz encontra-se nos famosos livros da Índia, nos Upanishads e nos Vedas, há alguns milênios.

A palavra Aum é de alta significação espiritual, consagrada pelos mestres do Oriente[18] e sua pronúncia deve ser efetuada de uma só vez, num só impulso sonoro do suave para o grave profundo. As próprias confrarias católicas iniciáticas, principalmente os frades franciscanos, só o pronunciavam com excessiva reverência e veneração, dando-lhe o máximo de entonação mística nas suas orações coletivas e coros sacros. Em invocações de alto relevo espiritual, Aum é o próprio símbolo sonoro significativo da Trindade do Universo representando Espírito, Energia e Matéria, Pensamento Original, Amor e Ação, ou, ainda, Pai, Filho e Espírito Santo da Liturgia Ocidental.

Bandhã, em sua expressão mística iniciática, significa o movimento incessante, força centrípeta emanada do Criador, o Ilimitado, exercendo atração na criatura para o desperta-

---

[17] Diz o *Dicionário de Ciências Ocultas*, obra editada pela Livraria do Pensamento, o seguinte: "Aum, palavra sagrada do esoterismo oriental e cuja emissão em meditação, inexcedível, reiterada, sem limites, facilita as obras psíquicas e apressa a maturação do sexto sentido. É o emblema da trindade na unidade. Pronuncia-se: Om. Compõe-se de três letras: A, U, M. O A unido ao U dá Au ou O longo; e o U unido intimamente ao sinal de nasalidade (anuswáre) forma o som único Om. É interessante notar-se que este nome é formado das letras, Alpha, Ômega e My, que são a primeira, a última e a média do alfabeto grego. Na Cabala, as duas letras Aleph (primeira), e Men são letras mães. É palavra sânscrita, porém sua origem deve ser anterior à da raça ariana.
[18] Vide a obra *Aum*, de Krumm-Heller, edição de Kier, Buenos Aires.

mento da consciência angélica. Mais tarde também passou a significar a "Lei Maior Divina", poder emanado do Absoluto. Em consequência, o prefixo Aum e o sufixo Bandhã constituíram a palavra Aum-bandhã, a qual pronunciada na forma de um "mantra", nos círculos e confrarias iniciáticas do Oriente, aproxima-se melhor da sonorização "Om-bandá", e que, em boa linhagem espiritual, passou a significar o finito no Infinito, a parte do Todo, o humano no Divino. Em certas fraternidades esotéricas, Aum-bandhã possuía um sentido mais dinâmico, simbolizando o princípio impulsionador da Vida ou a incessante evolução do Espírito.

Porém, é um tanto difícil dar-vos uma ideia exata da significação mística dessa palavra "sânscrita", se a examinarmos sob o critério fortemente objetivo dos povos ocidentais. Os iniciados orientais imprimem a sua vontade dinamizada pela força espiritual sobre certos vocábulos ou "mantras", já consagrados num curso esotérico, e os transformam em detonadores psíquicos para lhes proporcionar maior amplitude na auscultação dos atributos da Divindade. Assim, a palavra "Aum-bandhã" consagrou-se como uma convenção léxica e sonora, cuja pronúncia insistente termina por sensibilizar o ser, predispondo-o vibratoriamente para o mais breve conhecimento intuitivo do Espírito de Deus. Mas a sensibilização, psíquica sob a força mântrica dessa palavra, também varia de acordo com a graduação espiritual dos seus cultores.

PERGUNTA: — Então a umbanda, conhecida no Brasil como espiritismo de terreiro, tem sua origem na mística do vocábulo "Aum-Bandhã", que é um símbolo espiritual tão elevado entre os povos orientais?

RAMATÍS: — A palavra "Aum-Bandhã" consagrada pela filosofia oriental e do hinduísmo iniciático, difere grandemente de umbanda, seita ou doutrina religiosa de práticas mediúnicas originárias das selvas africanas.

PERGUNTA: — Mas que dizeis da semelhança existente entre "Aum-Bandhã" do orientalismo iniciático e Om-Bandá ou umbanda, doutrina que no Brasil é conhecida por trabalhos de terreiros?

RAMATÍS: — Em face da exiguidade de espaço, não podemos esmiuçar os motivos pelos quais a expressão sânscrita "Aum-Bandhã", da terminologia iniciática do Oriente, derivou-se sendo ajustada à doutrina de umbanda praticada no Brasil. Evidentemente, o vocábulo Aum talvez penetrou nas florestas africanas levado por algum contato egípcio ou hindu, com os negros; mas a verdade é que o radical "mbanda", de origem banto, também não passa de corruptela do termo umbanda de procedência sânscrita.

Em consequência, por um fenômeno comum de generalização, mais tarde fundiram-se numa só qualificação tanto o poder incondicional do sacerdote negro sobre os elementos da Natureza, a sua autoridade entre o mundo e Aruanda[19] como todas as atividades religiosas e práticas mediúnicas africanas na invocação dos espíritos. Assim, entre os próprios povos nagôs e de Angola, praticar umbanda era curar com remédios, consultar o futuro através de conchas, vísceras animais ou resíduos de alimentos, usar de meios sobrenaturais, consultar os mortos, invocá-los como protetores nas guerras, lidar com os espíritos da Natureza e fazer encantamentos, preparar objetos, animais e sacrifícios sangrentos para o êxito de ligação entre o mundo oculto e a matéria.

Não importa se houve deturpação do vocábulo iniciático sânscrito de umbanda, ou se foi adjudicado o prefixo Aum à corruptela "mbanda", familiar do negro banto; o certo é que todas as práticas africanas e atividades dos sacerdotes negros, cujo poder se exercia acima do poder dos próprios reis da tribo, enfeixavam-se dentro de uma sonância vocabular correspondente à palavra umbanda.

PERGUNTA: — *A maioria dos umbandistas assegura que a umbanda é originária dos ritos ou atividades iniciáticas dos hindus ou egípcios. Que dizeis?*

RAMATÍS: — É provável que alguns entendidos do hermetismo egípcio e da escolástica hindu pretendam provar que a atual doutrina umbandística provenha diretamente do sentido original e iniciático de umbanda, como a "Lei Maior Divina" subentendida nas velhas iniciações. Mas a verdade é
_____
[19] Aruanda - Céu dos civilizados.

que entre os africanos, a sonância de tal palavra nada tinha de iniciática ou significação de legislação cósmica; porém, abrangia a vulgaridade das práticas mediúnicas fetichistas, no intercâmbio ritualístico com espíritos primários e os elementais da Natureza, assim como toda espécie de sortilégios, crendices e culto aos mortos.

No entanto, malgrado o protesto de alguns espiritualistas estudiosos, negando que os africanos houvessem manuseado o termo umbanda, o qual somente foi adjudicado à prática mediúnica de terreiros há pouco tempo, no Brasil, ninguém pode negar que o grão-sacerdote, entre os povos de Angola, era conhecido por "Kim-banda-Kia-dihamba", como o legítimo invocador dos espíritos e "Kimbanda-Kusaka", quando era apenas feiticeiro ou curandeiro. Evidentemente, o termo "mbanda", embora corruptela do binário final da palavra sagrada umbanda, já existia dominante nas práticas africanas, e, quiçá, posteriormente, acrescido do prefixo "aum" ou "om".

Mais tarde, esse conjunto de práticas africanas, certa ou erradamente tachado de umbanda, mesclou-se no Ocidente, principalmente na América Latina, com outras crenças religiosas e influenciou-se com os costumes e o temperamento local de cada povo, embora até recebendo denominações diferentes e todas incluídas no mesmo estudo do Africanismo.

Mas a verdade é que tais práticas fetichistas, ritos, dogmas, compromissos e exorcismos, não representam o espírito intrínseco ou iniciático do vocábulo "Aum-Bandhã", no simbolismo de representar o aspecto trinário do Universo. Assim, as relações mediúnicas com espíritos de índios, caboclos, pretos e congêneres, nas práticas ritualísticas dos terreiros e conhecidas como de umbanda, só significam seita, doutrina ou movimento religioso com atividades mediúnicas de origem africana, num sentido exclusivamente benfeitor, e oposto ao que se presume ser quimbanda.

Apesar do louvável empenho dos umbandistas em atribuírem a origem de sua seita a fontes iniciáticas do Egito, da Caldéia ou da Índia, o certo é que a doutrina de umbanda, atualmente praticada no Brasil, deriva fundamentalmente do culto religioso da raça negra da velha África. Os seus princípios doutrinários não se vinculam à magia ou escolástica de qualquer ramo iniciático ou bastardo das religiões e cultos egípcios, hindus, caldaicos, assírios ou gregos. Eles são realmente frutos do "folclore", dos provérbios, aforismos, das lendas, crenças populares, canções e tradições do negro africano. O vínculo do negro persiste implacável, apesar da penetração do branco e das tentativas dos ocidentais considerarem a umbanda uma seita exclusivamente originária de antigas confrarias do Oriente.[20]

PERGUNTA: — Por que também se diz "Linha Branca de Umbanda"?

RAMATÍS: — As tribos africanas, ignorantes e simples, antes do seu contato com a civilização não tinham noção avançada do bem e do mal nas suas práticas mediúnicas e de feitiçaria. Já dissemos alhures que a moral e a conduta humana evoluem e variam de época para época; entre os antigos selvagens brasileiros era um bem comer a carne do guerreiro valente, assim como nas guerras dos civilizados é um bem matar o maior número de inimigos. No entanto, hoje é um mal ser antropófago; e amanhã será um mal matar o próximo.

Ademais, a feitiçaria entre os negros era praticada no sentido de encantamento, como processo técnico disciplinado pelas leis dinâmicas da Magia. Não lhes ocorria na mente que estavam praticando atos perversos ou malignos, mas apenas servindo-se dos mais avançados recursos para a sua sobrevivência na face do mundo. O encantamento através de objetos, aves, animais, vegetais ou resíduos humanos fazia parte de sua luta heróica, imunizando-se contra as feras e os répteis, defendendo-se contra as calamidades da natureza e liquidando os inimigos. Em verdade, os homens civilizados também

---

[20] É oportuno frisar que Ramatís expõe apreciações em torno do movimento umbandista como ele está sendo praticado realmente na atualidade, de modo indiscriminado e apegado ao excesso de fetichismo. Mas já existe um número de prosélitos, embora pequeno, que cultua umbanda sob conceituações, ritos, doutrinações e histórico-social, cuja diferenciação para um sentido mais elevado os distingue como pioneiros da prática fundamental da umbanda do amanhã. É certo que tal modalidade, decorrente de uma pesquisa sensata e de maior autenticidade espiritual possível à significação mística e divina do próprio vocábulo umbanda, não atrai tantos adeptos, conforme é peculiar no gênero provindo dos cultos africanos e sincretizados aos princípios de outras religiões. Há que buscar, portanto, o íntimo da umbanda.

mobilizam outra forma de feitiço, empregando bombas atômicas, gases mortíferos, lança-chamas e até germes virulentos na magia negra do genocídio.[21]

Os africanos praticavam a magia indistintamente, como um processo de dinamismo e ação no controle das energias do mundo oculto, apoiados pelos seus "orixás", ou espíritos da Natureza. Não distinguiam a magia negra como atividade maligna, ou a magia branca no sentido benfeitor; mas apenas a magia, com os diversos processos de encantamento ou feitiçaria. Mas depois que essas práticas africanas foram transplantadas para outros povos, surgiu a diferenciação; o feitiço passou a ser considerado magia negra, porque além de um processo preferencial dos negros, tratava-se de atividade paralisante, enfermiça e mortífera. E o seu oposto, o ato de desmanchar o feitiço, ficou conhecido como magia branca, bem assim como todo encantamento ou rito, que só objetiva beneficiar o ser humano. Também se poderia dizer feitiço negro, quando é prática adversa e feitiço branco, se ajuda o próximo.

Em face de tais considerações, os umbandistas preferem denominar "Linha Branca de Umbanda", a fim de distingui-la da "Linha Negra" dos magos que operam de modo destrutivo. Mas é desnecessária essa denominação, porque umbanda, na própria acepção do vocábulo, embora neste caso refira-se a uma doutrina e não à vibração mística, é expressão de atividade benfeitora.

PERGUNTA: — *Há diferença em se dizer "Linha Branca de Umbanda" e "Umbanda Branca"?*

RAMATÍS: — Em face dos atuais procedimentos, costumes e eventos científicos da civilização, é inexequível a prática de umbanda nos moldes, rigorismo e ritualismo genuíno africano, onde há ritos, oferendas e obrigações tão nauseantes e bárbaras do velho Africanismo, que chocam os mais rudimentares preceitos de higiene, bom senso e compostura

---

[21] Só o "feitiço" da bomba atômica causou a morte de 120.000 pessoas, na magia negra científica dos novos sacerdotes da Ciência, que dominaram as forças ocultas da Natureza para fins malignos. Os magos africanos perdiam noites e noites no batuque para dinamizar as energias inferiores do Invisível; os magos negros modernos perdem dias fazendo o mesmo através de reatores e ciclotrons poderosos.

humana. Ademais, os rituais africanos ainda variavam de tribo para tribo, dependendo de costumes, lendas, crenças e do próprio grau de belicosidade dos seus componentes.[22]

Acontece que antes dessa denominação de umbanda, os ritos, consagrações, despachos e intercâmbio mediúnico eram somente conhecidos como "candomblé" e "macumba", sob o domínio completo do negro genuíno africano versado na magia grosseira de sua terra. Não havia "Pai-de-santo" mulato ou branco no cerimonial religioso-africanista no Brasil colonial.

Isso se deve mais ao desaparecimento do original negro africano, e à frequente penetração de elementos brancos de várias outras raças não africanas, assim como pela cultura cristã, regras de ética e miscigenação brasileira.

À medida que os africanos foram desencarnando, os pejis, os deuses e a mística africanista ficou entregue aos crioulos, que não puderam suportar a linhagem iniciática dos ritos negros na sua manifestação genuína. Então as macumbas e os candomblés foram-se impregnando das crenças católicas, das lendas e magia ameríndia, e do influxo crescente do espiritismo. Os mulatos passaram a dominar nos terreiros, e, gradualmente, estão cedendo o cetro aos brancos originários de todas as raças, sendo bastante difícil ainda ver-se o negro pontificando como "Pai-de-Terreiro".

Numerosos cavalos de terreiros, cambonos e "chefes" são descendentes de italianos, portugueses, sírios, poloneses, alemães, japoneses e até judeus, no mais original espírito de confraternização com as algaravias dos pretos velhos

---

[22] Eis uma das iniciações bárbaras da época. Quando um candidato dava sinais de incorporar o seu orixá, e desejava ser feito médium, devia submeter-se a uma iniciação incômoda e dolorosa, além do período exaustivo de muitos dias sob a guarda do Pejigã, ou cambono negro. No dia da solenidade era completamente depilado, fosse homem ou mulher, depois lavado sob as águas de uma cachoeira ou fonte sagrada. Na impossibilidade desse banho lustral, substituíam-no por um cozimento de ervas fortes e odorantes portadoras de poderes mágicos. O candidato depois era vestido com os paramentos no feitio e nas cores eletivas ao seu orixá, faziam-lhe três talhos em cada lado do rosto, em vertical, e dois na testa de modo horizontal, cujas cicatrizes depois comprovavam a sua submissão e consagração com o seu orixá. Em seguida, ocorria uma série de sacrifícios de aves e animais, em cujas cerimônias era comum a mistura do sangue dos consagrados, durante o manuseio dos ritos selvagens. Em face das proibições de tais atos detestáveis e prejudiciais à integridade física, nos trabalhos mais genuínos feitos nos "candomblés", atualmente os cortes nas faces dos iniciados são riscados com giz ou pemba.

e a linguagem brusca, vigorosa e imponente dos bugres. Acresce, ainda, que se faz cada vez mais intensa nos terreiros a influência de certas doutrinas hindus, enfraquecendo a velha magia africanista e assim justificando a preferência dos "brancos" pela fórmula "Umbanda Branca".

PERGUNTA: — Mas se justifica a existência da umbanda em nosso País? Não é uma prática mediúnica deturpada, que está criando superstições, compromissos excêntricos, adorações vãs, ritos e simbologias pagãs, além do negócio lucrativo de despachos nas encruzilhadas?

RAMATÍS: — Conforme explicamos, a umbanda, no Brasil, é um movimento de natureza religiosa e mediúnica, com raízes exclusivamente africanas e principalmente divulgado pelos escravos provindos de Angola, Cambinda, Moçambique e do Congo, que ainda fundiram as suas crenças supersticiosas e intercâmbio com os antepassados, na mistura do culto católico, de ritos e práticas ocultas dos ameríndios. Ademais, esse sincretismo religioso ainda influenciou-se fortemente pelo espiritismo, adotando-lhe algumas práticas, preces e postulados.

Conforme explicamos, o que se praticava como umbanda entre os africanos tinha por finalidade curar com os remédios do campo e da mata, ou por meio de benzimentos, encantamentos e exorcismos; fazia-se a leitura do futuro e prognósticos por intermédio de espíritos desencarnados. Era um contato ingênuo, mas eficiente, com o mundo oculto, através de objetos, cerimônias, compromissos e despachos nas encruzilhadas, à beira do mar, à margem dos rios, no seio da mata virgem, junto às cachoeiras, nos campos e nos cemitérios.

Atualmente, em muitos terreiros, as cerimônias de raiz nagô, banto, angola ou cambinda, inclusive os ritos dos antigos pretos e dos próprios bugres do Brasil, ainda mesclam-se de diversas tradições, magias e folclores de hindus, egípcios, europeus e peles-vermelhas. Umbanda ocidentaliza-se, pouco a pouco, e perde a sua tradicional característica iniciática africana, em face da influência de entidades tão diferentes em costumes, temperamentos e graduações espirituais.

Mas assim como a existência de maus espíritas e médiuns mercenários que cobram receitas e medicamentos não invalida a dignidade e a pureza do espiritismo, os umbandistas comerciantes de despachos não destroem os objetivos benfeitores da umbanda no Brasil. Justifica-se que o espiritismo desautorize em seu seio o uso de símbolos, ritos, hierarquias religiosas, práticas fetichistas, adorações, cantos folclóricos, porque a sua composição doutrinária cuida precipuamente de libertar o espírito das formas transitórias do mundo. Mas não se pode censurar o uso de tais apetrechos, cerimônias e costumes primitivos na umbanda, porque trata-se de movimento espiritualista com práticas e princípios diferentes da codificação espírita kardecista. O equívoco, nesse caso, é o espiritismo condenar a umbanda, cuja doutrina, de processo e atividade com o Invisível, é bem diferente dos métodos estabelecidos por Kardec.

PERGUNTA: — *Qual o motivo da aprovação da umbanda pelo Alto, quando já se fazia o advento do espiritismo?*

RAMATÍS: — A umbanda, no Brasil, é consequência de uma lei religiosa muito natural — a evolução moral. Prevendo a decadência do catolicismo pelos seus dogmas envelhecidos, o advento libertador e mentalista do espiritismo e o consequente progresso científico do mundo, os mestres espirituais elaboraram o esquema de uma doutrina religiosa capaz de aproveitar as sementes boas da Igreja Católica, incluindo nos seus postulados o estudo da Reencarnação e Lei do Carma. Assim, foi delineada a doutrina que se conhece por umbanda, despida de preconceitos racistas pela sua origem africana, no sentido de agrupar em sua atividade escravos, senhores, pretos, brancos, nativos, exilados, imigrantes descendentes de todos os povos do mundo, sediados no solo brasileiro.

Assim como não se tira de uma criança um objeto de sua adoração, antes de o substituirmos por outro equivalente, o Alto também programou o crescimento da umbanda à medida que o catolicismo cede terreno por imposição dos eventos modernos. No momento, a umbanda vive a sua fase de instabilidade religiosa, assim como na fervura de várias substâncias ainda não se distingue na panela o conteúdo definitivo e proveitoso. Mas há de ser uma instituição louvável, no Brasil, porque também recebeu do Cristo a outorga para o serviço do Bem; e corresponde à ansiedade religiosa do povo brasileiro, cada vez mais descrente da obstinação sacerdotal católica, que ainda defende os seus dogmas seculares.

PERGUNTA: — *Caso a Igreja Católica Romana admitisse francamente a Reencarnação e a Lei do Carma e, também, o intercâmbio com os desencarnados, ela continuaria a atender aos seus objetivos religiosos?*

RAMATÍS: — Sem dúvida, se o Clero Romano tivesse aderido incondicionalmente à fórmula sadia e racional da reencarnação, ao estudo da Lei do Carma e ao intercâmbio com os espíritos, não haveria necessidade de outra religião no Brasil. Mas o sacerdócio organizado ainda subestima as descobertas científicas do século atômico, continuando a pregar a gênese infantil do mundo, as lendas e os milagres narrados pela Bíblia, embora o céu se inunde de foguetes e aviões a jato.

PERGUNTA: — *Mas a umbanda não poderia ser um movimento de competição religiosa à Igreja Católica?*

RAMATÍS: — Inegavelmente, através da dignidade e do sentimento amoroso de muitos sacerdotes, o catolicismo tem prodigalizado imensos benefícios ao povo brasileiro e enaltecido a figura de Jesus no tempo e no espaço. Mas é Lei criada por Deus que as religiões também nascem, crescem, envelhecem e desaparecem, como nos tem demonstrado a própria história do mundo. À medida que elas vão perdendo a sua autonomia sobre os fiéis, obstinadas em ensinar os mesmos postulados infantis e supersticiosos de vários séculos atrás, também vão sendo substituídas por outros credos ou movimentos espiritualistas, que melhor se ajustam ao progresso científico do mundo e da humanidade. E a umbanda então progride, porque além de amparar o sentimento religioso do povo brasileiro, proporcionando-lhe ensejos semelhantes aos já recebidos no seio da Igreja Católica, é doutrina atualizada, que ensina a lógica das vidas sucessivas e a justiça do Carma.

PERGUNTA: — Por que os católicos, e até protestantes, simpatizam mais facilmente com a umbanda do que com sessões de kardecismo?

RAMATÍS: — Os católicos, protestantes e outros religiosos ainda vinculados à adoração de imagens, a compromissos rituais, cânticos, incenso, ladainhas, promessas, velas, santos e outros aparatos do culto exterior, encontram na umbanda um clima algo familiar, que os acostumam no intercâmbio com os espíritos desencarnados, não sendo difícil, mais tarde, a sua adesão fácil aos postulados do espiritismo codificado por Allan Kardec. Malgrado os exotismos e anacronismos que os espíritas censuram nas práticas de umbanda, os "neófitos" e "filhos de terreiro" aprendem, com os pretos velhos e caboclos, a realidade da doutrina da Reencarnação e da Lei do Carma, que não aprendiam antes nas igrejas e templos religiosos.

Embora possam se amedrontar com as práticas estranhas nos terreiros de umbanda, os neófitos, provindos do catolicismo e de outras religiões, terminam por acalmar os seus receios diante das imagens conhecidas de Santo Antônio, São Jorge, São Jerônimo, São Sebastião, Nossa Senhora da Conceição, São João Batista, Cosme e Damião, assim como do próprio Mestre Jesus, consagrado como Oxalá, o orixá maior. Os cavalos e cambonos vestidos de branco, alguns envergando sobrepelizes bordadas e engomadinhas, lembram os sacristães auxiliando no ofício religioso; as velas, o turíbulo ou recipiente de defumadores, as flores, os cânticos dolentes e pitorescos, os pontos vigorosos e as invocações de falanges, associam a lembrança da igreja nos dias festivos. Há cerimônias do humilde bater de cabeça nos altares, os "saravás", as passagens de linhas, a consagração a Zambi, ou Deus, a repartição do mel ou do marafo, que lembram os momentos de elevação do cálice nas missas ou a hora sagrada da comunhão. Nos dias de Iemanjá, a "Rainha do Mar", os babalaôs e as ialorixás promovem a grande procissão à beira-mar, entre cantos e louvores festivos, na pitoresca oferta de presentes de flores, sabonetes, toalhas e pentes de brancura imaculada, simbolizando a pureza de Maria, a mãe de Jesus. É um culto ingênuo, mas puro e sincero, que ainda faz parte da alma brasileira; e não pode ser eliminado ou destruído de modo "ex-abrupto", que deixaria um vazio que poderia ser preenchido por outras práticas censuráveis e perigosas.

Ademais, os pretos velhos, conselheiros paternais, tolerantes e generosos, substituem, a contento, os sacerdotes ou pastores, cuidando seriamente dos problemas e rogativas dos filhos. Embora não sejam diplomados pelas academias científicas do mundo, eles são os alunos devotados à Escola do Cristo.[23] Jamais negam a sua ajuda amorosa, aconselhando sem censuras e amando sem interesse. Há grande diferença entre o preto velho, que orienta e conforta pessoalmente os crentes desgovernados na vida profana, em comparação ao sacerdote ou pastor, que sobe ao púlpito para excomungar severamente os pecados dos homens.

PERGUNTA: — *Achamos que a umbanda, firmada no primarismo dos cultos africanos, não poderá oferecer ao povo o aspecto de arte, higiene e cultura de uma religião afidalgada como o catolicismo.*

RAMATÍS: — É estranho, mas a umbanda, malgrado o seu primarismo religioso, cultua a Reencarnação e a Lei do Carma, expressões avançadas do mais alto espiritualismo. Embora louvando as realizações meritórias da Igreja Católica, embelezando o panorama do mundo através de inúmeras obras de arte, infelizmente, ela estacionou, não acompanhando a dinâmica do esclarecimento espiritual aos seus crentes; resultando então o advento de outros movimentos espiritualistas inteligentes e atualizados, que saciam a sede de indagações do homem moderno.

A umbanda, pouco a pouco, oferece aos seus prosélitos as práticas religiosas semelhantes às da Igreja Católica e

---

[23] Vide o capítulo "Em Aditamento", da obra *Lázaro Redivivo*, ditada por Irmão X a Chico Xavier, donde extraímos o seguinte trecho da página 158: "Avise-os para não se aproximarem dos nossos benfeitores humildes como catedráticos orgulhosos e envaidecidos, e, sim, como irmãos verdadeiramente interessados no bem. E, sobretudo, diga-lhes que também estamos empenhados na mesma luta pela iluminação espiritual, mas que ao ensinarmos a Pai Mateus e Mãe Ambrósia as lições acerca das leis de Kepler, dos movimentos de Brown e das ondas de Marconi, aprendemos com eles, por nossa vez, as lições de humildade, devotamento e renúncia, nas quais já se diplomaram desde muito, negando a si mesmos, tomando a sua cruz e seguindo o Nosso Senhor Jesus Cristo".

ministra-lhes os conhecimentos de doutrinas evoluídas como o espiritismo, esoterismo, a teosofia, rosa-cruz e ioga. Alguns terreiros já evoluem para a figura de templos religiosos, de arquitetura apropriada à grande frequência, revelando o bom gosto e o conforto das coisas modernas. As imagens de escultura primitiva são substituídas por um belo artesanato; os cavalos, cambonos e sambas apresentam-se em trajes limpos, que inspiram simpatia. Surge o método e a disciplina, com dias apropriados para trabalhos de desmancho, de desobsessões e de curas, proporcionando-se o ambiente adequado a cada gênero de obrigações espirituais. Em certas tendas mais evoluídas já se faz o estudo atencioso da obra de Oxalá, ou Jesus, que passou sobre a Terra sofrendo o martírio da cruz para salvar os homens. Alguns umbandistas, homens estudiosos e universalistas, preocupados com o aperfeiçoamento do "homem interno", já intentam trabalhos sem qualquer fetichismo na busca da união divina pelo desprendimento da matéria.

A umbanda então evolui através do seu mediunismo ostensivo e fenomênico, mas surpreende os céticos e desperta os indiferentes, preparando-os mais facilmente para os próprios eventos de esclarecimento espiritual empreendidos por Allan Kardec.

PERGUNTA: — *Embora considerando-se a emotividade do povo brasileiro ainda apegado a ídolos, liturgias, adorações e ritos católicos, porventura o espiritismo não presta os mesmos benefícios religiosos, sem necessidade de existir a umbanda?*

RAMATÍS: — Não pretendemos fazer distinções de qualidade espiritual ou doutrinária entre o espiritismo e a umbanda; porém, assinalamos que os crentes de outras religiões acomodam-se facilmente nos terreiros, porque ali encontram um sucedâneo para expressar a sua emotividade religiosa e ainda logrando soluções caridosas para seus males físicos e desditas morais.

Embora o espiritismo ofereça compensações elevadas no campo da espiritualidade mais pura, é sempre mais difícil ao católico abandonar a igreja com suas imagens, luzes, flores, cânticos e pompa para adaptar-se subitamente à sessão mediúnica de mesa, feita à meia-luz, sob a severa exigência de concentração, e algumas vezes com a presença de médiuns anímicos, que dramatizam as comunicações mais simples, impressionando mal até os adeptos espíritas.

É um salto muito brusco para o católico ferrenho, essa passagem súbita da "claridade" da igreja, em que tudo lhe é tão familiar e simpático, para a "obscuridade" da sessão mediúnica, onde baixam espíritos desconhecidos, sob a voz lúgubre e soturna de certos médiuns. Mas durante o estágio na umbanda ele familiariza-se com a técnica das comunicações, aprende as sutilezas do mundo invisível e confia na proteção dos "caboclos" ou "pretos velhos", entre santos e rituais que lhe são simpáticos.

PERGUNTA: — *A maioria dos espíritas assegura que na umbanda só baixam espíritos inferiores, ainda presos às superstições e práticas pagãs. Que dizeis?*
RAMATÍS: — Inúmeras vezes temos advertido que a presença de espíritos inferiores não depende do gênero de trabalho mediúnico, nem do tipo da doutrina espiritualista, mas exclusivamente da conduta, do critério moral dos seus componentes e adeptos.[24]

Juntamente com as falanges de espíritos primários ou pagãos, também operam na linha branca de umbanda espíritos de elevada estirpe espiritual, confundidos entre caboclos, pretos velhos, índios ou negros, originários de várias tribos africanas. Porventura, Jesus não prometeu: "Quando dois ou mais reunirem-se em meu nome, ali eu também estarei"?

Ademais, em face da agressividade que atualmente impera no mundo pelo renascimento físico de espíritos egressos do astral inferior para a carne, os trabalhos mediúnicos de umbanda ajudam a atenuar a violência dessas entidades que se aglomeram sobre a crosta terráquea tramando objetivos cruéis, satânicos e vingativos. As equipes de caboclos, índios e pretos experimentados à superfície da Terra constituem-se na corajosa defensiva em torno dos trabalhos mediúnicos

---

[24] Vide o capítulo VI, "O Médium de Mesa e o de Terreiro", da obra *Mediunismo*, de Ramatís, **EDITORA DO CONHECIMENTO**.

de vários centros espíritas. Sem dúvida, conforme o pensamento dos kardecistas, o ideal seria doutrinar obsessores e esclarecer obsediados sem o uso da violência que, às vezes, adotam as falanges de umbanda. Em geral, tanto a vítima como o algoz estão imantados pelo mesmo ódio do passado. E, então, é preciso segregar a entidade demasiadamente perversa, que ultrapassa até o seu direito de desforra, assim como no mundo não se deixa a fera circular livremente entre as criaturas humanas. Tanto aí na Terra como aqui no Espaço, o livre-arbítrio é tolhido, assim que o seu mau uso principia a ferir os direitos alheios.

PERGUNTA: — *Os espíritas criticam a umbanda porque é doutrina demasiadamente apegada aos fenômenos da vida material. Que dizeis?*

RAMATÍS: — Não há dúvida. A umbanda ainda é um culto fetichista, porque exerce a sua ação mais propriamente no aproveitamento das forças da Natureza, onde os magos negros também exploram as energias para suas práticas malignas. Os próprios espíritas não ignoram que no mundo invisível existem servidores do Criador em todos os planos da Natureza, conhecidos pelos teósofos como "elementais", ou entidades primárias".[25] Essas falanges primitivas do mundo oculto também são comandadas por seres poderosos e que podem interferir vigorosamente nos fenômenos da própria vida física. As lendas decalcadas do folclore de todas as raças terrenas têm mencionado a existência desses espíritos poderosos como gênios, fadas, gigantes ou criaturas fabulosas, que dominam o vento, a chuva, o trovão, o raio ou oceano.

Os africanos, de onde a doutrina de umbanda trouxe o seu fundamento, cultuavam os "senhores da Natureza" na forma de Orixás menores e maiores, conforme o seu poder e a sua responsabilidade junto aos homens. Esse culto e entendimento recíproco eram feitos através da fenomenologia

---

[25] Vide a obra *Nosso Lar*, capítulo "Cidadão de Nosso Lar", ditado pelo espírito de André Luiz a Chico Xavier, que diz: "Não só o homem pode receber fluidos e emiti-los. As forças naturais fazem o mesmo, nos reinos diversos em que se subdividem. Para o caso do nosso enfermo precisamos das árvores. Elas nos auxiliarão eficazmente." Narcisa chamou alguém com expressão que eu não podia compreender. Daí a momentos, oito entidades espirituais atendiam-lhe ao apelo. Imensamente

física, no limiar das forças da Natureza. Então havia cerimoniais, compromissos e deveres para com os chefes de linhas e falanges do mundo oculto, com os tradicionais presentes e ritos à beira dos rios, do mar, dos campos, das matas e nas encruzilhadas dos caminhos. Os antigos sacerdotes bantos produziam curas fabulosas, modificavam o ambiente, faziam predições avançadas através do exame psicométrico da aura dos objetos e das ervas dinamizadas no seu energismo. Sabiam invocar os espíritos da Natureza e os mais poderosos produziam doenças estranhas nas tribos inimigas, previam tempestades, inundações, assaltos de animais ferozes, efetuavam acontecimentos miraculosos. Sem dúvida, eram ritos bárbaros onde corria prodigamente o sangue dos animais sacrificados; e em certos casos, as entidades perversas exigiam até o holocausto humano.

Em consequência, não é desairoso nem censurável o fato de a umbanda ser doutrina apegada aos fenômenos materiais, quando o seu principal metabolismo de vida é justamente baseado sobre as forças grosseiras da Natureza. Sem o arsenal que lhe constitui o culto religioso atual e lhe faz conexão com os espíritos primários da Natureza, não seria umbanda, mas apenas espiritismo, cuja atividade é feita mais propriamente no plano mental.

PERGUNTA: — *Que representa esse arsenal do culto religioso da umbanda?*

RAMATÍS: — O arsenal a que nos referimos varia na sua nomenclatura e quantidade, conforme o próprio grau evolutivo dos adeptos dos vários terreiros, assim como a natureza do trabalho a ser feito e o tipo das linhas ou falanges no intercâmbio mediúnico. Mas, em geral, no culto fetichista de umbanda aos elementos da Natureza, além de ritos e cerimônias de praxe, festividades de Ogum, Iemanjá ou Xangô, despachos à beira dos rios, do mar, nos campos e nas matas, banhos de descarga com ervas odorantes e "limpa corpo", defumadores, pontos cantados e riscados, ainda se usa uma série de objetos e coisas que firmam os preceitos da magia africana tradicional.

São altares, imagens de santos católicos, pembas, ponteiros, fundanga, velas, charutos, pitos de barro, guias, patuás, talismãs, enfeites e as principais bebidas como marafa, sangue-de-cristo, marambaia, água-de-açúcar, branco-de-anjo, e, ultimamente, lágrima-de-iemanjá e espuma-do-mar, conforme a linguagem pitoresca dos pais de terreiro."[26]

Sem dúvida, há terreiros onde medra o exagero de objetos e práticas fetichistas, que não têm significação alguma no campo da magia africana, mais por culpa da ignorância ou vaidade dos cavalos e cambonos.

PERGUNTA: — Quais são os motivos de a umbanda cultuar os santos católicos, em detrimento dos seus próprios ídolos africanos?

RAMATÍS: — Os escravos africanos trouxeram para o Brasil, no século findo, os seus postulados religiosos, ritos, fetiches e cultos bárbaros. Aqui, eles fundiram sua crença primária com o culto católico, na terna devoção ao que também era da preferência do "sinhô" e da "sinhá". Assim, os velhos orixás,[27] elementais e entidades africanas, fundiram-se numa confusão heterogênea e regional com os santos do hagiológio católico que mais se afinavam às suas características sobrenaturais. Embora se verifiquem algumas diferenças nessa interpretação similar, de um terreiro para outro, o certo é que cada orixá corresponde a um santo católico com temperamento, poderes, intenções e objetivos semelhantes. À medida que os escravos foram aprendendo, pelas histórias e lendas católicas, quais os atributos incomuns dos santos preferidos,

[26] N. de E. G.: Respectivamente, expomos o que significam certas expressões graciosas preferidas pelos pretos velhos e caboclos; pontos cantados ou riscados são chamamentos e esquemas de trabalho no intercâmbio com as falanges, os quais revelam certa índole dos convocados e seu gênero de atividade no astral; pembas, refere-se a giz de várias cores; ponteiros são punhais ou hastes de ferro, pontiagudas, com os quais os cambonos firmam os pontos pela concentração de energias do "éter mineral"; fundanga é pólvora, pito de barro ou cachimbo; guias compreendem os rosários de contas vegetais; patuás são pequeninas bolsas de pano contendo orações ou talismãs feitos de objetos acumulados de forças magnéticas. As bebidas têm a seguinte significação: sangue-de-cristo é vinho tinto; marafa é parati ou cachaça; marambaia, a cerveja; água-de-açúcar, licor; branco-anjo, leite; lágrimas-de-iemanjá, vinho branco, e espuma-do-mar o moderno champanha.
[27] No fetichismo africano o Orixá significa o espírito de comando das diversas forças da Natureza; quando o Orixá concordava, os sacerdotes e feiticeiros negros obtinham êxito em todas as suas empreitadas.

A Missão do Espiritismo 159

eles então passaram a devotá-los como outros tantos orixás dos brancos.

O orixá Ogum, considerado no folclore africano o deus da justiça e do Poder contra os monstros do mal, passou a ser identificado em São Jorge, santo poderoso do catolicismo e vencedor do dragão; Xangô, deus do fogo e senhor dos trovões, travestiu-se em São Jerônimo, cuja lenda lhe atribui poderes incomuns sobre o fogo; Xangô Abomi, orixá que podia manifestar-se em lugares diferentes ao mesmo tempo, ficou representado por Santo Antônio, em face do seu poder mediúnico de bilocação; São Sebastião passou a ser conhecido como Oxóssi, o curador; e Nossa Senhora é Iemanjá, a deusa das águas e senhora do mar. Finalmente, o grande orixá maior conhecido por Oxalá, Rei dos Mundos e Senhor das Dores, que no folclore africano verte o sangue para salvar o homem, encontrou perfeita analogia em Jesus, o grande sacrificado em favor da humanidade.

Há, ainda, outros inúmeros santos paraninfos de falanges de umbanda, conforme suas atuações e objetivos no mundo, constituindo as linhas de "Santos" ou de "Pais Brancos". Aliás, nas próprias linhas e falanges que operam em trabalhos heróicos e excepcionais, no "baixo astral", os negros identificaram outros tantos santos católicos com as qualidades semelhantes dos seus orixás de ordem mais inferior. Assim, consideraram São Lázaro o santo mais adequado para representar o orixá Omulu, o rei do cemitério, cujas falanges efetuam suas operações de magia com a terra magnetizada pelo "tônus vital" dos corpos desintegrados nos túmulos.[28]

PERGUNTA: — *Os umbandistas alegam que a sua doutrina é baseada essencialmente na Magia. Que dizeis?*

RAMATÍS: — Isso é evidente, pois qual é a raça ou povo que não revelou tendência natural para a Magia? A Magia, portanto, não é uma entidade definida, mas uma ciência ou arte de empregar conscientemente os poderes invisíveis e obter resultados no campo da vida material. E como a efi-

---

[28] Vide a obra *Obreiros da Vida Eterna*, página 233, capítulo "Prestando Assistência", sobre a dispersão do "tônus vital" dos desencarnados, evitando-se a sua impregnação no cemitério.

ciência e o êxito da Magia dependem muitíssimo da vontade, do amor e principalmente da imaginação humana, cada raça ou povo ajusta o ritmo ou desenvolvimento mágico à sua idiossincrasia, seus costumes e conhecimentos, suas lendas e manifestações religiosas. A Magia está adstrita à Botânica, aos minerais e até aos animais, conjugados aos efeitos do magnetismo astrológico, à energia da água corrente dos rios e dos mares, à força vitalizante e higienizadora do Sol, combinada ainda aos efeitos hipnóticos ou excitantes dos raios lunares. Tudo isso funde-se no cadinho das raças ou dos povos, cujos magos estudam séculos e séculos todas as manifestações da Vida em torno do seu povo e do ambiente onde vivem. Eles procuram eliminar escórias, tolices e infantilidades no esquema dinâmico da Magia, mas conservando a direção dos impulsos estimulantes das forças da Natureza.

Consequentemente, existe a magia egípcia, babilônica, assíria, hindu, grega, escandinava, germânica, latina, africana e ameríndia. E conforme a expansividade geográfica e amplitude da raça, ainda podem se incorporar novos elementos dinâmicos no processo mágico, frutos dos costumes e do clima que varia do mesmo povo.[29] Assim, os elementos puros e iniciáticos que entram na magia de certa raça, tornam-se noções bastardas quando usados ou aplicados no processo mágico de outro povo, enfraquecendo o ritmo e semeando insucessos no objetivo programado. Sabe-se que o azeite ou o vinho são produtos agradáveis e proveitosos, mas se forem misturados perdem a sua qualidade intrínseca, tornando-se uma mistura desagradável. Assim é a Magia: quando subordinada ao tema folclórico, costumes e conhecimentos do mesmo povo ou raça, dinamiza as energias da natureza e catalisa o magnetismo do mundo astral num processo coerente e útil.

Mas não passa de inofensivo passatempo, ou prática supersticiosa, quando entremeado de símbolos, objetos, ervas, minerais ou elementos pertencentes a outra raça ou povo onde ela se forjou, como um processo catalisador das

[29] No Brasil, país vasto dominado por climas antagônicos, provavelmente encontraríamos diferenças acentuadas no estudo da magia praticada no Norte, onde vive o tipo sertanista do brasileiro mais puro, com o Centro de tradições mineiras e cariocas, e o Sul, cujo povo é caldeado fortemente por raças européias, asiáticas e latinas.

A Missão do Espiritismo

forças magnéticas da Natureza. Como conciliar num mesmo processo harmônico de magia o mentalismo indomável do sacerdócio hindu, o magnetismo poderoso dos templos egípcios, a projeção etereofísica dos velhos magos da Caldéia, a mobilização de energias selváticas no astral inferior dos negros africanos, o domínio do fogo dos peles-vermelhas, o poderio e o curandeirismo dos pajés brasileiros sobre os elementos da Natureza? Sem dúvida, essa mistura divergente enfraquece o ritmo ascendente e a dinâmica da magia, pois a qualidade é prejudicada pela quantidade heterogênea.

PERGUNTA: — Mas os umbandistas veteranos afirmam que praticam a magia africana iniciática, enquanto os neófitos é que enfraquecem tal processo pela confusão da mistura provocada pelos elementos de outras raças.

RAMATÍS: — Exceto alguns raros entendidos no assunto, grande parte dos umbandistas ainda pratica um amálgama da magia africana, ameríndia, católica, impregnadas por cerimônias e "mantras" do ocultismo oriental, constituindo um sincretismo religioso bem-intencionado, mas impuro em sua expressão mágica.[30]

Conforme dissemos, há grande diferença no rito mágico do povo nagô, banto, de Bengala, Cambinda e Angola, embora todos sejam africanos. Os sacerdotes negros de cada um desses povos praticam a magia conforme o temperamento, clima e os costumes locais. A mistura, portanto, enfraquece o ritmo da catalisação magnética ou fluídica das emanações de certa natureza e debilita o "clímax" da magia. Ademais, no Brasil, a umbanda ainda é doutrina manejada por muitas criaturas incipientes, que, após alguns breves contatos nos terreiros, logo se arvoram em "chefes" ou entendidos, pontificando à guisa de veteranos experimentados e mobilizando as mais exóticas e burlescas expressões à conta de processo

---

[30] N. de Ramatís: Pouco a pouco e sob a direção de estudiosos do assunto, a umbanda também codificará a magia castiça e coerente decalcada nos costumes e temperamentos do povo brasileiro, cujos trabalhos produzirão excelentes efeitos benfeitores no campo da cura na fenomenologia mediúnica. Aliás, muitos umbandistas ignoram que os altares dos próprios "gongás" devem ser feitos de cedro, de álamo ou de olmo, madeiras de ótima receptividade magnética, sem pintura e apenas lixado, para absorver o magnetismo enfermiço que se evola dos crentes nos momentos de contrição religiosa, como se fazia no velho Egito.

sadio de magia. Estabelece-se verdadeira confusão de símbolos estranhos ou ridículos simulando "pontos riscados", que além de não vibrarem na cortina do astral invisível por falta de éter físico suficiente, não condizem com a natureza das falanges convocadas, nem identificam o tipo de trabalho mediúnico tradicional da linha de umbanda.[31] A maioria desses improvisados magos de última hora acredita que é bastante traçar algumas flechas entrecruzadas com estrelas de cinco pontas ou signos de Salomão, ou desenhar o Sol e a Lua entrelaçados de espirais e triângulos, para surtir um efeito impressivo nas falanges a distância e desencadear o ritmo de magia adequado. O rito mágico, que se entende o aproveitamento científico das forças ocultas da Natureza para fins de operações no mundo material, além do perfeito conhecimento do seu autor, exige, também, vontade poderosa e perseverança incomum.

Em verdade, coisas semelhantes também podem acontecer em algumas mesas espíritas, quando certos neófitos enfermiços, histéricos, esquizofrênicos ou neurovegetativos, ainda confundem o fenômeno mediúnico com as suas próprias manifestações mórbidas. Algumas criaturas inexperientes e até perturbadas, às vezes, transformam-se em missionários dominados pela preocupação febril de "salvar a humanidade", e assim pontificam na seara espírita como doutrinadores ou médiuns, expondo coisas ridículas à guisa de revelações de elevada sabedoria espiritual. Em face do intercâmbio mediúnico sob a égide kardecista ser predominantemente intuitivo, e, portanto, menos fenômeno e mais interferência mental, só os médiuns cultos, estudiosos, de elevado critério moral e ao mesmo tempo dóceis e humildes, correspondem satisfatoriamente aos objetivos elevados do espiritismo.

---

[31] N. de Ramatís: Certas vezes, médiuns e chefes incipientes de terreiros convocam a Linha de Ogum para um trabalho de Justiça ou de Iemanjá para uma descarga fluídica no astral do mar, e riscam pontos de tal infantilidade, que ali se misturam símbolos, emblemas e exotismos incompreensíveis, além de fragmentos de convenções e chamadas de outras falanges como Xangô, Oxóssi ou até Omulu, que nada têm a ver com os casos em foco. Há terreiros atulhados de tanta quinquilharia que mais parecem um bazar de sírio. Há trabalhos exaustivos onde se convocam centenas de espíritos para resolver um caso individual, de somenos importância, que nos fazem lembrar criaturas usando "pé-de-cabra" para abrir caixas de fósforos.

PERGUNTA: — *Há fundamento na denominação de espiritismo de umbanda, como é preferido por certa parte de umbandistas?*
RAMATÍS: — Umbanda é mediunismo, mas não é espiritismo. Embora seja doutrina que admite a Lei da Reencarnação e o processo de Causa e Efeito do Carma, merecendo os mais sinceros louvores pelas curas dos enfermos e obsidiados vítimas da magia negra, a lei de umbanda ainda não é uma doutrina codificada com princípios exclusivos e imodificáveis, tal como aconteceu com o espiritismo. Também não é reforma, tal qual o protestantismo, e ainda não se consagrou como comunidade religiosa à semelhança do que já ocorreu com o catolicismo.

O espiritismo, como sistema ou doutrina dos espíritos, firma os seus postulados nas bases principais transmitidas do Além, enquanto umbanda, na atualidade, ainda é sincretismo religioso, amálgama de concepções heterogêneas de crenças, folclores, superstições, ritos e costumes religiosos de diversas raças e povos. Sem dúvida, a umbanda ainda está na fase de arroteamento do terreno e da semeadura, expluindo entre frutos sazonados e ervas imprestáveis. Mas é movimento religioso e mediúnico em progresso para louvável confraternização entre os povos. Por isso, em seus terreiros pontificam brancos, pretos, alemães, poloneses, italianos, sírios, espanhóis, portugueses e judeus, que não resistem ao fascínio e à afabilidade dos "pretos velhos", ou à força e à sinceridade dos bugres.

Ali se extinguem, realmente, todas as noções de raças, distinções hierárquicas, níveis de sabedoria, emblemas acadêmicos ou posição social, para existirem somente os "filhos do terreiro", clamando pela ajuda amorosa dos pretos velhos, pela proteção dos índios fartos de vitalidade e a solução de problemas pela habilidade e abnegação dos caboclos.

PERGUNTA: — *Alegam próceres umbandistas que, tratando-se de comunicação de espíritos nos terreiros de umbanda, o termo espiritismo não deve ser exclusivo da codificação kardecista. Que dizeis?*

RAMATÍS: — Essa alegação não se justifica porque os espíritos comunicam-se desde os tempos mais remotos e anteriormente ninguém se lembrou de tal termo para designar as práticas mediúnicas com o Além. Ademais, as macumbas, candomblés e outros ritos mediúnicos africanos, que formam a base da atual umbanda, já existiam antes de Allan Kardec codificar o espiritismo. A nosso ver, a denominação de "espiritualismo de umbanda" se ajusta melhor ao gênero e objetivo dos trabalhos de terreiros, embora também propaguem os mesmos ensinamentos cármicos e reencarnacionistas.

PERGUNTA: — Frequentemente se diz que os médiuns se desenvolvem mais rapidamente nos terreiros de umbanda, do que junto à mesa kardecista, onde demoram longo tempo. Que dizeis?

RAMATÍS: — Sem dúvida, é bem grande a diferença entre o modo de se desenvolver o médium junto à mesa kardecista e a técnica de desenvolvimento do "cavalo" de umbanda. Sob a égide do espiritismo, o médium de mesa deve preocupar-se fundamentalmente com a espécie de ideias dos seus comunicantes, num intercâmbio acentuadamente mental; mas o "cavalo" de terreiro cuida principalmente de reconhecer a identidade do espírito que incorpora.

Diríamos que a prática mediúnica do espiritismo é semelhante a uma agência de informações, em que é bem mais importante o assunto do seu "fichário" do que mesmo as pessoas que o informam; a umbanda, no entanto, preocupa-se mais com a graduação e identidade do informante, assim como no mundo físico é muito grande a diferença e a responsabilidade entre aquilo que diz o cabo e o que informa o general.

Como o desenvolvimento mediúnico não consiste numa série de movimentos rítmicos, algo parecido à ginástica física muscular, o candidato a médium deve apurar os seus atributos angélicos, antes da preocupação de tornar-se um intermediário fenomênico dos espíritos desencarnados. Que vale um desenvolvimento mediúnico rápido, se o médium ainda não possui nada de útil e bom para ofertar ao próximo?

A faculdade mediúnica não é banho miraculoso capaz de transformar instantaneamente o seu portador num sábio ou santo, só porque transmite comunicações do Além. Tratando-se de uma hipersensibilização prematura e de prova, é o seu próprio agente o mais necessitado de recuperação espiritual, antes de cogitar do sucesso do fenômeno.

Por isso, há médiuns que demoram junto das mesas kardecistas para desabrochar sua mediunidade, pois ainda lhes falta incorporar as virtudes do Evangelho de Cristo, bem antes de comunicar o pensamento dos falecidos. Não basta apenas plasmar o porte altivo do índio, a configuração senil do preto velho ou interpretar o modo caipira do caboclo, para se comprovar o sucesso da mediunidade. A nosso ver, tanto os kardecistas como os umbandistas perdem o seu precioso tempo junto de médiuns ou cavalos, cuja compostura moral é sumamente inferior à sua desenvoltura mediúnica. Que vale a taça vazia diante de quem agoniza de sede?

PERGUNTA: — Afirmam os umbandistas que, em face dos métodos de desenvolvimento adotados nos terreiros, os médiuns ou cavalos ali são inconscientes e livres do animismo tão peculiar das mesas espiritistas. Que dizeis?

RAMATÍS: — A mediunidade inconsciente é raríssima, tanto nos terreiros como nas mesas espíritas. É certo que os espíritos primitivos ou sofredores são mais "possessivos", porque seus fluidos demasiadamente vitalizados pelo éter físico da Terra atuam de modo coercitivo, e assim reduzem algo da consciência dos seus instrumentos. Isso acontece, geralmente, com as criaturas obsedadas, que perdem o domínio de seu corpo e ao voltarem de suas crises obsessivas pouco se lembram do que aconteceu. Aliás, o espírito, quanto mais sublime, tanto menor é a sua ação física sobre o médium; e sua comunicação é predominantemente inspirativa.

O desenvolvimento mediúnico é mais demorado como fenômeno, junto às mesas kardecistas, porque, de acordo com os preceitos doutrinários do espiritismo, os médiuns são advertidos para susterem qualquer manifestação excêntrica ou indisciplinada. Assim, as comunicações são quase telepáticas e as próprias agitações e cacoetes de alguns médiuns são levados à conta do animismo.

Deste modo, as mensagens mediúnicas da maioria dos médiuns de mesa ficam bastante submissas à maior ou menor cultura e capacidade dos mesmos. A preocupação fundamental do médium kardecista é evitar exageros, esgares ou módulos pitorescos dos comunicantes, reduzindo muito a possibilidade fenomênica de os desencarnados manifestarem a sua personalidade ou focalizarem as suas características particulares. Não há dúvida de que os médiuns de elevado gabarito reproduzem gestos, tom de voz e inúmeras outras particularidades dos comunicantes, embora não façam parte de terreiros. No entanto, esse tipo de médiuns, se participasse dos labores mediúnicos de umbanda, indubitavelmente, também seriam os melhores "cavalos" de terreiros.

PERGUNTA: — Por que se diz em umbanda cavalo e cambono, em vez de médium, como é tradicional no espiritismo?

RAMATÍS: — Embora ambos os vocábulos médium e cavalo definam a mesma coisa, ou seja, intermediário de espíritos desencarnados, eles divergem no sentido de sua aplicação ou função nos trabalhos de mesa e de terreiro. O médium operante sob a égide do espiritismo deve seguir atentamente as recomendações de Allan Kardec e manter o controle e a disciplina defensiva, sem abdicar de sua própria autoridade espiritual ou submeter-se docilmente às iniciativas dos desencarnados. O médium kardecista é mais um procurador ou representante dos espíritos, mas sempre vigilante ante o perigo de fascinação ou obsessão por descuido, fanatismo ou conduta desregrada.

Mas os espíritos que atuam em candomblés, macumbas ou atualmente em umbanda, chamam de cavalos os seus médiuns, porque exigem deles a abdicação de personalidade, cultura, temperamento, linguagem correta, preocupação de oratória. O médium de terreiro, como o cavalo domesticado, deve ser dócil e submisso à vontade do seu dono, sem protesto e sem negaças. Embora seja culto ou excelente orador, fala arrevesado e limita-se à filosofia doméstica, miúda e popular dos pretos velhos; malgrado o seu prestígio no mundo profano, seu curso acadêmico ou graduação superior, há de ser humilde, comunicativo e tolerante, capaz de atender seriamente às solicitações mais tolas ou criticáveis.

O cambono, no entanto, não é médium ou cavalo, mas uma espécie de secretário dos Pais-de-Terreiro, cumprindo-lhe explicar aos filhos de umbanda os ritos, especificar as cerimônias e os despachos, traduzindo a linguagem truncada dos pretos velhos, brusca e altiva dos índios ou acaipirada dos caboclos. Há ditos, refrões e peculiaridades dos espíritos de umbanda, que só o cambono sabe explicar, pela sua maior familiaridade na doutrina.

PERGUNTA: — Conforme mencionastes acima, os médiuns de mesa devem manter o controle espiritual e mental sem perder o domínio de sua individualidade, a fim de evitar a infiltração perigosa dos espíritos malfeitores. No entanto, nos terreiros dá-se exatamente o contrário, isto é, os cavalos obedecem cegamente às entidades que incorporarem e correspondem-lhes quanto à linguagem truncada, às configurações peculiares, aos cacoetes e costumes, além de fumarem, beberem cachaça, vinho ou cerveja. Porventura, conforme adverte Allan Kardec, tamanha imprudência não conduz à obsessão?

RAMATÍS: — Não podemos estender-nos às diversas minúcias que diferenciam os trabalhos de terreiros da mesa kardecista, nem aos motivos fundamentais que distinguem umbanda de espiritismo. As advertências sensatas e lógicas de Allan Kardec têm por fim tornar os médiuns prudentes e vigilantes contra a penetração dos espíritos zombeteiros ou malfeitores. A defesa do médium reside quase exclusivamente na sua conduta moral e elevação de pensamentos, porquanto seus guias de mesa, após cumprirem suas tarefas benfeitoras, devem atender outras obrigações inadiáveis.

Mas a principal atividade dos terreiros de umbanda se exerce no submundo das energias degradantes e fonte primária da vida; os cavalos lidam com toda sorte de tropeços, ciladas, mistificações, magia e demandas contra entidades sumamente poderosas e cruéis, que manipulam as forças ocultas com absoluto êxito. Em consequência, a proteção dos filhos de terreiros é constituída por verdadeiras tropas de choque sob o comando de chefes experientes e decididos, conhecedores profundos da manha e astúcia dos magos negros. Sua atuação é permanente na Crosta terráquea e vigiam atentamente os cavalos contra as investidas diversas, certos de que ainda é muito precária a defesa guarnecida pela "elevação de pensamentos" ou de conduta moral superior, ainda tão rara entre os melhores homens.[32]

Em virtude de participarem de trabalhos mediúnicos que ferem profundamente os labores de espíritos das falanges negras, os cavalos de umbanda são permanentemente alvejados pelas confrarias ocultas malfeitoras. Não se trata apenas de confortar o espírito sofredor, comover o obsessor obstinado ou orientar o irmão confuso; mas cavalo de umbanda é o "élan", o ponto de apoio de firmeza dos pais de terreiros na sua luta pertinaz contra agrupamentos e falanges poderosas das Trevas. Em consequência, os chefes das Linhas e falanges de umbanda também assumem pesados deveres e severa responsabilidade de segurança e proteção dos seus pupilos. É um compromisso de serviço e fidelidade mútua, porém, de maior responsabilidade dos pais-de-terreiro.

Daí, também, as grandes descargas fluídicas que se processam nos terreiros e os banhos de ervas recomendados aos cavalos, cambonos e cooperadores, a fim de expulsarem os maus fluidos convergidos depois dos trabalhos de desmanchos ou demanda entre tribos adversas.

Mas a liberdade de manifestação mediúnica nos terreiros e a docilidade proposital do cavalo aos estímulos ocultos, permitem aos espíritos comunicantes atuarem-lhe mais fortemente nas regiões dos plexos nervosos, assumindo o domínio do corpo físico e plastificando suas principais características. Então, índios, pretos velhos, caboclos, vovozinhas, e tiazinhas

[32] Sabe-se que o médium Arigó é protegido contra os assaltos das falanges malfeitoras, interessadas em ridicularizar e confundir os fenômenos de curas, que despertam a convicção imortal e a fé no espiritismo, graças à presença do famoso pai-de-santo africano, o feiticeiro Papudo, cujo papo, realmente, desce-lhe ao peito, o qual comanda mais de quinhentos negros autênticos.

revelam-se nos terreiros com linguajar deturpado, costumes, cacoetes, risadas, adágios e tradições, à semelhança de verdadeiras cópias carbonos de sua realidade no Espaço. Os índios saúdam em grande estilo, tornam os médiuns altivos e fortes[33] capazes de movimentos rápidos, quase felinos e até de saltos vigorosos; os pretos velhos, as tiazinhas e vovozinhas são curvados, sentenciosos nos seus rifões morais, voz macia, alegres e afáveis, no linguajar característico dos velhos escravos do Brasil. Os caboclos ou caipiras revelam a finura própria do sertanejo brasileiro e são repentistas, afiados, espertos, sinceros e desconfiados, falando no modo original e arrevesado do interior.[34] Por isso, os frequentadores de umbanda identificam facilmente os pais-de-terreiro, logo de chegada, por um gesto ou toque peculiar na pronúncia de meia dúzia de palavras ou no próprio jeito de incorporar.[35]

PERGUNTA: — Essa caracterização mais fiel dos comunicantes também não poderia ocorrer junto às mesas espíritas?
RAMATÍS: — São raríssimos os médiuns de transfiguração, capazes de manifestar, com espontaneidade, a configuração exata dos desencarnados. E como quase a totalidade dos médiuns em atividade são conscientes ou semiconscientes, qualquer coação ou advertência de contensão no exercício da mediunidade reduz-lhes a passividade mediúnica e desperta a condição anímica. Ademais, a disciplina mediúnica junto às mesas kardecistas segue outra orientação, em que é mais importante o conteúdo e a natureza moral das mensagens dos desencarnados, do que mesmo o seu tipo ou personalidade. É da tradição espírita kardecista que os espíritos manifestam-se pelo "pensamento", cabendo aos médiuns transmitir as ideias com o seu próprio vocabulário e não as configurações dos comunicantes.

---

[33] N. do Médium: Submeti-me à incorporação do índio Caboraci, que foi na sua última existência chefe da tribo dos Aracis, à margem do Rio das Mortes, e surpreendi os assistentes, inclusive minha esposa, esticando um poderoso arco de atirar setas, dos antigos Bororós, com a facilidade de quem movia uma vara de vime. Após a desincorporação não pude fazer o mesmo, embora auxiliado por mais duas pessoas robustas.
[34] N. de E. G.: Nos meios umbandistas, passou-se a denominar genericamente como caboclos, tanto os sertanejos como igualmente os índios e bugres.
[35] Também se observa comumente nas mesas kardecistas a identificação de entidades por senhas habituais, como por exemplo: "Glória a Deus nas alturas", "Que a paz esteja convosco", "Paz, Luz e Verdade" ou ainda, "Benditos sejais vós".

Em face do habitual cerceamento mediúnico junto às mesas kardecistas, os desencarnados têm que se limitar ao intercâmbio mais mental e menos fenomênico; isto é, mais ideias e menos personalidade. Quando o médium é culto, eloquente e prolixo, os espíritos comunicantes também são desembaraçados e intelectivos; no entanto, quando inculto ou lacônico, ele então reduz ou desfigura a individualidade do comunicante. Às vezes, ocorre o paradoxo de espíritos primários comunicarem-se junto às mesas kardecistas em linguagem escorreita, bom rendilhado verbal e alto nível de ideias, porque dispõem de um médium primoroso e culto, enquanto escritores, oradores e cientistas consagrados pela história do mundo transmitem mensagens empobrecidas e de baixo nível intelectivo através de médiuns broncos.

Os bons médiuns ampliam, sinonimizam elegantemente e até clareiam o pensamento obscuro dos comunicantes iletrados, enquanto os medíocres ensombram e contradizem os nomes famosos com que identificam as suas mensagens. É certo que também existem médiuns psicógrafos excelentes operando na seara espírita, os quais revelam através da escrita mediúnica as características fundamentais dos comunicantes, sem necessitar da técnica tradicional do desenvolvimento nos terreiros.[36]

Aliás, no futuro, como já ocorre em planetas mais adiantados, os espíritos desencarnados poderão revelar suas características particulares com pleno êxito, graças aos próprios eventos científicos de pesquisas e domínio no campo da mediunidade.[37]

PERGUNTA: — Os kardecistas estão certos em cercear a

---

[36] N. do Médium: A meu ver, incluo nessa citação de "médiuns excepcionais", que revelam o estilo e até a índole dos comunicantes, embora não sendo de terreiros, medianeiros como Chico Xavier, Fernando de Lacerda, Vale Owen, Vera Ivanovna Kryzhanovskaia, Yvone A. Pereira, Waldo Vieira, Zilda Gama e Dolores Bacellar.

[37] "Até que a ciência estabeleça livre e generalizado intercâmbio entre as inteligências encarnadas e desencarnadas, o Espírito domiciliado no Além, para comunicar-se com os homens, depende do médium, como a alma, para corporificar-se na esfera física, depende do refúgio materno." Trecho extraído da obra *Entre Irmãos de Outras Terras*, capítulo "Vinte Assuntos com William James", de Chico Xavier e Waldo Vieira. Obra da Livraria da Federação Espírita Brasileira. Vide "No Campo da Mediunidade", obra *Coletânea do Além*, espírito de André Luiz por Chico Xavier. Edição LAKE.

plenitude da comunicação mediúnica dos desencarnados?
RAMATÍS: — O espiritismo, como a umbanda, apesar do seu labor mediúnico diferente, ambos cumprem determinações do Alto e tendem para o mesmo objetivo em comum. Enquanto a umbanda aperfeiçoa a prática mediúnica no campo do fenômeno e favorece a reprodução plástica mais fiel dos espíritos através da passividade e versatilidade dos cavalos de umbanda, o espiritismo doutrina os homens para a sua libertação definitiva das formas do mundo transitório da carne. Malgrado a aparência de ambos se contradizer, a umbanda ajusta o vaso e o espiritismo asseia o líquido; a umbanda aprimora a lâmpada e o espiritismo apura a chama.

PERGUNTA: — Os kardecistas criticam o linguajar dos pretos, índios e caboclos nos terreiros, alegando que o espírito depois de desencarnado é pensamento, pode dispensar o mecanismo da linguagem humana e não precisa "falar errado".
RAMATÍS: — Na época da codificação espírita, o conceito generalizado dos seus adeptos era de que a morte do corpo carnal compacto deixava o espírito desencarnado tão-somente atuando no campo mental. Em consequência, após a desencarnação, todos os fenômenos próprios do mundo físico não passariam de ilusões que podiam ser eliminadas nas doutrinações de espíritos sofredores. Deste modo, a maior preocupação dos doutrinadores resumia-se em eliminar da mente dos comunicantes as "miragens" obstrutivas ou reminiscências da vida material.

No entanto, com o advento de obras mediúnicas psicografadas na atualidade por bons médiuns, comprovou-se que o perispírito não é apenas um corpo tão simples como se supunha nas primeiras revelações espíritas.[38] Mas trata-se de um equipo complexo sobrevivente, que além de sua capacidade mental também se constitui do veículo astral, conhecido desde os Vedas como o "corpo dos desejos" e transmissor dos sentimentos e outros fenômenos do Espírito imortal. Em consequência, o simples desvestimento do corpo carnal não extingue vícios, desejos e velhos hábitos estratificados no

[38] Vide capítulo "Perispírito", obra *O Livro dos Espíritos*, de Allan Kardec.

mundo físico, assim como os fenômenos "post-mortem" de sofrimento, lesões, fadiga, fome e sede não são frutos do pensamento indisciplinado, mas cruciante realidade atuando com mais intensidade no espírito desencarnado.[39]
A morte apenas transfere o espírito para outra moradia, sem lhe violentar o campo de ideias e emoções cultuadas no mundo material. O homem culto volta a comunicar-se com a Terra, expondo o seu vasto cabedal de conhecimentos e experiências incomuns, em linguagem castiça e correta; o ignorante e o primário comunicam-se num linguajar deturpado ou regional. O problema da manifestação mediúnica mais autêntica ou menos autêntica depende precipuamente da versatilidade ou submissão do médium às características do comunicante. Daí o fato de os índios, caboclos e pretos velhos manifestarem-se nos terreiros com as suas peculiaridades vividas no mundo físico, por encontrarem ali o campo mediúnico adequado aos seus tipos. Manifestam-se sem qualquer constrangimento, de conformidade com a sua estatura espiritual e o mecanismo de linguagem que lhes foi habitual no mundo físico, despreocupados de qualquer advertência severa de que não devem "falar errado". Que vale ao preto velho dispor de um médium letrado e altiloquente, mas que lhe desfigura a individualidade ou o tipo peculiar de ancião exaurido na escravidão, pelo artificialismo de uma oratória brilhante e vocabulário fidalgo? Não seria absurdo exigir que a criança devesse usar de puro vernáculo e elevada conceituação moral, só porque se encontra entre adultos?

PERGUNTA: — Por que Allan Kardec então explica que os espíritos comunicam-se exclusivamente pelo pensamento e não precisam "falar errado", enquanto os pretos e bugres continuam comunicando-se com o seu linguajar excêntrico e a algaravia tradicional nos terreiros?

[39] Relato do espírito de André Luiz na obra *Nosso Lar*, cap. II, de Chico Xavier, após a sua desencarnação: "Torturava-me a fome, a sede me escaldava. Comezinhos fenômenos da experiência material patenteavam-se-me aos olhos. Crescera-me a barba, a roupa começava a romper-se com os esforços da resistência, na região desconhecida. De quando em vez, deparavam-se verduras que me pareciam agrestes, em torno de humildes filetes de água a que me atirava sequioso. Devorava as folhas desconhecidas, colava os lábios à nascente turva, enquanto me permitiam as forças irresistíveis, a impelirem-me para a frente".

RAMATÍS: — Quando Allan Kardec codificou o espiritismo, na França, ele o fez em função dos problemas inerentes ao astral europeu, mas não se defrontou com uma questão tão complexa, como a desencarnação prematura em massa de espíritos de bugres e pretos escravos, que se situaram no Brasil.

Desconhecia-lhes a carga de crendices, mitos, superstições e infantilidades, assim como o fato de que teriam de falar deturpado, caso pudessem dispor de médiuns espontâneos e sem barreiras mediúnicas, como é tão peculiar entre os cavalos de umbanda. Mas detrás da linguagem truncada de muitos pais de terreiro o umbandista estudioso também pode descobrir muito espírito iniciado, que num sacrifício heróico enfrenta o astral primário da Terra para auxiliar a libertação espiritual do homem terreno.

PERGUNTA: — Os espíritas asseguram que o entendimento nas esferas espirituais é feito através de telepatia.

RAMATÍS: — Os espíritos que manejam a telepatia no mundo espiritual é porque já exercitaram-se bastante no gênero, quando ainda viviam na carne. Como não há privilégios nem milagres, "cada um recebe segundo suas obras". Afora disso, o intercâmbio nas colônias espirituais se processa através da palavra falada.

PERGUNTA: — Quereis dizer que no Espaço também existe a barreira da linguagem?

RAMATÍS: — Sem dúvida, nas colônias espirituais situadas em torno da crosta terráquea, os seus componentes falam o idioma das raças ali congregadas, tal como no mundo físico. Quando visitamos agrupamentos espirituais de outros povos, também servimo-nos de intérpretes, salvo quando se trata de entidades já desvencilhadas das formas materiais e dos nacionalismos do mundo, em que a telepatia pura é a sua habitual linguagem. Por isso, o Alto intensifica incessantemente a propagação do Esperanto entre os terrícolas, uma vez que já é idioma de grande influência na área espiritual adjacente à Terra.[40]

[40] Vide a obra *A Sobrevivência do Espírito*, os diversos capítulos sobre o Esperanto, de Ramatís, **EDITORA DO CONHECIMENTO**. — Trecho extraído da obra *Entre Irmãos de Outras Terras*, comunicação de André Luiz, capítulo "Vinte Assuntos com William James": "Sabemos que o pensamento é idioma universal; no entanto, isso é realidade imediata nos domínios da indução ou da telepatia

PERGUNTA: — Por que há maior frequência de pessoas nos terreiros de umbanda, do que nos centros kardecistas?

RAMATÍS: — Aliás, nos próprios centros kardecistas a frequência de pessoas aumenta nos dias de receituário, passes mediúnicos; e diminui nas noites de palestras doutrinárias ou interpretações do Evangelho. Isso é óbvio e bastante humano, pois os terrícolas ainda são espíritos primários, cujo estômago predomina sobre o cérebro e o corpo carnal sobre o espírito. Nas sessões de passes e receitas, eles procuram recursos para resolver a sua saúde e talvez solução para a sua vida terrena. E assim descuram de suas próprias necessidades espirituais, atrofiando o discernimento e as iniciativas próprias.

Como a umbanda efetua um trabalho terra-a-terra e de auxílio mais direto aos filhos do terreiro, então é maior a frequência pela maior probabilidade de favorecimentos da vida material. Mas não se pode censurar o seu trabalho mediúnico por causa de tais concessões, pois, atraindo os homens através de suas próprias vicissitudes humanas, também lhes ensina a Lei do Carma e a equanimidade da Reencarnação.

Embora atuando de maneira mais física do que o espiritismo, a umbanda tende para o mesmo objetivo de libertação espiritual do homem, sabendo que a maioria das criaturas ainda necessita do fenômeno mediúnico e de acontecimentos incomuns em sua vida, para crer na sua própria imortalidade. Mesmo Allan Kardec só despertou a sua curiosidade para com as coisas do Além, após verificar os estranhos fenômenos das "mesas dançantes". Embora louvando-se a filosofia sadia e sensata do espiritismo codificado para o esclarecimento da vida do homem, ainda hoje argumenta-se em seu favor os fenômenos físicos ocorridos com as irmãs Fox, em Hydesville, quando o espírito batedor de Charles Rosna, através de

---

laboriosamente exercitada. Será possível tranquilizar um doente com a simples presença da ideia de paz e otimismo, cura e esperança, mas não conseguimos prodigalizar-lhe avisos imediatos de tratamento sem comunicar-nos com ele através da linguagem que lhe é própria. Por outro lado, ocorrências de xenoglossia podem ser obtidas como se organizam espetáculos de encomenda. É necessário compreender, porém, que, no atual estágio da Humanidade, a barreira das línguas é limitação inevitável, de vez que, por enquanto, os desencarnados, em maioria esmagadora, comumente prosseguem arraigados ao ambiente doméstico em que viveram. Desse modo, os amigos espirituais ligados aos Estados Unidos, que aspirem a ser ouvidos, sem delonga, no Brasil, devem, de modo geral estudar o português".

"raps" ou pancadas, narrou o seu assassinato, mais tarde comprovado com o encontro do corpo.

Em consequência, a umbanda, com sua fenomenologia mais ostensiva e algumas vezes surpreendendo aos mais abalizados sábios pelo domínio incomum da matéria, atende as criaturas mais céticas, mas também dignas do convite que o Senhor faz a todos os filhos. Realmente, alguns filhos de terreiro habituam-se ao comodismo de "pedir" indiscriminadamente para os pais resolverem os seus problemas fúteis da vida material. No entanto, assim como acontece entre os espíritas kardecistas, uma boa parte livra-se dessa mendicância espiritual e desenvolve o autodiscernirnento acerca do seu próprio destino.

PERGUNTA: — *Supomos que os centros espíritas não oferecem as mesmas condições socorristas que são peculiares na umbanda, não é assim?*

RAMATÍS: — Não é conveniente confundir ambos os gêneros de trabalho e função do espiritismo e da umbanda. O espiritismo abrange o conjunto de criaturas que já se mostram em condições de ativar o seu progresso espiritual independentemente das formas do mundo; a umbanda, no entanto, é mensagem endereçada aos homens que ainda requerem o ponto de apoio do rito, das imagens, dos símbolos e do fenômeno mediúnico, para focalizar a sua emotividade religiosa. Mas não importa se o indivíduo é espiritista ou umbandista, porém, interessa a sua conduta e o seu procedimento junto à humanidade. Ninguém vale pela sua crença, mas sim, pelas suas obras.

O certo é que o gênero de trabalho mediúnico de umbanda elimina o constrangimento dos filhos em pedir as coisas mais absurdas, pois os próprios pretos velhos são bisbilhoteiros e põem-nos à vontade. No entanto, entre pedir e ser correspondido é bem grande a diferença, pois os pais-de-terreiros, quando instrutores de nível espiritual superior, jamais concedem aquilo que pode perturbar o adestramento dos seus pupilos na matéria. Os frequentadores dos centros espíritas estão advertidos de que não devem efetuar pedidos aos guias, que se refiram a coisas materiais; por isso, receiam expor os seus problemas e vicissitudes comuns, limitando-se à solicitação de passes e receitas para a saúde do corpo físico. Naturalmente, ignoram que mesmo a assistência dos espíritos, quanto à saúde corporal, não deixa de ser problema de ordem material.

Os terreiros atraem mais frequentadores porque os pais-de-terreiro nada recusam nem censuram, mas ouvem atentamente os filhos em suas queixas tolas e até nos pedidos mais desavergonhados. Prometem curar os parentes enfermos, disciplinar o caçula rebelde, corrigir a moça doidivana, pôr na linha o esposo volúvel, afastar o feitiço incômodo ou ajudar na recuperação do patrimônio material. Arranjam o bugre ou caboclo vigoroso para proteger o novo filho do terreiro, fazem a descarga dos maus fluidos sob as falanges adestradas, receitam os banhos de ervas de limpeza e revitalização do perispírito, orientam sobre o novo rumo de vida e prescrevem obrigações de exercício de virtudes no lar.

Os consulentes animam-se com a promessa do novo rumo benfeitor de sua vida, tomam banhos de descarga para desintegrar a crosta de fluidos ruins, a maioria sente-se em segurança com os patuás ou talismãs[41] presenteados pelos pretos velhos, guarnecem seu jardim com espadas-de-são-jorge que propiciam boa defesa, ou plantam a guiné-pipiu, transformador vegetal que se supõe capaz de sublimar as emanações nocivas.

O chefe do lar, para surpresa da família, às vezes, é o primeiro a ter a iniciativa de defumar o ambiente doméstico, a esposa e os filhos, iniciando-se uma nova camaradagem entre os seus componentes e a elevação do clima de pensamentos sob a louvável sugestão dos pontos mentalizados e a recomendação dos pais-de-terreiro.

Encorajado pelos pais-de-terreiro, o filho então guarda a esperança de melhorar, resguarda-se cada vez mais na pro-

---

[41] Trecho extraído da obra *Voltei*, de irmão Jacó, psicografada por Chico Xavier, capítulo III, período "Entre Amigos Espirituais": "Mais tarde, vim a perceber que os objetos de nosso uso pessoal emitem radiações entre eles e nós, reclamando-se muito desapego de nossa parte, a fim de que não nos prendam ou nos perturbem". Mais adiante diz a entidade Bezerra de Menezes: "Esclareceu que o ambiente doméstico estava impregnado de certa substância que classificou por fluidos gravitantes, desfavorecendo-me a libertação."

dução de pensamentos contraditórios, habitua-se a ocupar-se algumas horas por semana em compromissos de treinamento espiritual, frequenta assiduamente o terreiro recebendo novas recomendações e advertências, esperança e esclarecimento sobre a responsabilidade humana. Assim, ele mesmo dinamiza energias debilitadas, fortifica a sua vontade, corrige as explosões de cólera, quebra o seu orgulho e vaidade, atento às obrigações humildes, e, sem dúvida, termina por sintonizar-se ao nível das correntes superiores, buscando as forças para superar os reveses e as tragédias tão comuns a todos os homens. Após ganhar no Além amigos poderosos e as promessas dos pais-de-terreiro, que também se comoveram com sua desdita, prometendo-lhe soluções benfeitoras, fortifica-se realmente, estabelecendo condições favoráveis para a ajuda espiritual. Ademais, à medida que o filho passa a conhecer a justiça da Lei do Carma e a lógica da Reencarnação, também reduz suas queixas e aos poucos se conforma com os percalços da vida, aceitando os efeitos daninhos de suas próprias imprudências pretéritas. Acontece, também, que os pobres, não conseguindo os recursos financeiros para curar o corpo enfermo, em face dos "trusts" que dominam a medicação de urgência e as taxas elevadas da medicina oficial, procuram os centros espíritas, afluindo nos dias de receituário e ajuda, onde chegam a receber o próprio medicamento sem qualquer despesa. Se não fossem os terreiros de umbanda e a peculiar atividade caritativa dos kardecistas, sem dúvida, seria bem maior a estatística de óbitos entre os pobres brasileiros.[42]

PERGUNTA: — *Mas não é censurável que os frequentadores de umbanda visem principalmente a solução dos seus interesses materiais?*

---

[42] Conforme estatística oficial, infelizmente, existe no Brasil um médico para cada 10.000 brasileiros. Ademais, do conjunto de médicos graduados anualmente pelo diminuto número de faculdades de Medicina, 10% não trabalham, pois são filhos de "papai rico"; 10% preferem devotar-se à política, elegendo-se deputado estadual ou federal; 10% desistem da profissão médica e ingressam no comércio ou indústria; 10% candidatam-se a médicos do Exército ou da Polícia; 10% fracassam na profissão, pois transformam a medicina em tábua de negócio cirúrgico, dedicam-se ao aborto organizado ou mal conseguem receitar uma aspirina. Dos 50% restantes, só a metade encoraja-se a clinicar no interior dos Estados do Brasil. E ainda há quem deseje acabar com o receituário espirítico e o curandeirismo de umbanda.

RAMATÍS: — Sem dúvida, não compete aos guias ou mentores de quaisquer espécies de trabalhos mediúnicos a função prosaica de pitonisas encarregadas de solucionar as complicações materiais dos seus pupilos. Isso deve ser da alçada e da iniciativa dos próprios encarnados, a fim de não atrofiarem o seu discernimento espiritual tão necessário no aprendizado educativo no mundo físico. Mas os pais-de-terreiro também são espíritos sábios, amorosos e tolerantes, que jamais desiludem ou censuram os "filhos", e perdoam-lhes as solicitações até censuráveis.

Através do amor, da compreensão e subordinação ao conceito de "faz aos outros o que queres que te façam", eles ouvem afetuosamente os problemas aflitivos dos encarnados e respondem, sem lhes deformar o verdadeiro sentido da vida humana. Então consolam os aflitos, reanimam os fracos e auxiliam até onde lhes permite o bom senso espiritual. Os pretos velhos também contam suas dores passadas e glorificam o sacrifício de Jesus por amor aos homens, valorizando o sofrimento humano como fundamento da Felicidade.

Aliás, ainda são os escravos humildes que na Terra afeiçoaram-se tão ternamente ao sinhô e à sinhá, criando-lhes os filhos sob o mais terno amor! Os equívocos censuráveis de umbanda não são próprios dos pretos velhos, índios ou caboclos, mas decorrem da culpa dos frequentadores, que ainda pretendem escravizar essas almas simples e humildes como procuradores gratuitos dos seus interesses censuráveis no mundo espiritual.[43]

PERGUNTA: — Conforme explica o espiritismo, a Terra é uma escola de educação espiritual que adestra as virtudes da alma através das dificuldades e iniciativas humanas. Por isso, censura-se a umbanda, que resolve as coisas materiais dos seus filhos, mas atrofia as energias do espírito. Que dizeis?

RAMATÍS: — Tudo depende do ponto de vista como encarais tal assunto, pois se os fins são os mesmos, não se

---

[43] Vide o capítulo "Mediunidade Transviada", obra *Nos Domínios da Mediunidade*, do espírito de André Luiz, por Chico Xavier. Edição da Livraria da Federação Espírita Brasileira.

deve censurar a diferença de meios empregados no ajutório de umbanda ou do kardecismo.

Exemplifiquemos: — certa esposa desesperada roga encarecidamente ao preto velho de umbanda para ajudar o seu marido desempregado a conseguir um emprego para sustentar o lar. Sem dúvida, isso é censurável sob o conceito kardecista, pois trata-se de um pedido de ajuda material, cabendo ao homem desempregado a iniciativa de procurar o emprego desejado sem recorrer aos espíritos desencarnados. No entanto, junto à mesa kardecista, onde se proíbe ou se censura as rogativas de ajuda material, outra esposa angustiada também solicita ao guia espiritual do espírita uma receita para curar o seu esposo enfermo, cuja ausência do serviço, há alguns meses, está causando graves dificuldades financeiras no lar. Indubitavelmente, tanto o pedido de emprego feito diretamente ao preto velho de umbanda como a receita ao guia do centro kardecista só têm um objetivo — ajudar ambos os desempregados a voltarem ao emprego. A diferença é que o preto velho indica o emprego diretamente para o primeiro consulente, enquanto o guia espírita prescreve o remédio que devolva a saúde ao segundo e lhe proporciona o ensejo indireto de também voltar ao serviço. Mas, na verdade, em ambos os casos, os pedidos são de "ajuda material".

PERGUNTA: — *Mas é lícito que os frequentadores de umbanda solicitem aos pais-de-terreiro para afastarem noivos ou noivas dos filhos, porque são empobrecidos, demitirem chefes antipáticos nas repartições públicas, fornecerem dados sobre tesouros enterrados, preterirem direitos alheios ou auxiliarem em negociatas censuráveis?*

RAMATÍS: — Bem; isso não é umbanda, mas quimbanda. Não é trabalho para espíritos umbandistas, mas serviço censurável para os quimbandeiros.

PERGUNTA: — *Qual é a diferença entre a prática de umbanda e da quimbanda?*

RAMATÍS: — O mesmo de cardecismo e baixo espiritismo. A doutrina de umbanda, apesar do seu ritualismo e processo de ação direta na fenomenologia do mundo material, define-se por um trabalho a serviço do Bem. Mas a negociata inescrupulosa de despachos nas encruzilhadas, cobrança mercenária para melhorar negócios, os trabalhos para juntar ou separar casais, afastar patrões desagradáveis, obter promoções prematuras, derrotar competidores ou eleger candidatos políticos, tudo isso é considerado quimbandismo, porque opera em detrimento do próximo.

Conforme já explicamos, kimbanda ou quimbanda era o nome do grande sacerdote dos negros bantos, espécie de médico, oráculo, conselheiro, juiz e experimentado feiticeiro, cujo poder sobrepujava o do próprio rei da tribo. Mas, à medida que as crendices e rituais bárbaros africanos foram-se mesclando de outros ritos e práticas estranhas, no Brasil, sob a influência católica e ameríndia, também adquiriram um sentido deliberadamente benfeitor.

Então os seus cultores acharam necessário diferenciar o novo sincretismo religioso, libertando-o da matriz onde se gerou; e então surgiu a umbanda, como denominador da magia branca, a serviço do Bem. À medida que os trabalhos de umbanda se definiam num curso benéfico, o cognome Kimbanda, do velho sacerdote banto, passou a ter um sentido pejorativo indicando a prática da magia negra. Daí, a tradição que se firma, dia a dia, de que todo labor benfeitor é umbandismo e todo o trabalho de magia maléfica é quimbandismo. Em ambos os casos, tenta-se definir os extremos do bem e do mal no serviço e contato com o mundo oculto através de processos mágicos.

O umbandista é o médium, o cavalo, o mago, o filho de terreiro, que só deve praticar o bem; e o quimbandeiro é o médium, o cavalo, o mago ou o filho do terreiro que só pratica o mal. O primeiro é um intérprete da linhagem angélica; o segundo é o marginal, o feiticeiro ou discípulo da linhagem diabólica. Obviamente, o verdadeiro umbandista só aceita serviços em benefício do próximo, enquanto o quimbandeiro mobiliza poderes mediúnicos e energias ocultas para auferir vantagens pessoais, embora prejudique o próximo. É o marginal de umbanda, tal qual o médium inescrupuloso e exilado da seara espírita. Ambos não merecem crédito, confiança ou assistência de boa qualidade, pois invertem o sentido benfeitor das iniciativas do mundo espiritual. E após desencarnarem pagarão bem caro essa traição no mundo carnal.

PERGUNTA: — *Mas aprovais a mistura de interesses materiais e espirituais tão comuns nos terreiros de umbanda?*

RAMATÍS: — Não aprovamos quem abdica do seu discernimento e treino espiritual para resolver comodamente todos os seus problemas de ordem material, pois a Terra é valiosa escola de educação espiritual. Há que manter o senso combativo diante das vicissitudes, a persistência nos objetivos superiores, a fé nas instituições religiosas e espiritualistas do mundo, a fim de não se estiolar o senso da iniciativa individual. Nem os umbandistas esclarecidos aprovam os pedidos nos terreiros que visam soluções de negócios, preterições nas repartições públicas, bons casamentos, promoções prematuras, bons empregos, afastamento de patrões ranzinzas, busca de tesouros enterrados ou vitórias políticas. Isso enfraquece o homem no seu senso diretivo espiritual e amolece-lhe as fibras diante das experiências futuras que treinam o domínio angélico sobre a carne.

No entanto, jamais podemos julgar os atos do próximo, porque em sua situação desesperadora ou desânimo arrasante talvez nós agíssemos como eles. Há tragédias, acontecimentos imprevistos e tão terríveis na vida do ser humano, que a cultura, a crença religiosa, a força moral e espiritual não conseguem impedir de cairmos no erro. Homens honestíssimos têm roubado para alimentar a prole; e mulheres dignas têm-se prostituído por amor aos seus filhos. Há momentos em que o homem agarra-se a qualquer pedaço de tábua que o ajude a manter-se à tona, embora isso lhe custe a edificação proveitosa de uma existência, pois a fraqueza e a imperfeição são próprias dos terrícolas, pobres alunos que ainda mal soletram o abc do espírito, em sua vida, na face da crosta terráquea. E neste sentido há provérbios populares de profunda significação, advertindo-nos sobre o julgamento precipitado contra o próximo, como este: "Nunca diga: desta água não beberei"; ou, ainda: "O roto ri do maltrapilho".

Tanto os kardecistas como os umbandistas são seres humanos portadores dos mesmos defeitos e virtudes. A única diferença é que nos terreiros os frequentadores ficam à vontade, pedem sem constrangimento; e nos centros espíritas são proibidas as solicitações de ordem material. Mas, tanto os umbandistas exploram os pais-de-terreiro até onde eles suportam, como os kardecistas exploram os guias no receituário, nos passes fluídicos para a saúde "corporal" e no afastamento de "encostos".

Assim como certos umbandistas vão aos extremos das solicitações mais fúteis e censuráveis, os centros espíritas ficam lotados nos dias de receituário, de operações fluídicas, irradiações ou curas a distância. Os pedintes espíritas também desperdiçam longo tempo dos seus bons amigos espirituais e poucos fazem jus ao auxílio que pedem. E não se conformam quando o guia apenas prescreve um bilhete fraterno: "Meu Irmão. Tenha fé e ânimo nos seus amigos espirituais. Estamos lhe socorrendo".[44]

Poucos aceitam o convite à oração sob a égide do Evangelho de Jesus. Desejam e buscam soluções fáceis e miraculosas para os seus incômodos físicos.

PERGUNTA: — *Em consequência, na umbanda, os filhos de terreiro podem fazer quaisquer solicitações?*

RAMATÍS: — Malgrado a complacência dos pretos velhos, lealdade dos bugres ou simplicidade fraterna dos caboclos, na mesma proporção de facilidades com que os pais-de-terreiro concedem bens e soluções aos filhos, eles também ministram os corretivos indispensáveis ou "cerouladas" [45] quando os

---

[44] N. do Médium: Quando atendíamos afanosamente o receituário homeopático do Centro Espírita B. V., de Curitiba, os espíritos receitistas sugeriram a numeração de todas as receitas; e sob suas instruções combinamos, com o farmacêutico da única farmácia homeopática da cidade, fazer uma tabela numerada em série, baixando toda receita que fosse aviada. No fim de dois meses tínhamos psicografado 726 receitas, mas ao conferirmos na farmácia onde elas teriam de ser aviadas, verificamos que os pedintes só haviam providenciado os medicamentos para 148 receitas. Certo confrade pedira 6 receitas, no mesmo prazo, sem aviar uma só.

[45] "Ceroulada", termo pitoresco usado pelos pretos velhos, quando precisam dar um corretivo aos filhos indisciplinados ou negligentes. Algumas vezes, os filhos são auxiliados para realizar alguma obra caritativa ou benfeitora, que lhes

filhos saem da linha dos compromissos assumidos. A umbanda é espada de dois gumes; a quem muito pede, muito lhe será pedido. Os espíritos kardecistas, no entanto, não são submetidos à prova deliberada das "tentações" do mundo, como é peculiar da iniciativa dos pais-de-terreiro, porque o ajutório junto às mesas também se restringe mais propriamente ao campo de saúde corporal e psíquica, em vez de soluções ampliadas ao patrimônio do mundo físico.

PERGUNTA: — É certo que a umbanda faz conluio com falanges malfeitoras, no Espaço, a fim de conseguir melhor êxito nos trabalhos de "desmanchos" de feitiços e magia negra?
RAMATÍS: — Realmente, na umbanda, doutrina que opera no seio da fenomenologia mais densa e repugnante do astral inferior, certas vezes os pais-de-terreiro precisam negociar com as chamadas falanges da "esquerda", a fim de conseguirem o desmancho da magia negra ou feitiço muito complexo, tal qual a polícia do mundo convoca um arrombador para abrir o cofre de que ninguém conhece o segredo.

Os espíritos da "esquerda" mais habituados ao mal são entidades primárias, que obedecem cegamente aos seus chefes sem lhes indagar dos objetivos ou intenções. Desde que lhes seja feita a paga de praxe ou as obrigações secundárias da magia africana, a eles pouco importa fazer o bem ou o mal. São instrumentos inconscientes nas mãos dos magos ou feiticeiros, que aceitam as "encomendas" dos interessados e verdadeiros responsáveis pela continuidade dessa prática nefasta, que é a magia negra. As falanges cumprem a vontade desses magos ou chefes assim como os carregadores de uma gare ferroviária transportam indiferentemente uma caixa contendo medicamentos salvadores, ou uma bomba-relógio.

A umbanda opera nos desvãos nauseantes do subsolo astralino, no foco convergente das forças violentas e selváticas da criação inferior, enquanto o espiritismo não mexe com "formigueiros" tão perigosos, pois a sua atividade no plano

---

proporcione melhor crédito na "contabilidade" espiritual. Mas assim que se desviam, os pais-de-terreiros não têm complacência; fazem tudo voltar à forma primitiva e o filho faltoso perde excelente oportunidade de progresso, após levar uma boa "ceroulada".

mental é menos acessível à investida agressiva dos magos das sombras. As falanges de umbanda são agrupamentos de espíritos valentes, heróicos e experientes, que submergem nos pântanos da astralidade do planeta, a fim de neutralizar energias virulentas, desmanchar trabalhos de magia negra e reconduzir as vítimas à normalidade da vida física. São espíritos algo semelhantes aos serventes humildes, que abrem valas para as fundações dos alicerces dos nossos grandes edifícios.

Inúmeras vezes, os trabalhadores de umbanda recebem ordens do Alto para socorrer determinados seres ou livrá-los das amarras dos maus fluidos da magia negra; doutra feita são solicitados para proteger determinados centros kardecistas, defendendo-os contra entidades agressivas, que atacam os labores mediúnicos de fenômenos físicos, tiptologia ou de operações transcendentais.

PERGUNTA: — É verdade que espíritos de elevado quilate espiritual também participam das falanges de umbanda, habilmente disfarçados sob a forma de "cascões" de pretos, índios e caboclos?

RAMATÍS: — Realmente, espíritos de elevada estirpe sideral operam nas atividades de umbanda; alguns deles foram até canonizados pela Igreja Católica e outros são conhecidos nas próprias sessões do espiritismo kardecista. Embora sejam entidades de luz, disfarçam-se sob o invólucro de "cascões perispirituais" evocados de sua configuração no passado, e misturam-se às falanges primitivas de umbanda, habituando os seus comandados à prática do Bem. Alguns espíritos superiores, mais audaciosos e heróicos, chegam a penetrar nos agrupamentos de quimbandeiros, minando os processos da magia negra e semeando bons propósitos, embora cumprindo todas as exigências e superstições próprias da Lei da Magia Africana.

A sua atuação, à guisa de "pontas de lança" comandadas pelo mundo angélico, enfraquece as hostes malfeitoras dos magos negros, num trabalho perigoso, pertinaz e exaustivo, que resulta em verdadeira "sabotagem" a favor do Bem.

PERGUNTA: — *Que se deve entender por "cascões" usados pelos espíritos de luz no seio da umbanda?*[46] *Essa conceituação não é mais própria da teosofia?*

RAMATÍS: — Conforme explicara Helena Blavatsky e é crença de todos os teosofistas, eram "cascões" com certa inteligência instintiva herdada após a morte dos seus donos, que se comunicavam nas sessões mediúnicas, em vez de espíritos desencarnados conforme preceitua o espiritismo. No entanto, o próprio Olcoot, um dos mais íntimos de Blavatsky, mais tarde admitiu que ela havia se equivocado.

Mas no caso dos espíritos de luz, que usam "cascões" para se comunicarem nos trabalhos de terreiros de umbanda, o acontecimento nada tem a ver com a teoria da Sociedade Teosófica esposada por Madame Blavatsky e bastante ingênua.

Desnecessário vos dizer que o instrumento mais poderoso e eficiente do espírito imortal é a Mente. Nada se faz ou se cria antes de o espírito operar no plano mental e ajustar-se à energia necessária para lograr o seu empreendimento no campo físico. O poder mental cria e destrói, redime ou infelicita; tanto pode ser exercido para o bem como para o mal. Os mundos físicos, na realidade, são os produtos materializados daquilo que Deus pensou em sua Mente Divina. Igualmente, o homem também é o produto de sua atividade mental, pois é o resultado exato do que pensou e praticou.

Assim, os espíritos de elevada categoria espiritual, poderosos no usufruto do seu poder mental, conseguem mentalizar suas antigas formas perispirituais de índios, pretos, caboclos e demais configurações primárias já vividas no passado. Então eles adaptam-se às características peculiares das

[46] Consoante as obras mediúnicas de bom gabarito, os espíritos elevados só entram em contato visível com as entidades nos planos inferiores quando, por sua própria deliberação, envolvem o seu perispírito com os fluidos grosseiros do ambiente onde pretendem atuar. Um "pai de segredo", portanto, é o espírito superior que, sob um devotamento incomum, consegue fazer-se materializado nos planos inferiores, através do seu perispírito sob a aderência de fluidos do próprio meio. Trecho extraído da obra *Libertação*, capítulo "Numa Cidade Estranha", do espírito de André Luiz, por Chico Xavier: "Nossas organizações perispiríticas, à maneira de escafandro estruturado em material absorvente, por ato deliberado de nossa vontade, não devem reagir contra as baixas vibrações deste plano. Estamos na posição de homens que, por amor, descessem a operar num imenso lago de lodo; para socorrer eficientemente os que se adaptaram a ele, são compelidos a cobrir-se com as substâncias do charco, sofrendo-lhes com paciência e coragem a influenciação deprimente". Edição da Livraria Espírita Brasileira.

falanges de umbanda, aceitando o sacrifício de envergarem as indumentárias grosseiras e primitivas, a fim de enfraquecerem as atividades dos magos-negros.

Os médiuns, cambonos e demais íntimos dos terreiros passam a conhecer esses espíritos superiores travestidos em "cascões" ou formas primárias, como "pais de segredo" ou "pais de mironga".[47]

PERGUNTA: — *Devemos admitir que todos os índios, caboclos e pretos velhos, participantes da umbanda, são entidades de luz?*

RAMATÍS: — As legiões e falanges de umbanda são constituídas de índios, caboclos, pretos velhos e negros africanos, sob o comando de pajés, caciques, babalaôs, chefes" e "pais de segredo", sendo, estes últimos, minorias. Os demais são espíritos primitivos, desconfiados, agressivos e mesmo vingativos, caso os encarnados abusem de sua ingenuidade ou submissão. Lembram as próprias forças agrestes da Natureza, que tanto destroem, como produzem toda sorte de benefícios. Em geral, os pretos velhos, as mães pretas, tiazinhas e vovozinhas são afáveis, compreensivos e serviçais, prestando bons serviços aos filhos de terreiros, como já faziam na Terra, quando eram escravos dos brancos.

PERGUNTA: — *Cremos que os "pais de segredo", pela sua condição espiritual superior, devem ser incondicionalmente tolerantes e amorosos. Não é assim?*

RAMATÍS: — Há casos em que o "pai de segredo" é mais severo do que o próprio preto velho original da África, ou antigo escravo, no Brasil. Isso é evidente, porque as falanges e legiões de umbanda só prestam submissão e obediência aos chefes que se mostram à altura dos acontecimentos mais graves. No mundo espiritual não grassa a desordem que há nos

---

[47] N. do Médium: Em visita a conhecido terreiro de Curitiba e atendendo a fraternal convite em noite de homenagem ao Cristo-Jesus, fui surpreendido pela vidência, quando o conhecido índio Juparã modificou-se para a figura de abalizado espírito familiar aos nossos trabalhos de mesa, acenando-me com travesso sorriso nos lábios. Aliás, foi assim que também descobri o segredo do caboclo Nho Quim, quando, após um trabalho no gênero, ele desapareceu na sua figura sertaneja e surgiu como o iniciado Fuh-Planuh, antigo sacerdote dos pagodes chineses. Fuh-Planuh viveu na Indochina e foi irmão da progenitora física de Ramatís.

agrupamentos de encarnados, porque os espíritos angélicos que os dirigem, embora bondosos e compreensíveis, também providenciam o corretivo necessário para restabelecer a harmonia perturbada.[48]

Não há Espírito de Luz mais refulgente, Sábio, Justo, Poderoso e Magnânimo do que o próprio Criador. No entanto, apesar de sermos seus filhos amados, nem por isso Ele nos livra da dor e das vicissitudes humanas e corretivos cármicos, quando optamos por caminhos obscuros ou objetivos nefastos.

PERGUNTA: — De que modo os umbandistas podem distinguir os "pais de segredo" dos verdadeiros índios, caboclos, pretos velhos e negros africanos?

RAMATÍS: — Os espíritos primitivos comandados pelos "pais de segredo" não têm capacidade e discernimento suficientes para aferirem a graduação espiritual dos "pais de segredo", assim como os homens insensíveis só puderam avaliar a sublimidade de Jesus depois de sua morte sacrificial. O "pai de segredo" também é um chefe enérgico e poderoso, que comanda as suas falanges sem hesitações; e em certas circunstâncias, ele desaparece de um momento para outro, sob o espanto e temor dos seus dirigidos.

Assim como um homem versado em latim e familiarizado com os costumes dos conventos, consegue passar por frade entre os verdadeiros frades, o "pai de segredo" não desperta suspeitas, porque é espírito perfeitamente adestrado em todas as artimanhas dos filiados de umbanda. Há espíritos superiores tão abnegados, esclarecidos e hábeis, que conseguem interferir nas próprias linhas de quimbanda sem despertar qualquer suspeita.

Os cavalos, cambonos ou umbandistas iniciados na sim-

---

[48] A propósito de tal consideração de Ramatís, o capítulo "Problema de Alimentação", da obra *Nosso Lar*, ditada pelo espírito de André Luiz a Chico Xavier, é excelente corroboração de que a energia corretiva não é dispensada pelos espíritos superiores. Diz um trecho, página 46, 1ª edição da obra: "Mandou fechar (o governador de Nosso Lar) provisoriamente o Ministério da Comunicação, determinou funcionassem todos os calabouços da Regeneração, para isolamento dos recalcitrantes, advertiu o Ministério do Esclarecimento, cujas impertinências suportou mais de trinta anos consecutivos, proibiu temporariamente os auxílios às regiões inferiores, e pela primeira vez, na sua administração, mandou ligar as baterias elétricas das muralhas da cidade, para emissão de dardos magnéticos a serviço da defesa comum".

bologia dos pontos cantados ou riscados sabem distinguir perfeitamente quando é um "pai de segredo" que se manifesta no terreiro, em vez do espírito primário e participante autêntico das falanges da lei de umbanda. Há convenções, sinais e símbolos nos seus pontos cantados e riscados, que identificam perfeitamente a condição de "pai de segredo" operando junto aos homens.

PERGUNTA: — *No caso de esses "pais de segredo" interferirem também entre as falanges da quimbanda, não implica em aderirem à magia negra?*

RAMATÍS: — Assim como respeitar-se o direito de o próximo dizer o que pensa não é aderir às suas ideias, os espíritos sublimes travestidos em "cascões" de índios, caboclos ou pretos podem tolerar a prática do mal sem transigirem com tal pecado. No entanto, sem pactuar com a magia negra, esses "pais de segredo" operam entre os quimbandeiros amortecendo o processo maléfico e induzindo espíritos pecaminosos a inverterem sua ação maligna. Ademais, alguns antigos chefes e sacerdotes negros também fazem a sua passagem para a umbanda, sob a doutrinação paciente e amorosa dos "pais de segredo", onde assumem novos deveres e o compromisso de servirem as falanges do Cordeiro. Mas é evidente que eles ainda continuam a manter estreitos laços de amizade entre os antigos companheiros; e, por isso, são aproveitados habilmente como verdadeiras pontes de ligação para a mais breve conversão dos mesmos.

Apesar de alguns "pais de segredo" verem-se obrigados a tolerar certos trabalhos de malefício, a fim de não traírem sua identidade sideral, nem interferirem frontalmente de modo a despertar suspeitas, eles agem cautelosamente desmembrando agrupamentos malignos e convertendo falanges primitivas ao serviço exclusivo do bem, como fazem na Terra certas autoridades, juntando-se aos delinquentes, para aliciá-los à coletividade benfeitora. Como não há privilégio na ascensão espiritual, os "pais de segredo" de hoje foram os fabulosos magos negros do passado; porém, agora já desfrutam a ventura de palmilhar a senda crística da consciência divina. Em consequência, eles apenas realizam as tarefas de que também foram alvos, no passado, quando outros seres resplandecentes desceram de suas moradias paradisíacas a fim de convertê-los à égide do Cristo.

PERGUNTA: — *Poderíeis dar-nos algum "ponto cantado", que identifique a linhagem dos "pais de segredo"?*

RAMATÍS: — Apenas para atendermos ao vosso pedido, vamos alinhar alguns "pontos cantados", que denunciam a linhagem superior da entidade comunicante, através de símbolos ou indícios entendíveis pelos umbandistas estudiosos.[49] Mencionamos, primeiramente, o seguinte "ponto cantado":

De quando em quando,
Quando eu venho da Aruanda,
Trazendo pemba
Pra Salvar Filhos da Fé! ...

Neste ponto e nos demais que analisaremos, encontram-se palavras convencionais que definem as características e os objetivos das falanges que representam, inclusive identificando a linhagem dos chefes ou pais que as governam. A primeira estrofe, "quando eu venho da Aruanda", induz que o chefe da falange é "pai de segredo", pois vem do Céu ou da Aruanda, "trazendo pemba", ou giz, isto é, autorizado a escrever, salvar e alforriar os filhos da fé, ou filhos de terreiros, já disciplinados sob os ditames do bem ministrado pelas regras de umbanda. Está claramente definido que o chefe vem "de quando em quando da Aruanda", lugar onde ele habita, para participar das falanges na condição de "pai de segredo".

"Na minha aldeia,
Lá na Jurema,
Não se faz nada
Sem a Lei Suprema"!

---

[49] N. de E. G.: Afora dos "pontos cantados" que mencionam o Chefe de falange, há inúmeros outros pontos que são tirados conforme a tarefa em execução. Assim, há ponto de defumação, ponto de descarga, ponto de defesa ou de pôr fogo na fundanga, a pólvora. Contudo, convém frisar que não basta somente o "ponto cantado", mesmo em coerência com o "ponto traçado" para a perfeita identificação do "pai de segredo", pois dentro de um ambiente em que se lida com vibrações tão variáveis, complexas e mentais heterogêneas, tanto entre encarnados como desencarnados, muitos lobos podem vestir-se de cordeiros.

O segundo ponto evidencia a finalidade da falange no serviço incondicional do bem, que se explica obviamente nas duas últimas estrofes, "não se faz nada sem a Lei Suprema". Embora o chefe seja índio, caboclo ou preto velho, esse "ponto cantado" identifica a condição espiritual muito superior, pois não fará nada que contrarie os princípios evolutivos da Lei Suprema de Deus. Ademais, a estrofe "lá na Jurema" assinala tratar-se de tribo ou falange de índios do litoral habituada ao tratamento de males como a lepra, feridas e chagas, com a aplicação da folha da jurema, conhecida cientificamente por "Mimosa-verrucosa", cujas cascas são amargas, adstringentes e de aplicação narcótica, aliviando as dores fortes.

"Apanha laranja do chão,
Quem quiser...
Come maná lá no céu,
Quem puder!"

O terceiro "ponto cantado" manifesta-se sob um admirável e atraente aforismo, capaz de oferecer algumas proveitosas ilações filosóficas a respeito do espírito. A laranja simboliza o fruto da terra, que nasce, cresce e morre, assim como as ilusões do mundo material. Ademais, o ponto alude aos que passam pela carne em existência fácil, as coisas à mão, adquiridas sem grande esforço, pois as primeiras estrofes são nítidas a respeito: "Apanha laranja do chão, quem quiser". A laranja já caiu, é fácil apanhá-la, sem o esforço, sequer, de arrancá-la da árvore; está à mercê do primeiro que chegar. É o símbolo da sorte ou da facilidade para as criaturas que já gozam de todas as satisfações e conforto do mundo; mas é um bem provisório que "apanha quem quiser". No entanto, "Come maná lá no céu, quem puder", expressa a perfeita antítese de "apanhar laranja do chão", pois é o bem eterno, conforme se deduz da vida espiritual. "Quem puder" libertar-se do mundo material e governar o seu espírito, também fará jus ao alimento superior, que é "o maná do céu", o qual Deus mandou em forma de chuva aos israelitas, no deserto, quando estavam esfomeados. É o perfeito simbolismo de duas formas de nutrição: a do corpo e a do espírito.

Ademais, ainda no seu sentido iniciático, o cântico revela uma falange de doutrinação, com o objetivo de esclarecer os filhos para se libertarem dos frutos perecíveis da terra e buscarem, tanto quanto possível, as dádivas do Céu. É um convite do Senhor descido do Paraíso, conclamando os filhos à luta, renúncia e realização, implícitas sibilinamente no "quem puder", em vez do comodismo, ociosidade e extravagâncias do "quem quiser". É falange perfeitamente identificada entre os "comandos eletivos" do Espaço, que operam sob a égide do conceito crístico, "muitos os chamados, poucos os escolhidos". Obviamente, o chefe é um "pai de segredo" de alta estirpe espiritual, pois nenhum bugre, caboclo ou preto autênticos, possuem capacidade para ministrar lição tão relevante.

I
"Na sua Aldeia tem
Os seus caboclos
Na sua mata tem
A cachoeira!

II
No seu saiote tem
Pena dourada,
Seu capacete brilha
Na Alvorada!"

O quarto ponto cantado, acima, expõe em suas estrofes a linhagem elevadíssima do "pai de segredo", que dirige a falange. Ali se percebe o seu poder fabuloso, a sua graduação mental avançada, o valoroso espírito de luta inextinguível e dinamizado de modo incomum na causa do bem. Revela-se entidade que lidera agrupamento de espíritos em sua moradia elevada, um mentor de alto plano celestial, pois esclarece o ponto: "Na sua Aldeia tem os seus caboclos", ou seja, a aldeia desse "pai de segredo" é o mundo espiritual, onde ele vive, mora e tem os seus discípulos: "os seus caboclos".

"Na sua mata tem a cachoeira", isto é, a água límpida da vida eterna, no simbolismo do encachoeirado incessante, que mitiga a sede da alma e a batiza no banho lustral da redenção, conforme o próprio rito banto na admissão do médium neófito para receber o pai-de-santo. Mas onde se percebe claramente o nível mental desse "pai de segredo" é na seguinte e pitoresca estrofe: — "No seu saiote tem pena dourada". O saiote, espécie de saia curta feita de tecido forte, que as mulheres costumam usar por baixo de outras saias, indica que o chefe da falange possui por baixo do "cascão" ou da aparência de preto velho, bugre ou caboclo, outra indumentária mais forte e duradoura, ou seja, a sua realidade espiritual. Ademais, a pena dourada sobre o saiote, conforme a cromática transcendental, significa a luz dourada de sua aura fluindo pelo perispírito, matiz, formoso e brilhante, que identifica extraordinária aquisição mental. Aliás, a pena sempre significou um direito intelectual adquirido pelo ser; é o emblema de orientador ou criador no campo das letras ou das ideias. Mas os iniciados em umbanda sabem que a pena e a cor dourada são o binômio identificador de um "mestre cármico", isto é, entidade fulgurante descida do plano mental ou búdico, com poderes de interferir e modificar o próprio destino dos filhos, se assim julgar conveniente. É, na realidade, um autêntico "Senhor do Carma", da velha tradição teosófica, cuja sabedoria imensurável o torna um incondicional procurador da Divindade entre as brumas tristes da vida carnal.

Finalmente, o seu "capacete", revela entidade combativa, corajosa e heroica, de ânimo invencível; espécie de guerreiro medieval, isto é, cuja atividade criadora teve início há muitos milênios, a partir da idade média do planeta. O seu capacete de guerreiro benfeitor só brilha na Alvorada e não no Crepúsculo; refulge, pela madrugada, ao despontar da manhã, pois enquanto a "maioria da humanidade ainda dorme", ele permanece ativo no combate iniciado há milênios, devotando-se à libertação dos espíritos escravos da vida carnal ilusória. Sua tarefa é criadora, assim como a Alvorada significa o desabrochar da vida, o despertar da juventude, o início de uma nova Era.

Eis, pois, ligeira digressão sobre alguns "pontos cantados" cujo sentido espiritual nem todos os umbandistas estão adestrados para compreender. No entanto, apesar de sua louvável graduação espiritual superior, alguns desses "pais de segredo", às vezes, recorrem aos favores de alguns chefes da "esquerda", nas regiões astralinas inóspitas, de quem são amigos e se valem nos momentos nevrálgicos de socorro espiritual urgente. Esses chefes amigos e quimbandeiros realizam a parte mais grosseira, violenta e repulsiva da luta contra adversários astuciosos e exercitados no mesmo gênero da magia negra, e que os "pais de segredo" evitam, justificando o velho axioma de que "O Anjo não luta com as mesmas armas do Diabo".[50]

PERGUNTA: — *Gostaríamos de uma justificação mais concreta quanto a essa deliberação excêntrica de espíritos elevados participarem das atividades da umbanda sob o disfarce de "pais de segredo", e até interferindo nas falanges malfeitoras.*

RAMATÍS: — É evidente que nós também já fomos entidades malfeitoras, e que através do sofrimento e das vicissitudes humanas, convertemo-nos ao labor das linhas do Cristo. Isso também há de acontecer às atuais falanges de quimbandeiros entregues ao serviço da magia negra, que no futuro descerão à Terra para a prática do bem. Porventura, Jesus não foi o Príncipe de Luz, que deixou o Paraíso para habitar a Terra, viver entre as falanges de criaturas pecadoras? Sem dúvida, manifesto na Terra como um homem simples, filho de um carpinteiro, também era um "pai de segredo", um anjo disfarçado sob a vestimenta rude e compacta do ser humano, falando aos filhos do mundo numa linguagem compreensiva e objetiva.

---

[50] N. do Médium: Durante dois anos frequentamos trabalhos de fenômenos físicos, cujo médium era o médico Dr. C. M., e surpreendia-nos a vidência um longo cordão de selvagens tupis-guaranis, que cercava toda a residência, cujo chefe certa noite materializou-se fazendo-nos saudações afetivas e dando-se a conhecer como o cacique Bogotá. Doutra feita, convidados a comparecer aos trabalhos de desobsessão do Centro Espírita A. U., de Curitiba, chegamos a assustar-nos na entrada, com o espírito de um avantajado índio Tupinambá, o dorso nu e carregado de penduricalhos de ossos, todo pintado de cores berrantes, com três penas vermelhas no cocar e munido de volumoso tacape, e que chefiava um grupo calculado de trinta silvícolas, postados em torno da casa. As entidades arruaceiras, cínicas e malfeitoras, que se aproximavam, a um breve sinal dado pelo Chefe Tupinambá, eram escorraçadas a pontapés e a lanças de bambu com pontas de aço. Mas os espíritos benfeitores, os enfermos e obsessores, que chegavam acompanhados, eram introduzidos sob amistosa saudação do gigantesco Tupinambá.

Em vez de condenar os homens malfeitores ou atemorizá-los pela refulgência de sua luz sideral, o Amado Mestre preferiu habitar entre eles e fazê-los entender o convite para a sua própria Felicidade. Antes de impressioná-los por uma linguagem afetada ou científica, procurou ensiná-los através da singeleza das parábolas e de historietas simples, consolando-os pela força amorosa das bem-aventuranças do Sermão do Monte.

Certos de que só podemos modificar o próximo depois de conquistarmos sua amizade e confiança, muito antes de impormos as nossas virtudes, os "pais de segredo" logram afetos e simpatias incondicionais entre as falanges primitivas de que participam ou comandam, para depois conduzi-las ao rumo de Jesus. Sem dúvida, é um esforço sacrificial incomum por parte desses iluminados espíritos do Alto, que se obrigam a reduzir sua cota de luz formosa para situá-la nos contornos grosseiros do seu "cascão primário". Advogados, engenheiros, médicos, sacerdotes, professores, magistrados, filósofos, cientistas, líderes e antigos instrutores espirituais compareçam junto dessas almas primárias, ajudando-as na sua ascese. Usam do mesmo linguajar e vivem os mesmos costumes primitivos dos companheiros, mas num treino hábil modificam-lhes o ritmo censurável condicionando-os para a vida superior. Como "pais de segredo", conhecem-lhes as manhas, as intenções diabólicas e os projetos vingativos, dissuadindo-os, cautelosamente, dos feitos malignos em troca de outros serviços benfeitores.

PERGUNTA: — Alguns mentores espíritas acham absurda essa infiltração de espíritos de luz imiscuindo-se nas atividades negativas das falanges negras.

RAMATÍS: — Porventura, os médiuns espíritas negam-se a dar passes nas prostitutas, socorrer os alcoólatras ou transviados, só porque são pecadores? Os protestantes, as freiras e os padres generosos assistem viciados, delinquentes, maconheiros, aberrativos sexuais e outros infelizes, nivelando-se ao seu mundo torpe e perturbado, com o fito de ajudá-los na salvação da alma. Aliás, o próprio Jesus, não só baixou até junto dos homens terrenos, como ainda conviveu com publicanos, mulheres de má fama, pecadores malcriados e criaturas marginais, a fim de melhor conhecer-lhes os problemas aflitivos e censuráveis.

PERGUNTA: — *Cremos que o feitiço, que é o principal objetivo de combate por parte da umbanda, só resulta do trabalho pernicioso das falanges quimbandeiras e sob o controle dos negros. Não é assim?*

RAMATÍS: — Porventura, só os negros praticam o mal? Quem já produziu tantos males na Terra como Átila, Gêngis Khan, Tamerlão ou Hitler, embora fossem brancos e nascidos no seio da civilização?

Em verdade, toda criatura que deseja o mal a outrem, quer o faça pelo pensamento, pela palavra ou através de objetos imantados de maus fluidos, é sempre um feiticeiro, um quimbandeiro ou um mago negro; enfim, um agente do mal a semear prejuízos alheios. O feitiço compreende todo o prejuízo ou mal praticado contra o nosso próximo. As histórias e as lendas do mundo são unânimes em afirmar que o autor do feitiço sempre sofre o inevitável choque de retorno do próprio mal que pratica ou manda fazer. Quem não paga na mesma existência o malefício alheio, há de sofrer no futuro o retorno violento da carga deletéria que projetou e castiga o seu autor, justificando o velho aforismo de que "o feitiço sempre volta-se contra o feiticeiro".

PERGUNTA: — *A maioria dos kardecistas não acredita em feitiço. Que dizeis?*

RAMATÍS: — Feitiço é somente um vocábulo de origem da raça negra e da magia oriental, que exprime genericamente a prática do mal. O feiticeiro é a criatura que prejudica o próximo; não importa de que forma, nem a sua raça ou cor.

Obviamente, se os espíritas não crêem no feitiço, eles também não poderiam crer no mal. É certo que o termo feitiço ficou sendo mais conhecido no Ocidente como a prática maligna feita através de objetos, resíduos humanos ou de animais, nos quais os magos negros mobilizam forças destrutivas e violentas do mundo oculto em desfavor do próximo. Mas, porventura, também não deveriam ser cognominados de "feiticeiros brancos" os homens que conseguiram dominar a energia oculta e poderosa da bomba atômica, e com ela, jogada de um avião, assassinaram milhares de criaturas no Japão?

É indubitável que eles também se apossaram de uma força violenta e destruidora do Invisível, mas a empregaram maleficamente contra as criaturas humanas, ficando, portanto, enquadrados, também, na lei moral contida no aforismo de que "o feitiço sempre volta-se contra o feiticeiro".

PERGUNTA: — Então há fundamento de existir o feitiço, quando uma espécie de "azar" penetra em nossa vida e as coisas, dia a dia, vão de mal a pior?

RAMATÍS: — Realmente, muitas vezes, o azar penetra no seio de uma família pela carga do feitiço feita por algum desafeto ou invejoso encarnado, embora a maioria desses "encantamentos" ou "feitiços" seja mais propriamente iniciativa dos espíritos desencarnados. Quando os espíritos trevosos não podem atuar diretamente sobre os encarnados, por questões de defesa ou proteção, eles tentam mobilizar as forças agressivas da Natureza e recorrem aos magos negros da Terra, que fazem os preparos especiais de objetos e outros elementos adequados. Assim, inexplicavelmente, cai enfermo o chefe da casa, a família se desorienta, as crianças sofrem acidentes frequentes, a esposa se acabrunha no excesso de trabalho, perdem-se objetos valiosos, enguiçam aparelhos domésticos, quebra-se facilmente a louça da casa, adoecem as aves e os animais, os negócios vão mal, o dinheiro some-se nos imprevistos de uma onda contínua de vicissitudes e "azar".

No entanto, é preciso não generalizar, pois os acontecimentos infelizes também são fruto de resgates cármicos e de negligências ou imprudências humanas. Ademais, os familiares de um lar, às vezes, recebem de retorno os próprios fluidos de inveja, ciúme, cobiça, desforra ou maledicência gerados imprudentemente contra outras criaturas. Muita gente produz fluidos enfeitiçantes nas conversas mais fúteis e pelo julgamento precipitado do próximo; a cólera, a inconformação com a boa sorte alheia, a frustração de noivado ou casamento, a perda em maus negócios, a impossibilidade de lograr uma promoção, a preterição do colega, as melhores notas escolares do filho do vizinho, tudo isso pode ser a fonte produtora de maus fluidos. E a carga fluídica nutrida na imprudência de pensar e falar mal incorpora novas energias destrutivas ao longo de sua ação em direção ao alvo visado de onde retorna ainda mais eriçada para a descarga-terra na própria fonte que a emitiu.

Nesse "auto-enfeitiçamento", as pessoas invejosas, ciumentas, ambiciosas, irascíveis, despeitadas, maledicentes e insatisfeitas são verdadeiras usinas produtoras de fluidos daninhos, espécie de depósitos de carga negativa e violenta à disposição dos magos negros para reforçarem os seus trabalhos de feitiçaria. Há criaturas cuja visita a um lar tranquilo deixa perturbações com sua presença, em face da aura de influência negativa, porque vivem emitindo e recebendo fluidos perniciosos pelo seu descontrole mental. Espécie de estações emissoras e receptoras nocivas, elas espalham emanações perturbadoras em torno de si; e, às vezes, chegam a causar estados enfermiços em vegetais, aves e até animais, inclusive produzem o tradicional "quebranto" nos recém-nascidos, que depois requer o "benzimento" ou o "passe" fluídico para dispersar a carga molesta.

PERGUNTA: — Alegam os espíritas que a boa conduta e os pensamentos elevados bastam para livrar o homem da presença de espíritos inferiores, sem necessidade de mobilizar recursos tão prosaicos do mundo material, como é habitual nas práticas de umbanda.

RAMATÍS: — De acordo com a matemática divina da criação, cada coisa tem a sua lei e o seu lugar, seja no mundo físico ou espiritual. Assim como não é possível transportar pedras em carrinhos de papelão, nem abrir pedreiras com alavancas de papel, os espíritos de alta vibração sideral também não podem atuar e interferir nas zonas de fluidos pegajosos e agressivos do mundo inferior. Há trabalhos de magia concretizados em níveis astrais tão densos e baixos, que são impermeáveis às mais heróicas e vigorosas operações de desmancho procedidas pelos filhos de umbanda. Ali, nenhum poder mental, por mais sublime e vigoroso, conseguirá desintegrar as massas fluidas condensadas e focalizadas na direção de um lar ou de uma família enfeitiçada.

Em tais ocasiões, só a interferência direta pela contextura de espíritos primários e sob o comando de chefe experiente e decidido, pode minar as bases fluídicas da magia negra destrutiva.

PERGUNTA: — *Quais as deficiências atuais da umbanda, para ela enquadrar-se definitivamente no seu objetivo mediúnico e doutrinário?*

RAMATÍS: — Alhures, já explicamos que a umbanda ainda ressente-se de uma codificação ou seleção definitiva de seus valores autênticos, dependendo de estudos, pesquisas, debates, teses e simpósios entre os principais mentores, chefes e responsáveis por todos os terreiros do Brasil. Também seria conveniente definir-se a posição da umbanda, cada vez mais ocidentalizada pela penetração incessante de brancos, em contraste com os trabalhos tipo "candomblé", de culto deliberadamente primitivo e fetichista, fundamentado nas danças do mediunismo do negro africano.

Há que se fixar regras, cerimônias e métodos de trabalhos imprescindíveis à característica fundamental de umbanda, como ambiente simpático à livre manifestação dos pretos e caboclos, mas dispensando-se tanto quanto possível o uso exagerado de apetrechos inúteis e até ridículos no serviço mediúnico e de magia. Justifica-se, também, a padronização das vestimentas dos cavalos e cambonos em sua cor branca, mas visando principalmente a higiene, a simplicidade, em vez da fascinação de paramentos eclesiásticos e que podem culminar na imprudência do luxo e do fausto. Cremos que também seria benéfico para a umbanda fixar em definitivo o santo católico que melhor se afine às características peculiares de cada orixá africano no comando das sete linhas e suas respectivas falanges. De acordo com o fetichismo primário africano, os orixás chefiam as forças da Natureza e constituem a interminável escala hierárquica de entidades mesclando-se com a vida espiritual e física do negro.[51]

[51] N. de E. G.: Provavelmente, Ramatís refere-se à conveniência de unifor-

Finalmente, umbanda pode ser aspiração ou manifestação religiosa de um estado evolutivo do vosso povo, mas perfeitamente compatível com o atual foro de civilização, sem as excentricidades dos batuques primitivos e da gritaria histérica até madrugada. Não é prova de fidelidade nem demonstração de espírito sacrificial, o homem participar de ritos e cantorias prolongadas que perturbam a vivência comum dos demais seres, pois a Igreja Católica e o protestantismo também praticam suas liturgias em horas e dias que jamais despertam protestos ou censuras. Os negros africanos atravessavam a madrugada adentro condicionados aos ritos intermináveis e às danças histéricas, porque eles também dispunham totalmente do dia seguinte para a recuperação física através do sono prolongado. Mas o cidadão atual é um escravo do cronômetro e de mil obrigações diárias, que lhe exigem o repouso adequado para não malograr no sustento da família.

PERGUNTA: — *O que se entende pelo uso exagerado do arsenal de umbanda?*

RAMATÍS: — Justifica-se, nas práticas devocionais de umbanda, o uso de certo arsenal de objetos e coisas imprescindíveis, para o seu culto fundamental de magia, principalmente quando se trata de autênticos trabalhos de "desmancho" ou de "demanda" com as falanges primitivas do Além. Mas pode ser dispensável a cerimônia exaustiva, o excesso de material fetichista e a multiplicidade de pontos riscados, quando os pretos velhos e caboclos comparecem aos terreiros apenas com a finalidade de "conversar", consolar ou receitar junto aos filhos do terreiro.[52] Umbanda também pode ser

---

mizar o paraninfo dos santos católicos às próprias linhas de umbanda, pois há diferença de similitude entre esse batismo adotado no Norte e no Sul do País. Enquanto Oxalá, Ogum, Oxóssi e Iemanjá são representados na Bahia, respectivamente, por Senhor do Bonfim, Santo Antônio, São Jorge e Nossa Senhora do Rosário, a similitude carioca prefere Zambi ou Deus para Oxalá, São Jorge para Ogum, São Sebastião para Oxóssi e Nossa Senhora da Conceição para Iemanjá.

[52] N. de E. G.: Cremos que Ramatís tem razão, pois há trabalhos em que os seus aficionados puxam dezenas de pontos cantados e povoam o assoalho de pontos riscados, acendem dezenas de velas por todos os cantos do terreiro sob rituais longos e cansativos, movimentam paus e pedras, enquanto os caboclos e pretos velhos "baixam" apenas para um "reco-reco", ou prosa afetuosa com os filhos. Ademais, ainda persiste na mente da maioria dos umbandistas, que cumprir a "Lei de umbanda" é penetrar noite adentro ao som dos atabaques e tambores, palmas, sapateado e o clamor do vozerio que perturba a vizinhança.

"festa espiritual" de congraçamento entre os filhos menores e maiores, entre velhos adversários e novos amigos.

Nesse caso, basta manter-se as características próprias do ambiente eletivo a pretos e caboclos, com os pontos cantados tão significativos e, às vezes, comoventes e saudosos; a veste branca e limpa, as sandálias exclusivas do trabalho mediúnico, pois é sempre de boa ética espiritual os médiuns kardecistas ou cavalos de umbanda atenderem os consulentes depois do asseio do corpo e das vestes, deixando no limiar do centro ou do terreiro o traje empoeirado e suarento das atividades cotidianas, quase sempre impregnados de resíduos nocivos, substâncias químicas, fluidos e radiações inferiores. Em tal caso, também justifica-se a defumação, mas de odor agradável, principalmente derivada de incenso, mirra e benjoim, proporcionando aos presentes um estado de espírito propício aos bons pensamentos e melhores emoções. Sem dúvida, umbanda não é kardecismo, e, por isso, não pode prescindir da imagem ou figura de Oxalá e dos principais santos representativos dos orixás da tradição africana.

Mas considerando-se que a liturgia tem por função precípua dinamizar o psiquismo humano das criaturas ainda incipientes da sua realidade espiritual, umbanda pode ser um culto agradável e elevado, sob disciplinado intercâmbio mediúnico, eliminando-se as excrescências tolas e superstições primitivas, o que é próprio de certos cavalos preocupados em impressionar o público com ritos excêntricos e acontecimentos enigmáticos.

PERGUNTA: — Explicam-nos alguns líderes umbandistas que a umbanda foi corporificada no Brasil com a finalidade exclusiva de combater a magia negra, ou quimbanda. Que dizeis?

RAMATÍS: — Como tudo evolui no mundo, mesmo as expressões inferiores de qualquer atividade humana, então os ritos, processos e apetrechos primitivos de magia negra ou branca, também se tornam cada vez mais obsoletos e ineficientes como condensadores ou acumuladores de forças no enfeitiçamento. O invólucro exterior e supersticioso da magia enfraquece-se ante o progresso científico que higieniza a mente humana e revela à luz do dia o que anteriormente era enigmático e crendice. Na verdade, assim como a Astronomia deriva-se da Astrologia, a Ciência também descende da Magia, e por esse motivo, o feitiço moderniza-se e perde o seu aspecto tradicionalmente misterioso. Diríamos que ele desmaterializa-se ou mais se astraliza, à medida que os cientistas penetram no campo energético do mundo oculto e vencem a letargia da matéria.

Conforme o programa elaborado pela Administração Sideral há muitos milênios, cada coisa é substituída ou modificada no devido tempo do seu progresso natural ou desuso comum. Assim, à medida que desaparecem dos terreiros os legítimos "pais-de-santo" ou velhos "babalaôs" africanos, resultando a queda do regime de segurança da magia autêntica na "demanda" e no "desmancho", também se debilita a própria arte da magia negra pelo enfraquecimento do ritual de tradição. Os brancos que ingressam na umbanda, além de incipientes e ignorantes dos princípios fundamentais da magia africana, são verdadeiros necessitados de socorro e proteção dos pretos velhos e caboclos. Eles ficam hesitantes na presença dos inúmeros objetos do rito africano, temerosos diante da multiplicidade de pontos cantados e riscados, otimistas diante dos banhos de descarga fluídica e terapêuticos, mas surpresos em face do enigma da função e do uso de charutos, pitos, marafas ou marambaias pelos pretos e caboclos. No entanto, a humildade e renúncia do preto, crioulo ou mulato, leva-os a entregar o cetro de comando aos brancos na direção do terreiro, convictos de que eles são mais competentes e sábios. Mas os brancos não penetram facilmente no encadeamento "científico" da magia processada pelos "pais-de-terreiro", os quais foram magos poderosos e geniais alquimistas no passado. Então, raros conhecem o efeito dos minerais que compõem as pembas autênticas, e reproduzem os pontos riscados em formas luminosas no plano astral; o potencial de energia do éter físico, que eclode durante a queima do fumo pelos pretos velhos e caboclos, ou a vigorosa eclosão de forças liberadas pelo fogo na pólvora, as quais exterminam lençóis de bacilos, miasmas e larvas astralinas que infectam os ambientes perturbados ou vampirizam o perispírito dos enfeitiçados.

Obviamente, se a umbanda tivesse sido corporificada pelo Alto com a finalidade exclusiva de combater a magia negra, ela também deixaria de existir, assim que se enfraquecesse ou fosse extinta a bruxaria. No entanto, ela é de finalidade mais ampla, atendendo às diversas modalidades de ascensão e esclarecimento espiritual dos seus profitentes.

PERGUNTA: — *Qual é a outra importante finalidade da umbanda, além de combater a magia negra?*

RAMATÍS: — Enquanto o kardecismo restringe os fenômenos mediúnicos em sua manifestação propriamente física, a umbanda deve assegurar plena liberdade de ação dos espíritos comunicantes sobre os cavalos, os quais estão amparados pela defesa dos pretos e caboclos, que escorraçam as entidades mal-intencionadas. O terreiro significa, na realidade, a "mucamba" do preto e a "choça" do bugre, em que eles podem dar vazão à sua alegria, manter suas tradições primitivas, crenças religiosas e manifestações de acordo com suas idiossincrasias. É óbvio que o caipira sente-se mais à vontade na casa do amigo pobre, do que sobre as poltronas de veludo do palácio do rico moderno.

PERGUNTA: — *Mas não é desaconselhável o entretenimento deliberado com espíritos inferiores, como acontece nos trabalhos de terreiros, cujo perigo Allan Kardec tanto adverte nas suas obras doutrinárias?*

RAMATÍS: — Malgrado os espíritos de africanos, pretos ex-escravos, mulatos, crioulos, bugres e caboclos sertanejos, apesar de sua sinceridade, franqueza, ternura, humildade e devotamento serem entidades primitivas ou inferiores, se por esse motivo devemos evitar quaisquer relações espirituais com eles, também seria razoável indagarmos qual é o grau de nossa inferioridade, comparado à categoria sublime dos espíritos mentores que não temem contato conosco.

Sabemos que Jesus não manifestou qualquer temor de renascer na Terra e viver entre os terrícolas inferiores, que devoravam vísceras sangrentas e bebiam sangue na forma de chouriços, adoravam ídolos festejados com sacrifícios humanos, prostituíam as filhas do próximo, roubavam os bens alheios, traíam amigos devotados, massacravam os mais fracos, marchavam para a morte cantando hinos guerreiros e defendendo pedaços de panos coloridos, elegiam-se para o comando político explorando os mais tolos.

Evidentemente, convém temermos as relações inferiores com o mundo oculto, caso também sejamos de má qualidade espiritual, pois de acordo com a lei de que "os semelhantes atraem os semelhantes", assim seremos correspondidos.

PERGUNTA: — Mas estaremos equivocados assinalando no seio da umbanda práticas mediúnicas ridículas, ritos repulsivos e obrigações supersticiosas?

RAMATÍS: — A umbanda é um terreno fértil onde a livre semeadura permite germinar toda espécie de semente ali colocada. Não há dúvida de que as primeiras flores desabrochadas abrigavam alguns insetos daninhos e os primeiros frutos gerados mostraram-se um tanto mirrados pela avidez vampírica de algumas parasitas. Mas o terreno é seivoso e benfeitor, caldeado pela avançada intuição da raça negra, o qual só requer bom trato, experimentos sadios e a separação do joio e do trigo por parte dos lavradores inteligentes e criteriosos. Então a laranjeira brava pode transformar-se em fruto sazonado e a rosa silvestre na flor civilizada. Tudo depende de paciência, devotamento, renúncia, generosidade e serviço heróico sob a égide do Cristo.

Ademais, a umbanda é denominador cármico de reajuste espiritual, ou ensejo de correção entre muitos brancos endividados há séculos com os pretos e bugres.

PERGUNTA: — Poderíeis explicar-nos melhor tal acontecimento?

RAMATÍS: — O astral em torno do Brasil está povoado de bugres e pretos, que desencarnaram sob o regime de exploração e sofrimento desde os primeiros tempos da formação colonial; suas almas ainda se mostram entontecidas e aparvalhadas no mundo espiritual. Por isso, elas se movimentam no limiar da crosta terráquea em atividades infantis e de vinditas, promovendo conflitos belicosos e tão apegadas aos cultos fetichistas e primitivos, que chegam a confundir a vida espiritual com a encarnada.

Em princípios de 1531, as caravelas de Martim Afonso de Sousa já traziam escravos para a Bahia oriundos de Moçambique, São Tomé, Angola, Bengala, da Costa de Mina, do Congo e outras regiões africanas. Conforme estatísticas oficiais, dois séculos mais tarde já existiam no Brasil perto de dois milhões de escravos. Embora a imigração de milhões de africanos para o Brasil e outros países obedecesse aos imperativos da Lei Cármica de reajuste de inúmeras entidades fracassadas na civilização, lembremos que o próprio Jesus advertiu: "O escândalo é necessário, mas ai de quem provocar o escândalo!"

Em consequência, a culpa de tal carga espiritual primitiva, rebelde e desagradável, ainda aderida ao astral brasileiro, cabe aos brancos, que na condição de senhores de fazendas, capitães de mato e de navios negreiros, comerciantes de escravos e capatazes perversos, depois de frustrados na tentativa de escravizar o bugre indomável, foram caçar os negros africanos na sua moradia natural.

Em seguida, dividiram-lhes as famílias como se vende o gado em leilão, jungiram-nos ao eito do cativeiro e os exploraram como matéria-prima viva até a última gota de suor sob a chibata corretiva. No entanto, muitos desses brancos comprometidos com a escravidão infamante no Brasil, hoje compartilham de trabalhos espiritistas, rosa-cruzes, esotéricos, teosofistas e alguns até de umbanda, mas pretendem escorraçar os negros e os bugres, condenando-lhes a linguagem truncada, os trejeitos primitivos, as crendices e o infantilismo espiritual.

Malgrado haverem cometido atos tão vis perante a Lei Espiritual, acreditam que poderão livrar-se folgadamente de suas vítimas pregressas por ignorá-las ou evitá-las. Os brancos mais presunçosos ainda exigem que os bugres espoliados em suas terras e os negros castigados no tronco limpem seus pés na soleira das "portas civilizadas", atirem fora arcos, flechas, pitos, patuás, balangandãs e "falem direito", completamente libertos de crendices e superstições próprias de sua natureza primária, a qual ainda foi violentada pelo tráfego infamante da escravidão.

Mas como a Lei Espiritual não se degrada pelos caprichos humanos, e o Pai não pretende perder uma só de suas ovelhas, a umbanda significa o ensejo abençoado para muitos brancos compensarem suas dívidas pretéritas, no contato afetivo e respeitoso com as próprias vítimas de ontem. Quantas vezes, o senhor de engenho, capitão de mato ou de navio negreiro, capataz endurecido ou comerciante de carne negra, hoje movimentam-se pelos terreiros com o pito de barro e a cuia de marafa, enquanto transmitem aos filhos de umbanda as recomendações amorosas, os conselhos ou as "mandingas" consoladoras do próprio preto que eles maltrataram no passado?

Eis o motivo por que a umbanda evolui e converge para a estrutura de uma avançada doutrina capaz de satisfazer o sentimento intuitivo e religioso dos brasileiros, apesar das confusões, dissensões, práticas fetichistas e atividades mercenárias de certos adeptos inescrupulosos.

PERGUNTA: — Mas por que, além dos bugres e escravos, também atuam no astral brasileiro diversas falanges primitivas de negros legítimos de Angola, Bengala, Moçambique, da Costa do Marfim e do Congo, conforme se verifica nos terreiros de umbanda?

RAMATÍS: — Os milhões de negros arrancados brutalmente da vida primitiva e espontânea das florestas africanas, quando foram trazidos para o cativeiro, também atraíram para o astral brasileiro os parentes, amigos e companheiros da mesma índole e cor, que impelidos pela fúria vingativa tentaram toda sorte de desforras contra os brancos algozes.[53]

No entanto, graças aos próprios negros envelhecidos no eito da escravidão brasileira e submissos aos ensinos do Cristo-Jesus, o louvado Oxalá, eles puderam atenuar a fúria vingativa dos próprios companheiros de raça, revoltados contra os brancos. Os pretos velhos, em sua ternura, humildade e

---

[53] N. do Médium: Embora a notícia possa carecer de fundamento, explicou-nos o espírito de Tio Jeremias, pai-de-terreiro, que após longo tempo no astral brasileiro, as falanges africanas conseguiram assenhorear-se das energias do mundo oculto e de algum elemental do fogo, provocando algumas catástrofes contra os brancos, nas quais figuram, ultimamente, a explosão do "Almirante Saldanha" e a tragédia do Caju.

renúncia, não só amenizaram a ofensiva destruidora dos companheiros vingativos, como ainda conseguiram aliciar muitas falanges rebeldes para o serviço útil e protetor da umbanda, conforme se verifica nos bons terreiros. O compromisso cármico do povo brasileiro e americano, para com os silvícolas espoliados em seus bens terrenos e os negros caçados como animais nas florestas africanas, não será saldado em troca de concessões fraternas ou facécias de cultura civilizada, mas se trata de um ônus severo, que requer muita renúncia, paciência e boa-vontade. Os negros africanos foram chamados prematuramente à civilização dos brancos, por isso o problema exige solução amistosa e sensata, no próprio mecanismo das reencarnações.

Os pioneiros americanos roubaram as terras dos peles-vermelhas e mataram-lhes os descendentes, mas a Lei Cármica fez as vítimas encarnarem-se no seio da própria civilização. Entretanto, em face do seu primarismo espiritual e temperamento belicoso e indomável, os espíritos dos peles-vermelhas desajustam-se no seio das metrópoles e pretendem viver existência igual à que cultuavam outrora nas planícies sem fim. Disso, resulta o aparecimento dos "gangsters", que pesam incomodamente no seio civilizado e ainda se transformam no opróbrio dos seus antigos perseguidores. Da mesma forma, o vosso país enfrenta inúmeros problemas decorrentes do primarismo mental e da excêntrica moral de muitos de nossos irmãos silvícolas e remanescentes da África, que, espoliados no passado, hoje vivem ombro a ombro convosco na exótica configuração de civilizado. Por isso, o futebol, o rádio e a televisão brasileiros têm feito mais benefício pelo negro do que os próprios educadores brancos.

PERGUNTA: — *Há quem diga que a umbanda é um degrau primário para a admissão ao espiritismo kardecista. Que dizeis?*

RAMATÍS: — Nesse caso, o espiritismo também poderia ser um degrau antecipado de alguma doutrina ou filosofia espiritualista, principalmente a ioga, que além de expressar-se positivamente acima de qualquer manifestação sectária ou doutrinária religiosa, ainda desenvolve o espírito do homem e o emancipa através dos caminhos disciplinados da Raja e da Gnani Ioga. Aliás, os iogues jamais apregoam o universalismo de sua doutrina, como fazem certas doutrinas espiritualistas, quando ao mesmo tempo movimentam campanhas de críticas e combates a outras seitas irmãs.

Obediente ao próprio esquema traçado pelo Alto, a umbanda evolui, dia a dia, no sentido de tornar-se a cobertura religiosa do sentimento devocional e religioso do povo brasileiro, enquanto ainda o esclarece pelos ensinamentos avançados da Lei do Carma e da Reencarnação. "O brasileiro ainda conserva desde o berço de sua raça a tendência fraterna e afetiva das três raças que cimentam a formação do seu temperamento e constituição psicológica. Do negro, ele herdou a resignação, a ingenuidade e a paciência; do silvícola, o senso de independência, intrepidez e a boa-fé; do português, a simplicidade comunicativa e alvissareira. Nele imprimiu-se um tipo de sangue quente e versátil, no qual circulam tanto as virtudes excepcionais, quanto os pecados extremos, mas, louvavelmente, em curso para a predominância de um caráter de espírito superior. E esse caldeamento heterogêneo ou mistura, que poderia sacrificar a qualidade dos seus caracteres originais, terminou por avivar o psiquismo do brasileiro, despertando-lhe uma agudeza espiritual incomum e em condições de sintonizá-lo facilmente à vida do mundo oculto. Consolida-se, então, uma raça possuidora de diversos valores étnicos de natureza espiritual benfeitora e que o espiritismo e a umbanda catalisam, pouco a pouco, para os grandes desideratos da Fraternidade entre os povos da Terra."[54]

Jamais o brasileiro poderia viver à distância de um rito, uma cerimônia ou contato com espíritos desencarnados, o que justifica tanto a mesa espírita como os terreiros de umbanda. O brasileiro ateu é uma anomalia psicológica, um caso de tratamento psicoterápico, pois ele é a semente destinada a germinar a sétima raça-mãe espiritual da Terra. Daí o motivo por que a umbanda, através do "élan" ou "denominador psíquico", que é o preto velho, conseguiu realizar

[54] Trecho extraído da obra *Elucidações do Além*, **EDITORA DO CONHECIMENTO**, sob a recomendação de Ramatís, o seu autor espiritual.

a curto prazo a confraternização positiva e incondicional de várias raças sob o mesmo credo, coisa que jamais pôde fazer até o momento qualquer outra doutrina, filosofia ou sistema político do mundo. Ela conseguiu aliciar, sob a mesma bandeira, negros, poloneses, italianos, sírios, árabes, portugueses, russos, espanhóis, alemães, japoneses e judeus, os quais se comovem e se tornam verdadeiras crianças temerosas diante do preto velho "sabido" e do caboclo amigo, mas rude.

PERGUNTA: — *Mas à medida que a umbanda libera-se dos ritos, apetrechos e fetichismo herdados dos africanos, ela não poderia convergir diretamente para o gênero mediúnico da mesa kardecista?*

RAMATÍS: — Embora a umbanda e o espiritismo sejam doutrinas dignas do mesmo louvor espiritual e convirjam para o mesmo objetivo de libertar o espírito humano das ilusões da carne, elas variam quanto às suas práticas doutrinárias.

O espiritismo deve manter-se irredutível na sua linhagem iniciática, rejeitando e proibindo, em seu seio, idolatrias, cultos excêntricos, cerimônias, promessas, cantorias, fetiches, obrigações religiosas, paramentos e crendices mitológicas, simbolismos e hierarquias sacerdotais, pois é a "fonte" desobstruída para atender as criaturas que ultrapassam a fase idólatra e fetichista do mundo profano. Mas a umbanda obedece a outro esquema de atividade traçado pela Administração Sideral, pois é realmente uma escola doutrinária com apetrechos de culto e tradições primitivas, destinada a auxiliar os seus adeptos a dinamizarem as suas energias espirituais firmando o pensamento e a emoção no processo litúrgico e nas configurações exotéricas. Mas à medida que os umbandistas evoluem no intercâmbio afetivo com os pretos velhos e caboclos, os seus apetrechos de uso e estudo religioso também apuram-se e substituem-se por outros mais sensatos e modernos, assim como os alunos primários antigamente usavam lousas e giz para fazer suas lições, e, modernamente, servem-se de blocos de papel e eficientes canetas-tinteiro.

A umbanda não evolui, nem tende diretamente para tornar-se puro kardecismo, porque os apetrechos, ritos, fetiches, as tradições e a liberdade fenomênica no intercâmbio mediúnico incondicional com os pretos e caboclos, que lhe constituem o fundamento doutrinário, não devem ser cultuados pelos espíritas kardecistas. Obviamente, são passíveis de censuras os kardecistas que exigem a umbanda liberta de fetichismo, cultos, rituais e práticas de magia, assim como os umbandistas que pretendam acender velas e riscar pontos nas mesas espíritas. Que o espiritismo siga o seu rumo orientado pelo bom senso e a lógica de Allan Kardec, e a umbanda marche para a libertação espiritual dos seus adeptos dentro do próprio condicionamento fetichista.

PERGUNTA: — Mas a umbanda parece derivar-se cada vez mais para o gênero de consultas, receituários, limpeza fluídica, desobsessão e doutrinações tão familiares nos trabalhos espiritistas, parecendo-nos cada vez mais distanciada do campo da magia.

RAMATÍS: — Um dos principais fundamentos da umbanda é manter o ambiente eletivo para os pretos e caboclos comunicarem-se à vontade, na sua vivência regionalista, no seu linguajar pitoresco e truncado, plasmando-se através dos cavalos sem quaisquer constrangimentos e na sua forma característica.

Já explicamos que a magia africana enfraquece-se dia a dia, nos terreiros, ante o desaparecimento do babalaô ou pai-de-santo africano autêntico, o qual sabia potencializar o eterismo físico e químico dos objetos e das coisas, transformando-os em condensadores e acumuladores de forças, enquanto firmava os seus trabalhos de defesa e desmancho no controle das energias da Natureza. Ademais, o tradicional desenvolvimento mediúnico e iniciático que se procedia antigamente nos trabalhos africanistas e hoje só é viável nos "candomblés", revitalizava o duplo etérico e despertava os chacras principais dos cavalos, proporcionando a incorporação sonambúlica dos pais-de-terreiro, os quais então podiam corrigir e sanar qualquer dificuldade ou equívoco surgido no ritual e na prática da magia.

Mas os brancos e os próprios crioulos, recém-chegados

aos terreiros, que receberam a herança de ritos, apetrechos e processos de magia dos autênticos babalaôs e pais-de-santo do velho africanismo, agora mostram-se bisonhos e incipientes para dominar e controlar as forças da Natureza. Eles então recorrem a artificialidades de amuletos, patuás, emblemas, fetiches, imagens, guias de contas de vidro ou pitos de louça, ponteiros desimantados, pembas de calcário comum e desmineralizadas, plantas e ervas sem potencial magnético, diamba ou fumo lavado, defumadores de serragem vegetal, miçangas carnavalescas, pontos cantados sem força maântrica e riscados sem a grafia iniciática, além das invocações irregulares de falanges. Embora diversos objetos e coisas encontradas no comércio comum sirvam satisfatoriamente para o culto religioso de umbanda, são completamente inócuos quando usados no processo de magia.

PERGUNTA: — *Que significam os "pontos riscados"?*

RAMATÍS: — Os pontos riscados são verdadeiros códigos registrados na "Confraria de umbanda", sediada no mundo espiritual. Eles identificam poderes, responsabilidades de espíritos, tipos de atividade e os vínculos iniciáticos das falanges. Quando são traçados com pembas vulgares e sem conhecimento de causa, não projetam sua grafia luminosa no astral e não passam de rabiscos inócuos, alvos do riso e da mordacidade dos espíritos galhofeiros. Seria preferível que os cavalos de umbanda elaborassem um curso disciplinado para o conhecimento da magia "etereofísica", investigando a topografia e a função dos pontos autênticos riscados e cantados, para traçá-los certos e antes de tateá-los incoerentemente, na espera do milagre da revelação mediúnica inesperada.

PERGUNTA: — *Há fundamento de que os banhos de ervas funcionam como descargas de fluidos ruins ou podem acelerar o desenvolvimento da mediunidade nos terreiros?*

RAMATÍS: — As ervas para os banhos de descarga fluídica, curativos ou desenvolvedores, são eficientes quando receitadas de acordo com o tipo planetário da pessoa necessitada e desde que sejam colhidas sob a influência astrológica e lunar favoráveis. As ervas prenhes de seiva vegetal também estão saturadas de vigoroso potencial magnético, e por esse motivo produzem efeitos miraculosos, eliminando os fluidos perniciosos aderidos ao perispírito e curando as piores enfermidades. Existe na seiva vegetal um "quantum" de eletricidade tão comum quanto a que se diz biológica e impregna o corpo humano, a qual provém da própria terra, pois é atraída e concentrada pelo duplo etérico, exsudando-se ou irradiando-se depois pela aura das plantas, dos animais, das aves e criaturas humanas. Conforme as influências astrológicas e a ação lunar, essa "eletrização" aumenta, diminui ou fica inativa nos duplos etéricos das plantas. Em consequência, a colheita deve ser tão hábil e inteligente, que se possa aproveitar o máximo da energia "elétrica vegetal" contida na espécie desejada. Assim, quando o enfermo ou necessitado tem a sorte de adquirir ervas supercarregadas de seiva e potencial eletromagnético, para fazer seus banhos de descarga ou terapêuticas, ele jamais deixa de obter bom proveito. Mas, se a colheita for efetuada sob o influxo astrológico e lunar negativo, não há dúvida, tais ervas não passam de inócuos "cadáveres vegetais".

PERGUNTA: — *Poderíeis dar-nos uma ideia dessa influenciação astrológica e lunar na colheita de ervas?*

RAMATÍS: — Em face do nosso propósito de transmitir pelo médium uma obra minuciosa sobre o assunto, então, faremos rápida digressão para atender ao vosso pedido. Desde o tempo dos Essênios, sabia-se das propriedades das plantas no tratamento das doenças do corpo físico, do duplo etérico e corpo astral, variando a sua força terapêutica, incidência etérica e psíquica, conforme a influência positiva ou negativa do seu astro governante. As plantas não só recebem a influência e a ação mais física ou vital do Sol e da Lua, correspondente à noite e ao dia, como absorvem e catalisam o magnetismo do planeta ascendente através do duplo etérico ou matriz fundamental, existente entre o organismo físico e o perispírito. Certas plantas receitadas para o tratamento de enfermos nascidos sob a influência astrológica da Lua, devem ser colhidas antes do Sol nascer, a fim de conservarem o fluxo ou magnetismo lunar. Outras, no entanto, devem ser colhidas ao entardecer, porque precisam acumular maior potencial de energismo solar e raios infravermelhos.

Mas, geralmente, as plantas devem ser colhidas quando os planetas que as governam mantêm-se em seus signos ou domicílios; quando o Sol passa pelo signo do seu planeta regente, ou quando a Lua se acha em bom aspecto com o planeta governante. Esse potencial etérico ou magnético das plantas ainda recrudesce no seu efeito terapêutico ou de dissolvência fluídica, quando elas são colhidas em conformidade com a "hora astrológica" do planeta governante.[55] Quando os banhos ou tisanas recomendados devem ser feitos das folhas das plantas, estas precisam ser colhidas no crescente ou na lua cheia; mas, se a prescrição refere-se às raízes, então é o minguante ou a lua nova o tempo indicado, pois a seiva sobe e desce conforme a ação do fluxo lunar. Há plantas que apresentam a cor, a configuração e certas peculiaridades do seu astro dominante, como é a camomila, a margarida, o girassol e a laranja, que são astrologicamente solarianas. As plantas lunares são de aparência bizarra, predominando a cor branca, como a rosa-branca e a açucena, mas pouco atrativas, isentas de cheiro, antiafrodisíacas e lembrando algo do "sabor do luar". São leitosas, frias, de folhas redondas ou ovaladas, como a alface, o repolho, a couve; algumas são hipnóticas, evocando as noites de luar, como a papoula-branca, que fornece os entorpecentes mais conhecidos, o ópio e a heroína.

Por isso, enquanto a medicina acadêmica mostra-se confusa com o seu arsenal químico medicamentoso, as ervas fazem milagres, quando são colhidas sob a influência astrológica e lunar positiva e exata.

PERGUNTA: — Ainda queríamos externar a nossa visceral antipatia pelo uso de cachaça, cerveja ou vinho nos terreiros, pois não admitimos que espíritos sem corpo ainda precisem de ingredientes que são nocivos e viciosos até para os encarnados.

---

[55] N. de E. G.: A hora astrológica pode ser conhecida pela tabela de nascimento e ocaso do Sol, comumente inserta no "Almanaque do Pensamento". Recomendamos, também, a obra *Medicina Oculta*, da Livraria do Pensamento, a qual explana satisfatoriamente o assunto das influências planetárias sobre as plantas.

RAMATÍS: — Como para Deus nada existe de maligno ou pecaminoso, pois o equívoco e o vício são frutos das paixões humanas, Ele aperfeiçoa incessantemente as coisas da Natureza, os seres e o próprio espírito do homem. Tudo evolui por etapas sucessivas e no seu tempo justo, encaminhando-se para formas e estados cada vez mais perfeitos.

Obviamente, isso também acontece com a umbanda, pois embora ela ocidentalize-se, adquirindo louváveis foros de civilidade, nem por isso deve destruir ingratamente as práticas, ritos e costumes que herdou do africanismo. Cumpre-lhe higienizar e aperfeiçoar a herança generosa recebida, patrimônio constituído pelo experimento, fadiga, aspiração e heroísmo dos negros impelidos pelo sagrado direito de buscar a sua própria felicidade. Que poderia realizar a umbanda, no Ocidente, sem o acervo febricitante e virginal das relações do homem primário com o mundo oculto? Quantos óbices o negro africano superou no seu intercâmbio mediúnico? Quantos fracassos e incertezas aqueles intrépidos sacerdotes e feiticeiros negros enfrentaram até exercer o seu comando disciplinado e proveitoso sobre os elementos da Natureza?

O jardineiro magnânimo e competente não destrói as plantas selvagens que repontam na sua seara, mas através do recurso da enxertia e do bom adubo ele consegue transformá-las em espécimens delicados e benfeitores. Só as almas insignificantes e maldosas costumam fazer estatísticas dos pecados alheios e exigem a destruição das coisas imperfeitas.

Nos antigos ritos bárbaros das doutrinas e atividades africanistas, em que os sacerdotes e feiticeiros negros dominavam as forças da Natureza, os espíritos primitivos e elementares, convocados para potencializar as operações de magia primitiva, exigiam sangue de aves, animais e até de seres humanos, como a bebida mais comum, pois além de vitalizá-los no corpo astral muito rudimentar, ainda os favorecia num contato mais positivo com os encarnados. Atualmente, nos candomblés ou terreiros autenticamente africanos, os pretensos exus ou espíritos elementares ainda sugam o sangue de galos ou de outras aves, deixando-as completamente desvitalizadas ou "enxutos", numa fração de minuto.

Os bifes sangrentos encontrados na porta dos cemitérios ou nas encruzilhadas ainda são oferendas remanescentes dos processos bárbaros da magia africana. Aliás, trata-se de uma prática bem ingênua e inofensiva, se a compararmos com o horripilante "despacho de sangueira", que atualmente os carniceiros praticam diariamente nos matadouros e charqueadas, trucidando animais para alimentar o cemitério da barriga dos civilizados. Mediante o fornecimento tão pródigo e por atacado do sangue palpitante e prenhe de fluido vital, os espíritos das sombras desinteressam-se de quaisquer ritos, negócios ou intercâmbios no campo da magia negra. Os próprios civilizados fornecem-lhe a fartura de éter físico contido no sangue, e ainda o fazem sem exigências ou quaisquer obrigações secundárias. Graças ao progresso e aos eventos da ciência moderna que "eletrifica" matadouros e charqueadas, trucidando bois, carneiros, porcos e cavalos, assim como se fabricam comprimidos ou palitos, os espíritos vampiros gozam de imensa tranquilidade com respeito à sua mórbida nutrição sanguinolenta.

Por isso, já demonstram excelente progresso espiritual as entidades que baixam nos terreiros e contentam-se com a marafa ou cachaça, marambaia ou cerveja, sangue-de-cristo ou vinho tinto, lágrima-de-iemanjá ou vinho branco, água-de--açúcar ou licor, espuma-do-mar ou champanha, substituindo o sangue do velho barbarismo africano pelo sucedâneo da bebida dos civilizados. Ademais, os umbandistas esclarecidos sabem que os espíritos de alta estirpe sideral, ou "pais de segredo" quando comparecem aos terreiros sem as falanges do seu comando ou desobrigados das tarefas de "desmancho" ou "demanda", eles apenas ingerem "mazia" ou água pura.

PERGUNTA: — *Finalmente, quais seriam as vossas recomendações finais para os nossos irmãos de umbanda?*

RAMATÍS: — Considerando-se que os espíritos malévolos só podem fascinar, escravizar ou obsidiar os encarnados através da conduta moral corrupta e não dependente do gênero de trabalhos mediúnicos, seja de mesa ou de terreiro, é óbvio que o homem radicalmente evangelizado é imune a quaisquer práticas de feitiços, magias ou processos obsessivos.

Sob tal aspecto psicológico, então recomendamos aos cavalos, cambonos e adeptos de umbanda que jamais olvidem os ensinamentos do Cristo-Jesus, pois os mistificadores do Além estão atentos para infiltrar-se ante a primeira falha dos trabalhadores do Bem. Precavenham-se, os umbandistas, principalmente contra as vulgarizações de "obrigações" cada vez mais frequentes, que lhes são exigidas do Espaço por "dá cá aquela palha". Os pais-de-terreiro, autênticos e amigos, não exigem compromissos ridículos e até censuráveis por parte dos filhos e por qualquer banalidade.

As entidades malévolas e subversivas do Além, principalmente os antigos maiorais da Inquisição e os perseguidores cruéis religiosos da Idade Média, infiltram-se sorrateiramente entre os trabalhadores de umbanda, tentando levar os cavalos e cambonos a uma passividade inglória e perigosa, atingindo o descontrole mediúnico e os vinculando às atividades demoníacas, através de obrigações humilhantes, ridículas e até obscenas, que tanto satisfazem os luxuriosos desencarnados, como desmoralizam o serviço do Bem. Temos observado inúmeros cavalos imprudentes, que já se deixaram dominar por esses espíritos de alto intelecto, mas subvertidos, os quais "baixam" nos terreiros à guisa de pretos velhos e caboclos "falsificados", operando num programa maquiavélico a fim de minar as bases sensatas do arcabouço da umbanda. Após conquistarem melifluamente a amizade e a confiança dos "filhos", levam-nos às práticas mais absurdas e os convencem de estarem vinculados às mais altas linhagens espirituais. Sub-repticiamente, eles exaltam o orgulho, satisfazem a vaidade, proporcionam facilidades materiais e justificam as desagregações nos lares; mas, enquanto isso, semeiam a discórdia, a intriga, o ridículo, o prejuízo moral, a desunião e o desmoronamento do labor mediúnico.

Repetimos: os pais-de-terreiro filiados à instituição espiritual do Cordeiro Jesus, o louvado Oxalá, que é a fonte de inspiração dos pretos velhos, jamais exigirão, dos seus cavalos e cambonos, qualquer prática insensata ou obrigação que os ponha em ridículo ou contrarie a ética tradicional da vida humana moderna. A exigência, imposição ou ameaça não provêm de entidades consagradas ao serviço de Oxalá, mas são características e reconhecíveis do espírito despeitado, vingativo, vaidoso, ciumento e mal-intencionado. Umbanda tem fundamento, mas é preciso que os cavalos, cambonos e adeptos vigiem rigorosamente os seus próprios atos e evitem o "amolecimento" espiritual, que sempre decorre do excesso de pedidos para lograr facilidades materiais. A Terra é escola de educação espiritual e o homem não deve abdicar do seu discernimento, pois é tão incorreto e nocivo, a si mesmo, o umbandista que recorre ao pai-de-terreiro para lhe alugar uma casa, como o kardecista que incomoda o guia para curar--lhe um resfriado.

Os espíritos gozadores, maquiavélicos e interesseiros não praticam a caridade e não concedem proteção gratuita; eles apenas fazem "negócios", assim como os egoístas na Terra apoderam-se do melhor pedaço, mesmo que isto custe a vida do próximo. Os malfeitores das sombras cobram juros escorchantes quando prestam algum favor aos encarnados, pois em troca de algumas gotas de água exigem um tonel de indenização. Por isso, há fundamento na lenda das criaturas que vendem a alma aos demônios, credores que tanto cobram por serviços mesquinhos, como por deliberada perversidade. Aquele que abdica de sua vontade e do seu discernimento, no contato tão severo com o Além-túmulo, arrisca-se a tornar-se mais um escravo do cativeiro astralino.

PERGUNTA: — *Qual seria o "pensamento" do Cristo sobre a umbanda?*

RAMATÍS: — O Cristo "modelou" a umbanda por amor aos filhos rústicos e desgarrados; mas os umbandistas devem "modelar-se" no Cristo, por amor de sua própria felicidade.[56]

[56] N. de E. G.: Apesar das considerações de Ramatís, em situar a umbanda como mediunismo e não espiritismo, podemos afiançar que da parte dos umbandistas estudiosos e conscientes da realidade, o kardecismo é acatado e reconhecido como um elevado movimento de libertação do homem terreno. Aliás, ante o parecer da Comissão de Doutrina do Conselho Nacional, da Federação Espírita Brasileira, de que "todas as religiões são boas", e da orientação dos próprios espíritos desencarnados no seio kardecista, que já ajuízam de modo louvável a seita umbandista, fica comprovado que os viajantes não perdem suas qualificações de irmãos eternos, pois todos os caminhos religiosos levam a Deus. Quanto à harmonia e confraternização entre irmãos kardecistas e umbandistas,

10. – O espiritismo e a Bíblia

PERGUNTA: — Que podeis dizer sobre a Bíblia?
RAMATÍS: — A Bíblia é um conjunto de antigos livros que descreviam a vida e os costumes de vários povos. Mais tarde foram agrupados e atribuídos a uma só etnia, conhecida por hebréia.

PERGUNTA: — Seria um tratado científico ou filosófico da antiguidade desses povos?
RAMATÍS: — Não; o seu principal valor e fundamento é a revelação religiosa. O Velho Testamento, apesar do seu sentido simbólico e alegórico, somente entendido pelos iniciados da época, é repositório valioso da "revelação". Esse sentido iniciático perde a nebulosidade com o progresso científico do mundo atual; e a Bíblia parece-nos agora uma história inve-

---

cremos que isso é assunto pacífico, pois tanto os estudos filosóficos e morais dos espíritas, como as realizações práticas dos umbandistas no campo do fenômeno mediúnico e da divulgação da Reencarnação, convergem para a mesma noção de Verdade Eterna.
Umbanda é a nossa religião, mas o espiritismo ou kardecismo são alvos de nosso sincero respeito e veneração, pois não pretendemos a catequese universal na ingênua convicção de que somos portadores da Verdade mais certa. A crença sintoniza-se de acordo com a evolução individual; não é efeito de propaganda ou proselitismo, mas aquisição espontânea na intimidade do ser. Não é movimento de massa ou de quantidade, mas qualidade de convicção. E a Religião Una e Verdadeira, que sintetiza a Eterna Verdade, não é seita ou doutrina religiosa, mas a vivência incondicional e incessante do AMOR.

rossímil e mesmo infantil. No entanto, quanto à sua época, jamais poderia ser diferente. Mas, à medida que cresce a compreensão humana e a própria ciência do mundo, vai-se desvestindo a revelação bíblica de suas alegorias iniciáticas ajustadas à época em que foi escrita.

PERGUNTA: — *Qual a causa da verdadeira ojeriza dos espiritualistas modernos com referência à Bíblia? Principalmente os espíritas?*

RAMATÍS: — Desde que os espiritualistas crêem na influência da hierarquia espiritual sobre a Terra, não podem desprezar a Bíblia, embora não queiram admiti-la como roteiro ou fonte de pesquisas e soluções espirituais. Apesar de sua linguagem fantasiosa e alegórica, representa o esforço máximo feito pelos Espíritos, no passado, no sentido de se comprovar a glória, o poder e as intenções de Deus.

PERGUNTA: — *No entanto, todos os religiosos que adotam a Bíblia consideram-na diretamente revelada da "palavra de Deus". Que dizeis?*

RAMATÍS: — Não se pode atribuir ao texto bíblico o caráter vertical da "palavra de Deus"; mas os espíritas sabem que se tratava de mensagens mediúnicas comunicadas por emissários do Alto através de médiuns poderosos, tal como Moisés, Jeremias e outros. A mentalidade dos povos daquela época e o seu modo de vida exigiram que as revelações não ultrapassassem a sua capacidade de entendimento, tal como acontece hoje, quando o homem moderno domina a terminologia de fluidos, ondas, átomos, energias, radiações, forças mentais e etéricas.

PERGUNTA: — *Mas a Bíblia estabelece a sua revelação pela "Voz de Jeová", o que implica em se considerar diretamente do Criador.*

RAMATÍS: — O povo, muito supersticioso, não estava preparado para aceitar e confiar nos poderes e revelações de almas semelhantes aos seres humanos, o que enfraqueceria bastante a revelação espiritual. No entanto, a "Voz de Jeová", ou de Deus, seria aceita unanimemente, quer pelo temor, como pela impossibilidade de os hebreus avaliarem a natureza sublime e poderosa do Senhor.

Mas a verdade é que, em seu fundamento, assentam-se todos os esforços posteriores e o êxito no sentido de haver sido compreendida a unidade de Deus, que Moisés depois consolidou no Monte Sinai. Havia necessidade de os médiuns, na época, atribuírem uma grande autoridade às mensagens recebidas, a fim de serem acreditados pelos seus conterrâneos. Aliás, a mentalidade humana não mudou muito, pois ainda hoje, nos centros espíritas e terreiros de umbanda, os médiuns continuam a receber entidades de elevada estirpe sideral, materializando-as de modo a se promiscuírem com as paixões terrenas.

Os homens ainda não se aperceberam de que o ensejo mediúnico não tem por finalidade precípua a produção de milagres, assistência incondicional às tricas do mundo material e resolução de problemas humanos que pedem o discernimento e a iniciativa pessoal. Ignoram que a presença dos elevados prepostos do Senhor obedece ao programa de libertação espiritual, em vez de contribuição no sentido de maior satisfação nas atividades transitórias da matéria. Tanto quanto no tempo de Moisés, hoje ainda se explora os desencarnados para solucionarem as consequências nefastas das imprudências humanas.

PERGUNTA: — Acontece que, em face dos costumes tão deformantes na atividade do povo judeu, narrados na Bíblia, ficamos duvidando de sua eleição para o advento de Jesus.

RAMATÍS: — Porventura, o vosso país também não foi profetizado como o "Coração do Mundo e Pátria do Evangelho",[57] em face da divulgação profícua do espiritismo? No entanto, ainda perdura em seu povo a corrupção moral, vícios degradantes, desarticulação social, infância subvertida, juventude transviada, desleixo administrativo e fanatismos religiosos, conjugados às crises políticas, sociais e econômi-

[57] Vide a obra *Brasil, Coração do Mundo e Pátria do Evangelho*, pelo espírito de Humberto de Campos, através de Chico Xavier. Obra editada pela Livraria da Federação Espírita Brasileira; e *Elucidações do Além*, de Ramatís, capítulo I, páginas 7 a 12, editada pela **EDITORA DO CONHECIMENTO**.

cas. Domina o crime nas favelas, o vício de entorpecentes e os desatinos nas épocas carnavalescas; grassa o lenocínio e vulgarizam-se as uniões ilícitas pelo advento tardio do divórcio. Quando, no futuro, os estudiosos pesquisarem a história do Brasil, eles ficarão surpresos da pátria do Evangelho, assim como hoje criticais as epopéias bíblicas dos judeus. Mas a verdade é que o povo brasileiro, malgrado a sua irresponsabilidade e atentados à moral vigente, constitui-se a base para o sucesso do Evangelho e do espiritismo.

Sem dúvida, a Bíblia historia a vida do povo judeu com seus costumes e sistemas censuráveis, profundamente diferentes da ética ocidental moderna; no entanto, nenhuma outra nação foi tão obstinada em sua fé para com Deus e tão preocupada com o reinado espiritual da alma. Ela mereceu a glória do advento de Jesus e a sementeira do Evangelho pela sua fé inquebrantável em Jeová e pela sinceridade na exposição de suas próprias mazelas e costumes. Nenhum outro povo poderia produzir aqueles pescadores iletrados e camponeses rudes, que saíram pelo mundo a pregar uma nova ética contrária à moral racista e orgulhosa da época. No entanto, a humanidade atual tão evoluída cientificamente e capaz de fotografar a face oculta da Lua ou semear o espaço de satélites e foguetes interplanetários, ainda não conseguiu assimilar tão alto padrão de fé e a sinceridade dos hebreus no seu amor incondicional a Jeová.

A raça que paraninfou Isaías, João Batista, Timóteo, João Evangelista, Paulo de Tarso, Pedro, Maria de Magdala, Tiago e a plêiade de mártires anônimos trucidados nos circos romanos, embora tenha misturado a vida profana com a Divina e atribuído suas insanidades à própria "palavra de Deus", pode ter pregado na Bíblia moral estranha e até aberrativa, mas doou a maior contribuição à humanidade, pois foi o berço do Salvador do Mundo.

PERGUNTA: — Mas é evidente que há na Bíblia relatos escabrosos, que pecam contra a boa leitura e até contra a ética judaica de ser o povo escolhido para o advento de Jesus. Que dizeis?

RAMATÍS: — Devemos compreender que a Moral tem aspectos relativos; e, por isso, o que era moral no pretérito pode ser imoral no presente. Não se pode ajuizar a vida de um povo de mais de dois mil anos, aferindo-lhe os valores morais mediante o critério de vosso século. Em certos povos do Oriente a poligamia ainda é de boa moral, a fim de se ajustar o desequilíbrio que é produto do excesso de nascimentos de mulheres sobre pequena percentagem de homens. Algumas tribos asiáticas tacham de imoralidade o fato de a viúva ocidental sobreviver ao marido falecido, em vez de ser cremada com ele no fogo purificador. A moral tão sublime e sadia que Jesus pregou em sua época foi o motivo de ele ser crucificado, porque essa moral cristã era considerada subversiva ou debilitante em face da predominância do instinto inferior dos homens da época.

Ademais, em certos casos, a moral moderna também se torna bastante inferior ao critério da moral do passado. Antigamente, os homens arrancavam um "fio de barba" e o entregavam ao credor como garantia segura de pagamento de suas dívidas; hoje, assinam títulos sob a chancela do Fisco e depois negam-se a pagá-los aos particulares ou bancos. Ainda depois de protestados em cartório público, os credores sofrem prejuízos. Os esposos consideravam sagrado o casamento, por se tratar de um "contrato bilateral", cujo rompimento seria uma indignidade e descortesia perante a sociedade; atualmente, o contrato conjugal, para muitos homens e mulheres, não passa de um recurso para saciar apetites ou consolidar fortunas, podendo ser desfeito depois de concretizados os objetivos egocêntricos.

PERGUNTA: — Devemos ignorar propositadamente esses aspectos bíblicos para nós tão deformantes?
RAMATÍS: — Não endossamos textos bíblicos ou de quaisquer tratados espiritualistas que possam deformar a "melhor moral" do vosso tempo. Apenas ressaltamos que apesar de o judeu atribuir a presunções divinas seus próprios equívocos morais, ele os revelou à luz do dia, expondo infantilmente à autópsia pública suas mazelas íntimas, violências

fanáticas dos seus líderes, vinganças e subversões do povo exaltado sob a ferocidade dos seus comandantes guerreiros. Aliás, a diferença entre a moral judaica exposta na Bíblia e a do vosso século, é bem pequena. O judeu expôs em público sua imoralidade, ao passo que a humanidade moderna a esconde habilmente, pois a civilização atual pratica as mais abjetas e vis torpezas, frequentando os templos religiosos e embevecida com a graça divina. A corrupção crescente, o luxo nababesco e as uniões conjugais modernas que disfarçam cálculos astuciosos; o desregramento precoce, as intrigas internacionais que geram o comércio diabólico da morte e matam os povos "inimigos de Deus", porventura, não merecem a urgente atenção de todos os moralistas modernos?

Jeová protegia as tribos de Israel contra outros povos e satisfazia-se com o "cheiro de sangue dos holocaustos", mas hoje a religião também abençoa canhões, cruzadores e aeronaves de guerra, misturando o Deus do Amor de Jesus com carnificinas bem piores que as descritas na Bíblia. Porventura, os homens modernos inspiram-se no Diabo, quando despejam bombas sobre os agrupamentos humanos indefesos, tal como em Hiroshima, derretendo milhares de criaturas no fogo atômico? Evidentemente, eles também recorrem a Deus nas suas sortidas sangrentas, tal qual faziam os judeus com Jeová.

PERGUNTA: — Poderíeis citar alguns exemplos de acontecimentos narrados pela Bíblia e passíveis de censuras?

RAMATÍS: — Entre as narrativas elogiosas narradas pela Bíblia, onde se destacam veementes demonstrações de fé e heroísmo do povo hebreu, há histórias bárbaras e ingênuas, que desmentem a intervenção divina e devem ser rejeitadas, porque só correspondiam às épocas primitivas.

Assim, o "Livro dos Reis" exalta o profeta Elias, que sob condenável espírito de vingança manda degolar na beira do rio Kison os sacerdotes de Baal; a desonestidade e traição de Judith e as carnificinas de Davi. Estranho também é o episódio do profeta Eliseu, quando se dirigia para Bethel e foi vítima da zombaria de um bando de crianças que lhe gritavam: "Sobe, calvo! Sobe, calvo!" Diz a narrativa bíblica que o profeta enfureceu-se e, num gesto feroz, amaldiçoou as crianças imprudentes e zombeteiras; e em seguida, surgiram duas ursas dos bosques vizinhos e massacraram as quarenta e duas crianças. Em Números (31:1-18), conta-se uma das mais escabrosas e criminosas histórias comandadas pelo próprio Moisés e inspiradas pela vingança de Jeová, que o mandou armar os guerreiros para assaltarem Midian. Os prepostos de Moisés escravizaram mulheres e crianças, queimaram-lhes as casas, roubaram-lhes todos os bens e rebanhos, mataram os inválidos e terminaram carregando os tesouros e despojos para a comunidade do povo de Israel. No entanto, o Velho Testamento afirma que Moisés ainda ficara indignado pelos seus guerreiros pouparem mulheres e crianças na invasão das cidades de Midian. Enfurecido e inconformado, ele então ordenou, consoante o texto bíblico: "Agora matai todos os machos, ainda os que são crianças; e degolai as mulheres, que tiveram comércio com os homens; mas reservai para vós as meninas e todas as donzelas".

Sem dúvida, nesses trechos colhidos a esmo no Velho Testamento, não se justifica a presença sublime do Senhor, mas é apenas o caráter inferior do homem acicatado pelas suas paixões inferiores.

PERGUNTA: — Não seria mais aconselhável afastarmos a Bíblia de nossas cogitações, ante os fatos tão censuráveis que ela descreve e depois atribui à própria vontade de Jeová?

RAMATÍS: — O espírito do homem não se emancipa pela fuga do que lhe desagrada, mas pelo discernimento do bem e do mal. O anacoreta ainda não é o cidadão ideal para a moradia celeste e perde para o homem curtido e experimentado na trama da vida turbulenta e perigosa. Quem tenta salvar sua alma fugindo da vida em comum e do pecado do mundo, é como o náufrago que apanha o único salva-vidas e abandona os companheiros.

Mas o espiritismo explica satisfatoriamente os motivos das contradições bíblicas entre sua época e o século atual, destacando profundamente a diferença existente entre a personalidade de Moisés e Jesus. O primeiro foi o fundamento da unificação Divina e médium transmissor dos Dez Mandamentos; e o segundo, o mensageiro da verdadeira contextura do Pai Sublime e justo.

Por isso, Allan Kardec abandonou todos os códigos morais de instrutores, profetas e líderes religiosos do mundo, para firmar a codificação espírita na exclusividade amorosa e sadia do Evangelho de Jesus.

PERGUNTA: — Não podemos olvidar que o espiritualismo de hoje cultua uma ideia de Deus bem mais superior ao "Jeová" sanguinário dos hebreus. Não é assim?

RAMATÍS: — Há dois ou três milênios, era razoável que um povo desprovido da cultura científica do vosso século, desconhecendo a eletricidade, o rádio, a televisão, a cinematografia, o avião a jato, os satélites e foguetes teleguiados, preso à concepção infantil do céu tedioso e do inferno tão melodramático, ainda confundisse o seu instinto belicoso e a sua moral censurável com os preceitos Divinos. Mas, na atualidade, é demasiada cegueira matarem-se os homens invocando o nome de Deus para proteger os seus exércitos simpáticos ou abençoar armas criminosas, destinadas à guerra fratricida. O povo judeu merece censuras porque agiu estribado no mais ardente excesso de Fé e de submissão ao Criador; no entanto, o homem do século XX pratica os mesmos desatinos e alardeia emancipação espiritual, com a agravante de já ter conhecido Jesus.

Se a vossa civilização pretendesse escrever sua Bíblia, adotando a mesma franqueza e simplicidade infantil com que o povo judeu escreveu a sua, redigiria o mais imoral e bárbaro tratado da história humana, pois relataria mazelas bem piores e ignomínias religiosas praticadas em nome de Deus, de fazerem arrepiar os cabelos. O nascimento de Jesus entre os israelitas é prova suficiente que esse povo estava credenciado espiritualmente para a glória de ser o berço do Messias e merecer a afeição da humanidade na missão de firmar o rude alicerce do edifício eterno do Cristianismo.

PERGUNTA: — Qual é a relação mais íntima entre a Bíblia e o espiritismo?

RAMATÍS: — É o mesmo sentido de sua revelação espiritual, pois a Bíblia, desbastada das alegorias que tanto desfiguram o entendimento exato da revelação dos espíritos ocultos sob o "Voz de Jeová", apresenta mensagem igual a todos os redutos espiritualistas do mundo. A "Verdade" transmitida do Alto é uma só e não diverge no decorrer dos tempos; porém, à medida que o homem se esclarece e progride, ele também identifica no âmago de todas as religiões e comunidades espiritualistas a mesma revelação. Rama, Crisna, Hermes, Zoroastro, Confúcio, Moisés, Maomé, Lao-Tsé, Orfeu, Buda e Jesus revelam na essência dos seus sentimentos a mesma ideia de Deus e da Vida Imortal. No entanto, cada mensagem foi revestida do invólucro simpático e adequado a costumes, temperamento, moral, capacidade e objetivo de cada raça ou povo, pois há muita diferença entre a revelação eivada de poesia e aforismos do povo chinês, com a ideia máscula de Allah inspirando a índole agressiva, vitalizante e apaixonada do árabe tostado pelo sol causticante do deserto. Buda velou os seus ensinamentos sob a casca fina dos aforismos e preceitos ou obrigações; Jesus usou das parábolas para esclarecer os ocidentais. No entanto, apesar de decorridos tantos séculos, os asiáticos ainda não entenderam o sentido oculto dos aforismos de Buda, nem os ocidentais o pensamento de Jesus oculto nas parábolas. Ambos os ensinamentos puros do Espírito, foram sufocados pela letra nos templos rígidos e faustosos, para o reinado dos dogmas e das fantasias absurdas.

PERGUNTA: — Como conciliar a narrativa absurda do Gênesis, quando Deus cria o mundo em seis dias, com os milênios de evolução geológica admitida pelos cientistas e espíritas?

RAMATÍS: — Apesar da aparente incongruência no relato bíblico da Criação, observa-se uma perfeita ordem e disciplina nos atos de Deus, pois tudo surge gradativamente e cada coisa no seu tempo devido. Evidentemente, seria flagrante ingenuidade dos críticos do Velho Testamento, ainda suporem que o Gênesis refere-se a "dias" da Criação, quando trata-se de alegoria velando a ideia de "períodos longos" de evolução geológica em sucessão através de muitos milênios.

Na época da revelação o povo não poderia entender o processo da condensação de energia cósmica até formar a matéria, através de fases tão demoradas e sem ponto de apoio mental para configurarem todo o processo criativo. Aliás, nem se admitia a forma esférica da Terra e a natureza do sistema geocêntrico de Kepler com os demais planetas em torno do Sol, quanto mais admitir-se a contextura atômica e molecular da substância terráquea a evoluir para formas cada vez mais aperfeiçoadas.

PERGUNTA: — *Qual a ideia inicial que poderíamos ter de Deus, baseando-nos no Velho Testamento e antes da criação do Universo?*

RAMATÍS: — Conforme elucida João Evangelista, "no princípio era o Verbo, e o Verbo estava com Deus, e o Verbo era Deus". Através da ação dinâmica do Verbo, conceituado como o pensamento "fora de Deus", a condição abstrata na Mente Divina ou Cósmica se revela na figura de "matéria", ou de mundos exteriores, isto é, o pensamento puro de Deus como princípio de todas as coisas e seres.

O Gênesis então relata essa "descida" do Pensamento puro do Onipotente até se exteriorizar na forma de matéria componente do mundo exterior. "No princípio criou Deus o céu e a Terra; a Terra, porém, era vã e vazia; e as trevas cobriam a face do abismo; e o espírito de Deus era levado sobre as águas", demonstrando que a energia cósmica provinda de Deus ainda estava na forma líquida e a caminho de forjar a substância matéria. Em seguida, o Criador vai compondo e criando a Terra e a destaca do mar; depois o reino vegetal com as árvores e a sementeira procriadora; depois, os répteis, os peixes, as aves e os animais, cada um segundo sua espécie, porém, numa escala progressiva conforme denuncia a ciência nos diversos períodos de formação planetária. Finalmente, cria o homem à sua imagem e que presida aos peixes do mar, às aves do céu, às bestas, e a todos os répteis, que se movem em toda a Terra, e domine toda terra. Após essa enunciação e término da criação propriamente dita, o Senhor abençoou o que fizera, mandando que todos os seres "crescessem e se multiplicassem". E assim Deus descansou no sétimo dia, isto é, criado o mundo "exterior" emanado de Si Mesmo, deixou que a vida e o progresso das espécies, coisas, seres e homens se fizesse sob o impulso interior de "serem feitos à sua imagem". Durante seis dias ou longos períodos geológicos de materialização do mundo físico, o Senhor trabalhou operando na transmutação das energias em substâncias sólidas e na materialização do seu Pensamento Incriado até plasmar a vida planetária com seus reinos mineral, vegetal, animal e hominal. O descanso de Deus, estágio muito conhecido, entre os sucessos do "Dia de Brama" e "Noite de Brama", na consecução de cada *Manvantara*, significa o período em que toda a criação segue automaticamente o plano ou impulso inicial da Divindade, cumprindo-lhe o pensamento e a vontade criadora. É o retorno do Espírito fragmentado nas espécies "vivas" na matéria, o "filho pródigo" em busca do lar sideral de onde partiu, um dia, em descenso vibratório até forjar a sua consciência de "ser" e "existir".

PERGUNTA: — Mas em nossas concepções espiritistas somos avessos aos relatos bíblicos sobre Adão e Eva, o primeiro casal, e a incoerência de possuírem apenas dois filhos homens, Caim e Abel, em que o primeiro mata o segundo e não se explica a origem de tantos seres e raças do nosso globo.

RAMATÍS: — Não podemos alongar-nos em explicações minuciosas quanto à interferência dos "Construtores Siderais" na criação da Terra, dos seus reinos e da própria linhagem humana. Mas a verdade é que decorreram muitos milênios até que a face do orbe se mostrasse apropriada à existência humana. O corpo terráqueo formava-se no seio das substâncias ignescentes e energias telúricas, submetido a toda espécie de reação e ensaio para se transformar na moradia da humanidade "feita à imagem de Deus". Formam-se os oceanos por força dos vapores inundando a atmosfera e o planeta agita-se instável e confuso, ferido por raios e tempestades, até fixar-se em sua órbita e submeter-se docilmente ao comando do poderoso centro solar.

Finalmente, as condições terráqueas se fizeram eletivas à vida animal, graças à materialização do protoplasma,[58] essência da vida orgânica. Os prepostos de Deus, então, devotaram-se fielmente a organizar as espécies inferiores plasmadas pelo aglutinamento de infusórios e vidas microbianas. Enquanto transcorriam os milênios no calendário sideral, evoluiu a linhagem animal sob a pressão interna do Espírito compondo sua vestimenta transitória para relacionar-se com o meio planetário e plasmar a própria noção de ser e existir.

Os "espíritos criadores", então, aglutinam as vidas microscópicas como amebas, células albuminóides, protozoários, unicelulares, que se multiplicam incessantemente sob o calor eletivo das águas, plasmando-se as formas de constituição superior. Delineia-se a configuração do globo terrestre; surgem os crustáceos marinhos e terrestres e os batráquios, que deixam as águas adaptando-se, pouco a pouco, nos charcos da superfície mais firme. O cenário terreno, apesar de instável e lodoso, denso e abafado, é entrecortado por incessantes tremores de convulsões provindas do núcleo central. Era o sexto dia apregoado pelo "Gênesis" e o período terceiro fixado pela Ciência terrena, prosseguindo os ensaios avançados da vida física, quando surgem Adão e Eva, precursores da raça adâmica constituída pelos exilados de um satélite de Capela, da constelação do Cocheiro.

No entanto, há muitos milênios antes desse exílio de "anjos decaídos" do mundo capelino, já viviam na Terra raças descendentes dos lemurianos e atlantes, os primeiros próximos das grandes vias fluviais e outros situados nas encostas de pedras e terrenos vulcânicos. Em consequência, a Terra já oferecia condições de vida humana no tempo de Adão e Eva porque há milênios ali viviam os remanescentes da velha Atlântida.

---

[58] Vide o capítulo II, "Vida Organizada", da obra *A Caminho da Luz*, psicografada por Chico Xavier e ditada por Emmanuel, em que destacamos o trecho: "O protoplasma foi o embrião de todas as organizações do globo terrestre e se essa matéria, sem forma definida, cobria a crosta solidificada do planeta, em breve a condensação da massa dá origem ao surgimento do núcleo, iniciando-se as primeiras manifestações dos seres vivos". Aconselhamos aos leitores compulsarem essa excelente obra, que expõe todas as particularidades da Criação e impossíveis de serem explanadas por Ramatis na exiguidade deste capítulo.

PERGUNTA: — *Conforme narra a Bíblia, Adão e Eva eram o primeiro casal e pais de dois filhos, Caim e Abel. O primeiro matou o segundo; e no entanto, a Terra depois povoou-se de criaturas dos mais variados tipos. Como se explica isso?*

RAMATÍS: — A prova de que já existiam habitantes na Terra, quando do exílio dos remanescentes do satélite de Capela para constituírem-se a raça adâmica e tronco original dos árias, pode-se verificar no próprio Gênesis, quando Caim, após ter assassinado Abel, sai pelo mundo sob o estigma do homicídio fraterno. Diz então o Gênesis: "E Caim, tendo-se retirado de diante da face do Senhor, andou errante pela Terra, e ficou habitando no país que está ao nascente do "Éden". E conheceu Caim sua mulher, a qual concebeu, e pariu a Henoch. E ele edificou uma cidade, e a chamou Henoch, do nome de seu filho. Henoch, porém, gerou a Irad e Irad gerou a Maviael, e Maviael gerou a Mathusael, e Mathusael gerou a Lamech" (Gênesis, 4: 16-19).

Obviamente, quando Caim matou Abel já existiam outros povos na Terra, remanescentes dos próprios terrícolas, de exilados de Marte e do satélite de Júpiter, todos provindos das civilizações desaparecidas da Atlântida.[59] Em consequência, o primeiro casal bíblico não passa de alegoria representando o núcleo central dos exilados de Capela. Aliás, contrariando a convicção de alguns religiosos dogmáticos, depois de Caim e Abel, Adão e Eva ainda tiveram outro filho chamado Seth, conforme diz o Gênesis: — "Tornou Adão a conhecer sua mulher; e ela pariu um filho, e lhe pôs o nome de Seth, dizendo: "O Senhor me deu outro filho em lugar de Abel, que Caim matou" (4: 25). Diz ainda o Senhor que fez o homem à sua semelhança, criou macho e fêmea e os chamou pelo nome de Adão no dia em que foram criados; Adão, depois que gerou

[59] Vide a obra *O Enigma da Atlântida*, de Cel. Braghine, **EDITORA DO CONHECIMENTO**, capítulo III. "As Raças Adâmicas", da obra *A Caminho da Luz*, página 29, que diz: "É que, com essas entidades, nasceram no orbe os ascendentes das raças brancas. Em sua maioria, estabeleceram-se na Ásia, de onde atravessaram o istmo de Suez para a África, na região do Egito, encaminhando-se igualmente para a longínqua Atlântida, de várias regiões da América guardam assinalados vestígios". Aliás, os Fenícios, derivados do grego "phoinos" (vermelho), descendiam do povo de Caru, ramo atlântico que isolou-se da raça-mãe, quando houve a ruptura do istmo de Gibraltar.

Seth, ainda gerou mais filhos e filhas e viveu durante 930 anos." (Gên., 5: 1 a 5).

Essa narrativa identifica perfeitamente que Adão e Eva representavam, na Terra, os "filhos de Deus", ou seja, os "exilados" de Capela. Haviam desenvolvido a consciência de tal modo, que isso já os classificava como os "filhos de Deus", mas rebeldes, anjos decaídos e expulsos do Paraíso. Mas é preciso distinguir os espíritos exilados ou "filhos de Deus", descidos do céu, dos demais habitantes primitivos que já existiam na Terra e nessa época ficaram sendo conhecidos como os "filhos dos homens".

PERGUNTA: — Poderíeis dar-nos alguma indicação desse fato na Bíblia, ou em qualquer outra obra espiritualista?

RAMATÍS: — Diz o Gênesis: "Como os homens tivessem começado a multiplicar-se sobre a Terra e tivessem gerado filhas; vendo os filhos de Deus que as filhas dos homens eram formosas, tomaram por suas mulheres as que dentre elas lhes agradaram mais. Ora, naquele tempo havia gigantes sobre a Terra. Porque depois que os filhos de Deus tiveram comércio com as filhas dos homens, geraram estas filhos que foram uns homens possantes e afamados nos séculos" (Gên., 6: 1 a 4).

Sem dúvida, o próprio Gênesis explica que os espíritos exilados ou adâmicos foram expulsos do paraíso de Capela e casaram-se com as filhas formosas dos "homens da Terra". Ademais, havia outra raça de gigantes sobre a Terra, ou seja, "exilados" de Júpiter e de grande estatura como ainda é possível encontrar-se alguns raros no orbe, mas já enfraquecidos na sua contextura original.

Mas a narrativa bíblica sofre muitos hiatos e truncamentos na sua história original da humanidade, em face de tantas traduções que lhe perturbaram o espírito histórico da realidade, transformando em melodramas siderais aquilo que não passou de singelo acontecimento da vida humana. Foram fatos sem expressões altiloquentes, apenas cingidos às leis comuns e costumes naturais do povo; tudo se procedeu como notícias de imprensa e não sob o aspecto cerimonioso ou melodramático, que os historiadores religiosos lhe empres-

A Missão do Espiritismo   231

tam no futuro. Muita coisa clara foi obscurecida e fatos sem importância elevados à conta de acontecimentos incomuns.

PERGUNTA: — *Qual é outra relação em comum da Bíblia com o espiritismo?*

RAMATÍS: — A mediunidade não foi inventada pelo espiritismo, pois é tão velha quanto o homem. É uma faculdade oriunda do Espírito e não da matéria. Em consequência, existe desde que a primeira criatura surgiu na Terra, porque o primeiro homem também era um espírito encarnado. Naturalmente, a sua manifestação mais nítida dependeu do apuro dos centros nervosos e da sensibilidade do homem, que depois se transformou num instrumento de ligação entre o mundo oculto e o mundo físico. E assim, as entidades do mundo invisível iniciaram o seu intercâmbio com a matéria, logo após a sensibilização suficiente do terrícola. A humanidade tem sido guiada desde sua origem por leis do mundo oculto e já comprovadas na face do orbe, graças a essa faculdade mediúnica inata no primeiro espírito encarnado. Todas as histórias, lendas, narrativas de tradição milenária do vosso orbe estão repletas de acontecimentos, revelações, fenômenos e manifestações extraterrenas, que confirmam a existência da mediunidade entre os homens das raças mais primitivas.

E o espiritismo, então, encontra na Bíblia um dos mais vigorosos repositórios de fatos que não só provam a existência da mediunidade em tempos tão afastados, como confirmam os fundamentos doutrinários espíritas. Malgrado a feição diferente e fantasiosa dos milagres que lhe atribuem, a mediunidade é o "élan" do mundo espiritual e a vida carnal.

Embora os acontecimentos mediúnicos descritos na Bíblia estejam velados pelo simbolismo da raça hebraica ou pela poesia religiosa, em verdade, eles são fenômenos mediúnicos tão específicos e positivos quanto aqueles que Allan Kardec e outros espíritas enumeraram em estudos, conforme citamos em obra anterior de nossa autoria.[60]

---

[60] Vide a obra *Mediunidade de Cura*, capítulo I, "A Antiguidade do Fenômeno Mediúnico e Sua Comprovação Bíblica", de Ramatís, edição da **EDITORA DO CONHECIMENTO**.

11. – O espiritismo em face da homeopatia

PERGUNTA: — *Qual é a relação de simpatia entre a doutrina espírita e a homeopatia?*

RAMATÍS: — O espiritismo é doutrina de esclarecimento do espírito imortal; a homeopatia é ciência que estuda e trata dos efeitos mórbidos que a mente produz no organismo psicofísico. A sua ação terapêutica não é particularizada exclusivamente ao corpo enfermo, mas procura ajustar a medicação de acordo com o tipo mental em tratamento.

PERGUNTA: — *Como entenderíamos tal "medicação com o tipo mental em tratamento?" A homeopatia também não é medicina para curar o corpo físico?*

RAMATÍS: — Samuel Hahnemann, o pioneiro da ciência homeopática, não só considerou como ainda provou, que a enfermidade, tanto quanto a saúde, tem sua origem primacial na mente, nas emoções e em todas as sensações da criatura. Por isso, deve ser tratada como um todo vivo, isto é, corpo e alma, pois as manifestações físicas são a parte mais grosseira ou mais densa do corpo humano. A saúde, como a doença, vem de dentro para fora e de cima para baixo, ou seja, da alma para o corpo. Essa conceituação muito arrojada para a época, hoje firma-se no próprio espiritismo, doutrina que também se preocupa com a cura da alma, e consequente saúde do corpo. Aliás, diz conhecida entidade espiritual: "A medicina do futuro terá de ser eminentemente espiritual, sem razão da febre maldita do ouro; e os apóstolos dessas realidades grandiosas não tardarão a surgir nos horizontes acadêmicos do mundo, testemunhando o novo ciclo evolutivo da humanidade" (Emmanuel, 124).

A homeopatia, portanto, já é medicina de ordem psíquica, capaz de drenar da mente desregrada os resíduos nocivos dos enfermos, em perfeita simpatia com o espiritismo, que esclarece os homens para "não pecarem mais" e assim gozarem mais saúde.

PERGUNTA: — *É difícil conceituarmos que a medicação homeopática possa interferir diretamente no seio da alma, quando atestamos úlceras, atrofias, congestões hepáticas, inflamações renais, febres, afecções pulmonares e cânceres, coisas objetivas e dilacerantes do corpo físico.*

RAMATÍS: — A saúde e a enfermidade são o produto da harmonização ou desarmonização do indivíduo para com as leis espirituais, que do mundo oculto atuam sobre o plano físico. As moléstias, em geral, têm o seu início no mundo psíquico e invisível aos sentidos da carne, advertindo que a alma está enferma. O corpo carnal é o centro de convergência de todas as atividades psíquicas do espírito encarnado, e o seu comportamento orgânico ou fisiológico depende fundamentalmente dos pensamentos e dos sentimentos do ser. Obviamente, desde que o homem controle sua mente e evite os bombardeios perniciosos que lhe sacodem toda a contextura carnal, ele goza mais saúde, porque deixa as coletividades microbianas de sua constituição celular operarem satisfatoriamente na composição do organismo físico.

PERGUNTA: — *Que se entende pelo aforismo de que a saúde e a doença vêm "de cima para baixo" e "de dentro para fora"?*

RAMATÍS: — O espírito encarnado pensa pelo mental, sente pelo astral e age pelo físico. Através da mente, circulam "de cima para baixo" os pensamentos de ódio, inveja, sarcasmo, ciúme, vaidade, crueldade e orgulho, incorporando-se, em sua passagem, com as emoções de choro, medo, alegria ou tristeza, e que perturbam o equilíbrio do organismo físico.

O medo ataca a região umbilical, na altura do nervo vagossimpático e pode alterar o funcionamento do intestino delgado; a alegria afrouxa o fígado e o desopila da bílis; o sentimento de piedade reflui instantaneamente para a zona do coração. A inveja comprime o fígado, extravasa a bílis, confirmando o velho refrão de que "a criatura quando fica amarela é de inveja". O medo produz suores frios e a adrenalina defensiva pode fazer eriçar os cabelos, enquanto a timidez faz afluir o sangue às faces causando o rubor. O homem fica mortalmente pálido diante da fera ou inimigo implacável; a cólera congestiona o rosto, mas paralisa o afluxo de bílis e enfraquece o colérico; a repugnância esvazia o conteúdo da vesícula hepática, cuja penetração na circulação produz náuseas e tonteiras. Há o eczema produto da cólera ou da injúria depois da intoxicação hepática, cujas toxinas mentais penetram na circulação sanguínea; a urticária é muito comum naqueles que vivem debaixo de tensão nervosa e das preocupações mentais. As emoções violentas, de alegria ou desespero, também provocam mortes súbitas pela síncope ou apoplexia.

Todas as partes do corpo humano são afetadas pela influência da mente, através do cérebro humano, cujas ondas de força descem pelo corpo e graduam-se conforme o seu campo energético. A onda de raiva faz crispar até as extremidades dos dedos; mas a onda emitida por um sentimento de doçura, bondade ou perdão afrouxa os dedos num gesto de paz. Há grande diferença entre a mão que amaldiçoa agitada por um sentimento de ódio, e a do gesto em que ela abençoa. Através do sistema nervoso, circulatório, linfático e endócrino, as emoções alteram profundamente a função normal dos órgãos do corpo físico.

Após observações tão sensatas, Hahnemann verificou que a terapêutica mais capacitada para operar e influir na raiz das emoções e dos pensamentos perturbadores seria realmente a homeopatia. As doses infinitesimais e potencializadas pelo processo homeopático desafogam do psiquismo o potencial perigoso gerado pela mente desgovernada. É uma terapêutica exata, que reativa os órgãos combalidos sem lhes exigir a drenagem violenta da medicação tóxica alopática.

PERGUNTA: — *Consoante vossas palavras e segundo a consideração de Hahnemann, qual é a relação eletiva entre o espiritismo e a homeopatia?*

RAMATÍS: — Enquanto o espiritismo ensina o homem a dominar seus pensamentos indisciplinados e pecaminosos, a homeopatia atua no mesmo nível mental ajudando o corpo físico a libertar-se dos resíduos deletérios que o enfermam. O espiritismo esclarece o espírito e a homeopatia o socorre.

PERGUNTA: — *Não seria criticável a interferência da homeopatia desfazendo os próprios efeitos censuráveis ou "pecaminosos" das criaturas que produzem venenos por força dos maus pensamentos e sentimentos responsáveis pela doença? Isso não enfraqueceria o sentido retificador da Lei do Carma, que estabelece a culpa conforme a causa?*

RAMATÍS: — Não existe o Mal absoluto nem o castigo deliberado por Deus; mas todo o sofrimento humano é produto das contradições do homem contra as leis da Vida. O castigo é apenas o reajuste do espírito ao sentido progressista de sua ventura eterna. As leis de Deus, que regulam as atividades e o progresso espirituais não se comovem pelas súplicas melodramáticas dos homens, nem se vingam da rebeldia humana. Os estados de sofrimento e os corretivos resultam da perturbação humana no cientificismo de aplicação dessas leis benfeitoras.

Por isso, a filosofia, a religião e a ciência do mundo envidam todos os seus esforços no sentido de solucionar os problemas difíceis gerados pelos homens em todos os setores da vida. Deus não quer o castigo do homem, mas a sua felicidade. Se a homeopatia não deve sanar os efeitos ruinosos de pensamentos e sentimentos maus do ser para não turbar a Lei do Carma, nem o espiritismo deveria esclarecê-los antes de pecar, pois isso também elimina do homem o ensejo dele sofrer por coisas que fatalmente desejaria fazer.

PERGUNTA — *É de boa regra o receituário mediúnico espírita só receitar homeopatia?*

RAMATÍS: — Ainda obedecendo à própria Lei do Carma, há criaturas que não fazem jus à cura pelas doses infinitesimais da homeopatia. Elas não são eletivas a esse tratamento tão racional e indolor e, por isso, tanto a receita médica como a mediúnica, homeopata, não lhe faz efeito.

PERGUNTA: — Como se explicam as vossas palavras sobre as pessoas não eletivas à homeopatia?

RAMATÍS: — Indubitavelmente, as pessoas que se curam pela homeopatia são mais "felizardas" do que os doentes que só reagem sob a medicina alopática, com suas drogas tóxicas, injeções musculares ou endovenosas, punções, cauterizações ou cirurgia. A homeopatia não produz reações dolorosas e violentas; não requer perfurações das carnes pelas seringas dolorosas; não é medicação tóxica ou repulsiva que elimina um sintoma e produz outros mais graves. Assim, há doentes cujo carma constitui-lhe uma natureza que só reage às medicações agressivas e dolorosas e, por isso, desconfiam ou ridicularizam a medicina delicada das doses infinitesimais.

O espiritismo é doutrina de esclarecimento espiritual e pode paraninfar a medicina homeopática, que opera com êxito nas funções da mente humana. Os homens, quanto mais sadios de pensamentos e sentimentos, também serão mais sensíveis à terapêutica que lhes atua mais propriamente no psiquismo, como é a homeopatia. Há profunda simpatia entre a doutrina Espírita e o sistema homeopático, pois são bastante correlatas a lei de que os "semelhantes atraem os semelhantes" e a lei Cármica de que "as mesmas causas geram os mesmos efeitos". Em sua atividade benfeitora, o espiritismo conduz o homem para a sua mais breve evangelização. Isso asseia-lhe a mente e purifica-lhe o sentimento, logrando a cura das enfermidades da alma, como o ódio, a raiva, a luxúria, a violência, a crueldade ou o orgulho.

Deste modo, é a providência mais eficiente para diminuir os doentes do mundo, uma vez que a saúde e a moléstia são produtos da boa ou má atitude da alma. À medida que o homem se evangeliza, ele também se torna um paciente mais fácil de cura sob a homeopatia, porque é medicina mais eletiva às criaturas de bom nível espiritual. É por isso que as crianças curam-se mais rapidamente pela terapêutica homeopática, pois elas ainda não alimentam prevenções científicas nem o cortejo de pensamentos maus.

PERGUNTA: — *A homeopatia é medicina adversa à Alopatia?*

RAMATÍS: — A homeopatia não é doutrina médica propositadamente adversa à Alopatia, mas apenas uma resultante natural do progresso terapêutico no mundo terreno, em conformidade com a própria evolução mental e psicológica do homem.

PERGUNTA: — *Que outros motivos provam que a homeopatia é medicina de profunda ação psíquica?*

RAMATÍS: — No tratamento da saúde humana devemos reconhecer a disciplina e ação de uma Lei Espiritual, que além de substituir gradativamente as técnicas terapêuticas de acordo com o progresso mental e científico do homem, preocupa-se fundamentalmente com sua maior elevação e cura psíquica. O homem é tratado no mundo material conforme seu grau de evolução espiritual. A medicina bárbara do passado, com o exagero do cautério a ferro em brasa, a excentricidade das ventosas, dos exutórios, das sanguessugas e da terapêutica escatológica, tratamento por meio de vomitórios e purgativos, foram degraus preparatórios intermediários para a medicina alopática do século atual, onde já se conta com o benefício da penicilina, das sulfas e da anestesia. A homeopatia é hoje o degrau superior da medicina do mundo, é também o "élan" de acesso à futura medicina psicoterápica pura e racional, quando o homem conseguir melhor aprimoramento espiritual.

O paciente do médico homeopata não deve ser considerado apenas como portador de um órgão ou sistema afetado, ou em função de uma doença específica mas, acima de tudo, inquirido em razão do seu próprio tipo psicossomático, em que são levadas em conta todas as suas idiossincrasias e sintomas mentais. A soma do todo mental, psíquico e físico, do indivíduo, é o que interessa particularmente ao médico homeopata;

seu entendimento psicológico, o seu sentimento, a sua emotividade e o seu raciocínio, em confronto com o ambiente em que vive. Qualquer manifestação doentia não se opera no indivíduo separada do sentimento da razão ou da vontade, pois isso seria alienação mental, descontrole orgânico e sua morte fatal.

Daí, a grande correlação da homeopatia com a própria sabedoria Divina, pois se o homem é um todo manifesto no cenário do mundo, quando ele enferma também deve ser tratado "de conformidade com as suas obras", isto é, de acordo com suas realizações, pensamentos, vontade e sentimento já consagrados em sua vida psíquica e física. O médico homeopata esclarecido examina o paciente preocupando-se com os seus cacoetes, temperamento, manias, reações emotivas, crença ou descrença, gostos artísticos e, se possível, até com suas virtudes e os seus pecados. Assim, poderá receitar de conformidade com o caráter e o quadro mental do doente, prescrevendo a dose de maior cobertura para a manifestação mórbida da alma e do corpo do consulente.

Eis por que a homeopatia é medicina de profunda ação psíquica nos enfermos, uma vez que não cuida exclusivamente das manifestações mórbidas do corpo físico, mas examina os pacientes de acordo com a sua síntese mental, moral, espiritual e física.

PERGUNTA: — Como poderíamos apreciar melhor a profunda relação existente entre a Lei Cármica e o tratamento empregado pela homeopatia?

RAMATÍS: — Na homeopatia as doses infinitesimais dinamizadas de determinado veneno ou substância devem curar as enfermidades que seriam provocadas pelas mesmas coisas ingeridas em tintura-mãe. A Lei Cármica pode ser considerada uma espécie de "homeopatia espiritual", pois atua sob a mesma disciplina dos "semelhantes" para a cura dos espíritos faltosos. O tirano será escravo, o orgulhoso humilhado e o cruel, vítima do despotismo tirânico, retificando-se em existências futuras, à semelhança de doses miúdas constituídas dos mesmos elementos que causaram a "enfermidade espiritual".

A Lei do Carma, como a homeopatia, reeduca o espírito faltoso e doente sem violentá-lo, mas proporcionando-lhe a renovação através de ensejos educativos, embora sob a premência dos semelhantes de que fez mau uso. A homeopatia cura o delírio com a dose infinitesimal de beladona, porque tal substância também provoca o delírio quando ingerida em dose maciça; a Lei do Carma cura o orgulho do espírito submetendo-o deliberadamente às doses miúdas da humilhação, produzidas pelo orgulho ministrado por outros homens orgulhosos e sob a lei dos "semelhantes".

PERGUNTA: — E qual a diferença entre a Lei Cármica e o tratamento alopático?

RAMATÍS: — A Lei Espiritual, por exemplo, em lugar de violentar a alma doente de tirania e sujeitá-la a uma terapia alopática, que pode eliminar drasticamente os efeitos sem extinguir a causa da enfermidade, prefere submetê-la à dinâmica corretiva das doses homeopáticas e situá-la entre os tiranos menores. Ela então apura e decanta gradativamente o seu estado espiritual enfermiço do passado.

No primeiro caso o tirano seria punido alopaticamente, pelo fato de a tirania ser considerada digna da mais drástica eliminação; no segundo, a Lei do Carma reeduca o tirano, fazendo-o sentir em si mesmo, em doses homeopáticas, os mesmos efeitos tirânicos e daninhos que semeou alhures. Mas deixa-lhe o raciocínio aberto para empreender a sua retificação psíquica, à semelhança do que faz a homeopatia, que reeduca o organismo sem violentá-lo e o ajuda a renovar-se, predispondo-o a melhor coesão mental e reflexão do próprio doente.

Ademais, como a purificação do espírito se deve processar de "dentro para fora", através da evangelização consciente e de uma vida digna à luz do dia, toda absorção de fluidos animais inferiores ofusca ou obscurece o campo áurico do perispírito. A cólera, violência, crueldade, inveja, perfídia, o ciúme ou orgulho, são estados instintivos herdados da animalidade e recolhidos ao depósito da "mente instintiva" do subconsciente. E por isso causam doenças que "descem da mente" para o corpo físico, de cima para baixo, como diz Hahnemann porque ensombram o perispírito pela sua toxicidade mental.

Em consequência, a terapêutica homeopática, cujas doses infinitesimais e ação pela lei dos "semelhantes curam os semelhantes" atingem ou alcançam o âmago do espírito para drenar as toxinas maléficas ou resíduos mentais, é portanto, excelente terapêutica do próprio espírito.

PERGUNTA: — Há alguma relação entre o tipo de enfermo "eletivo" para a homeopatia e o homem "eletivo" para o espiritismo?

RAMATÍS: — O indivíduo eletivo para a homeopatia é o que apresenta predisposição mental e psíquica para esse tratamento tão delicado e sensato. Assim como há criaturas com melhores disposições para a música, a pintura ou a escultura, há também as que são mais sensíveis ao medicamento homeopático, cujo psiquismo confia na droga, apesar da aparência inócua. Considerando-se que a homeopatia é terapêutica já no limiar das fronteiras espirituais, todas as condições psíquicas positivas auxiliam a incorporação energética das doses diluidíssimas, enquanto as disposições negativas são responsáveis pelo insucesso. O indivíduo de sensibilidade espiritual, acessível aos ideais nobres, preocupadíssimo com sua redenção e ascensão espiritual, é "eletivo" à homeopatia, porque sua disposição superior o encaminha para o sucesso da Medicina, cuja ação fundamental se opera na intimidade da própria contextura do perispírito.

Assim ocorre o mesmo com o indivíduo "eletivo" ao espiritismo, porque isso é consequência de uma disposição, sensibilidade e atração íntima em simpatia com princípios de acentuada predominância espiritual. Indiscutivelmente, só se convertem ao espiritismo as criaturas fatigadas dos cerimoniais, idolatrias, promessas, cultos, sacerdócio organizado, superstições e "tabus" religiosos. Elas buscam doutrina que lhes amenize a sede de esclarecimentos "diretos" à sua alma atribulada; desejam o conhecimento e o roteiro espiritual independente de quaisquer ritos, compromissos ou interpretações dúbias. Preferem que o esclarecimento atinja-lhes o fundo da alma sem complicações simbólicas ou complexidades iniciáticas. E o espiritismo, terapêutica direta às necessidades da alma, também se assemelha à medicina homeopática, cujo energismo alcança o domínio da mente humana para exercer sua ação benfeitora.

PERGUNTA: — E quais seriam os pacientes não "eletivos" à homeopatia?

RAMATÍS: — O glutão, o impiedoso, o descrente, o libidinoso, o alcoólatra, o colérico, o avarento ou o ciumento não são pacientes eletivos à terapêutica suave e generosa da homeopatia, porque suas mentes são usinas produtoras de fluidos deletérios e aniquilantes da ação energética das doses infinitesimais. No entanto, o homem frugal, piedoso, pacífico, honesto, casto, abstêmio e espiritualista reage com extrema facilidade à ação homeopática porque sua condição psíquica elevada afina-se perfeitamente ao tipo sutil e suave da medicação homeopática.

PERGUNTA: — Considerando-se que a ação precípua da homeopatia é curar o corpo físico e não a moral do doente, estranhamos que até a crença ou descrença espiritual ou a natureza de virtudes ou pecados possam influir nesse tratamento.

RAMATÍS: — As doses homeopáticas despertam energias diretamente na intimidade das forças criadoras, do mundo infinitesimal; em consequência, exercem maior ação no indivíduo superior, afeito às ideias nobres e às virtudes do espírito. O homem interessado na sua redenção espiritual também é criatura de frequência mais elevada na sua contextura perispiritual por força de melhor magnetismo e a disposição mental otimista. No afã de superar o domínio instintivo das forças ocultas do mundo animal, eleva-se à melhor frequência vibratória no seu psiquismo. Quanto mais consciente de sua sobrevivência espiritual, o homem também é mais esperançoso, otimista, confiante e ordenado em seus pensamentos, facilitando extraordinariamente a ação homeopática na contextura delicada e tranquila do seu perispírito.

Ademais, como a função primacial da homeopatia é "despertar" energias no corpo humano, é preciso que o próprio enfermo apresente condições de êxito para a medicação e sem bombardear-lhe a ação sutilíssima. Por isso, enquanto o médico vê-se perplexo para curar o homem de raciocínio grosseiro, sentimentos rudes ou imorais, ele alcançaria louvável sucesso prescrevendo as doses infinitesimais para um místico hindu, cuja alma compreensiva, natureza frugal e pacífica, seria ótima condição "eletiva" para o sucesso terapêutico.

Realmente, a homeopatia não tem por finalidade médica solver os problemas morais do ser, mas curar-lhe o corpo físico; no entanto, como isso depende do repertório mental do enfermo, o seu êxito consiste em dinamizar as energias mentais e emotivas, em vez de violentá-las. O grau dessa receptividade homeopática determina o grau de sucesso, assim como também a prescrição certa das doses mais baixas ou mais altas. Por isso, as crianças curam-se mais facilmente pela homeopatia, porque não reagem de modo negativo e jamais trocariam medicação tão suave e inofensiva pela violência dolorosa das seringas hipodérmicas, das drogas de ação tóxica ou gosto repulsivo.

PERGUNTA: — *Quais as outras relações simpáticas entre o espiritismo e a homeopatia?*

RAMATÍS: — Sob o conceito homeopático não existem doenças, mas doentes; sob o conceito espírita, não existem pecados, mas pecadores. Em ambos os casos, a solução terapêutica deve ser dirigida aos indivíduos "doentes" ou "pecadores", em vez de se buscar quaisquer entidades enfermiças responsáveis pelas consequências da medicina alopática, desorientados e exaustos da incessante peregrinação pelos consultórios médicos; os homens que buscam o espiritismo também assim o fazem já descrentes das hierarquias religiosas, dos dogmas e postulados, cuja materialidade os isola da comunicação direta, rápida e simples com a Divindade.

A cura homeopática dependerá mais do próprio paciente, conforme o zelo, perseverança, paciência e confiança no tratamento tão sutil, do que do médico que lhe prescreve as doses infinitesimais. A dieta, repouso, controle emotivo e serenidade mental são os fatores mais positivos e eficientes para a cura mais breve. A homeopatia se exerce através da mente e do sentimento do ser; atinge o imo perispiritual e num impacto atômico energético, carreia para as vias emunctórias o morbo psicofísico, que arregimenta na sua ação coletora. No entanto, bem diferente é a medicina da Alopatia, em que em vez de catalisar as energias vitais do organismo humano, penetra brutalmente no cosmo celular com o arremedo químico de substâncias tóxicas injetáveis, provocando as reações violentas da velha disciplina dos "contrários" preconizada por Galeno.

Há religiões que combatem o pecado e esquecem de esclarecer o pecador, pois o excomungam e decretam-lhe a violência sádica do Inferno; há doutrinas que esclarecem o pecador e o ajudam a redimir-se de modo tolerante, afetuoso e sem ameaças. Assim é a Alopatia atacando as doenças e a homeopatia socorrendo os doentes.

PERGUNTA: — *Mencionastes certas situações emotivas e mentais que podem ser modificadas durante o uso da homeopatia. Isso não poderá induzir-nos a crer numa terapêutica especial, capaz de modificar mecanicamente até a conduta do indivíduo? Assim não desapareceriam a responsabilidade e o mérito espiritual do homem em conhecer-se a si mesmo, ou então orientar conscientemente a sua própria evolução?*

RAMATÍS: — Porventura, o ciclo das reencarnações não é uma terapêutica Divina, que obriga o espírito a se retificar e a progredir compulsoriamente, situando-o nos ambientes hostis ou entre a parentela terrena adversária, para fazê-lo purgar as suas enfermidades espirituais? Quantas vezes o homem é cercado pela deformidade física, por uma moléstia congênita ou paralisia orgânica ou, ainda, sujeito às vicissitudes econômicas e morais, obrigado a enquadrar-se nos ditames do Bem. Mas, nem por isso, o espírito perde o mérito de sua retificação espiritual pois, diante da escola implacável da vida física, é ainda a sua consciência que realmente decide quanto a aproveitar ou desprezar a inexorável terapêutica cármica, aplicada compulsoriamente pela Lei justa, do Pai.

As doses infinitesimais, pelo processo homeopático, realmente podem modificar certos sintomas mentais do paciente, pois elas descarregam e fazem volatizar os resíduos psíquicos que podem estar acumulados há longo tempo quer intoxicando o perispírito, quer descontrolando as emoções ou afetando a direção normal do espírito. É de senso comum que certas drogas tóxicas e certos tipos de entorpecentes, tais como o ópio, a morfina, o "aurum metalicum", a mescalina, o ácido lisérgico, o gás hilariante, a beladona ou a cocaína, também podem influir na mente de modo pernicioso, pois provocam distorções mentais, delírios alucinatórios, estados esquizofrênicos ou melancolias no psiquismo do homem sadio. Conforme a lei homeopática de que "os semelhantes curam os semelhantes", essas mesmas substâncias e tóxicos que, em doses alopáticas ou maciças, provocam estados mórbidos nos seus pacientes ou viciados, depois de inteligentemente dinamizadas e ministradas em doses infinitesimais, podem efetuar curas em casos cujos sintomas também se assemelhem.

Assim, o impacto energético da dose infinitesimal liberta então o psiquismo da carga que ali se condensou por efeito do abuso de tóxicos, como de miasmas, vírus psíquicos, enfermidades mentais e resíduos que resultam também dos desequilíbrios emotivos.

PERGUNTA: — *Sob vossa opinião, o espiritismo contribui para o maior êxito da homeopatia, e esta reciprocamente para com a doutrina Espírita?*

RAMATÍS: — Indubitavelmente, ambas se completam no binômio "psicofísico" de sua ação benfeitora nas raízes profundas do espírito do homem. A homeopatia atua na intimidade do ser e também o auxilia a manter um controle psíquico mais desafogado durante a fase do seu tratamento. Ela distribui harmoniosamente a energia potencializada no seio do vitalismo orgânico, ajudando o espírito a proceder a modificações mais urgentes e salutares no corpo físico. Obviamente, é o psiquismo que modifica o quimismo orgânico, dependendo da melhor disposição emotiva e energética o consequente equilíbrio fisiológico. O impacto energético produzido no campo mental e psíquico do paciente através da energia extraída da substância material potencializada pela dinamização homeopática, também eleva a frequência vibratória do espírito enfermo, proporcionando-lhe condições mais otimistas e estimulantes às suas reações favoráveis. Sem dúvida, melhorando o estado mórbido, também se lhe reduz o pessimismo ou a melancolia.

É por isso que o verdadeiro homeopata, além de um cientista hábil, também deve ser inteligente filósofo, a fim de poder relacionar a terapêutica do mundo infinitesimal com os princípios imortais da alma.

PERGUNTA: — Como compreendermos essa ação da homeopatia no corpo humano e capaz de atingir-lhe o psiquismo removendo-lhe a carga mental perniciosa?

RAMATÍS: — O espírito do homem, apesar de encarnado, permanece no mundo oculto da energia livre, interpenetrado pelas forças de todos os planos da vida criada por Deus. Em consequência, a homeopatia é medicamento de elogiável sucesso no restabelecimento da saúde do corpo carnal, porque se dirige particularmente para o campo de forças de onde o homem se originou. Isso é possível porque o remédio homeopático é fundamentalmente energia e não massa; é mais dinâmica e menos letargia; mais força e menos medicamento; mais operante e menos estático. Afigura-se um poderoso catalisador que desperta energias, acelerando reações no organismo combalido, pois intensifica e eleva o seu "quantum" de vitalidade adormecida, ajustando o potencial psicofísico desarmonizado e operando através da sua energia infinitesimal potencializada.

A energia infinitesimal que dormita no seio de uma gota homeopática também pode desatar o poderoso campo de forças que aciona o psiquismo humano e comanda o cosmo orgânico do homem. É tão grande a afinidade da ação terapêutica homeopática com o equipo perispiritual do homem, que os "chacras" ou centros de força do duplo etérico captam essa energia livre e potencializada e o vão absorvendo pelos seus vórtices irisados. Então produz-se o abaixamento vibratório do energismo desperto em combinação com o medicamento homeopático, fazendo-se a necessária condensação para a intimidade do corpo físico. A energia liberta e potencializada das "altas doses" homeopáticas tende a se concentrar mais rapidamente na região áurica do crânio, convergindo vigorosamente para a região cérebro-espinhal e se disseminando, pouco a pouco, pelas zonas dos plexos nervosos braquial, cervical e dorsal, atingindo, em seguida, o plexo solar, na região abdominal. Sob a influência dessa carga energética poderosa, o sistema nervoso põe-se ativamente a funcionar e restabelece o metabolismo do sistema endocrínico debilitado, operando gradativamente no alevantamento e no equilíbrio de todas as funções orgânicas perturbadas. A glândula hipófise, que é a regente orquestral do cosmo orgânico do homem, renova-se, então, em função conjugada com a epífise, constituindo-se no "élan" da esfera mental e psíquica, a carrear para o corpo físico todas as energias disponíveis ativadas pelo energético despertamento da dose infinitesimal homeopática.

O perispírito, maravilhoso potencial de forças e responsável pelo equilíbrio do organismo carnal, acelera então a sua produção energética, assim que recebe o reforço dinâmico da alta dinamização homeopática.

PERGUNTA: — *Porventura, há alguma relação entre passes e radiações tão comuns na prática espírita e os efeitos homeopáticos no homem?*

RAMATÍS: — É tão importante a relação do potencial homeopático com certos recursos adotados pelo espiritismo nos seus trabalhos práticos, que a dose homeopática na 100.000ª dinamização equivale à água fluidificada por vigorosos médiuns. Assim, o efeito da alta dinamização homeopática no corpo físico poderia igualar-se a um vigoroso passe magnético de energia potencializada e de ação contínua. Conforme não ignoram os ocultistas, a dinamização homeopática potencializa a alma vital da planta, do mineral ou da própria substância tóxica extraída do animal, produzindo um vigoroso campo de éter físico que se submete ao controle instintivo do enfermo na ansiedade da cura.

A Mente Divina é o princípio coordenador de toda a criação cósmica e se manifesta através da alma do homem em conformidade com sua capacidade e fusão. Obviamente, age durante a doença orientando o próprio paciente para servir-se das energias mais urgentes a seu favor, para restabelecer a sua harmonia e saúde através de trocas vitais orgânicas e fortalecimento dos sistemas dinâmicos do corpo. A energia emanada da alma vital da espécie vegetal, mineral ou animal, manifesta-se na forma de poderoso eterismo potencializado na dinamização homeopática. Sob a diretriz oculta da Mente do homem, em sintonia e coordenação com a Mente Divina, essa energia atua como um catalisador, espécie de fermento etérico, que desperta energias latentes, acelera os campos eletrônicos e produz as reações necessárias para o retorno do equilíbrio e da saúde. Tudo isso, portanto, é operação que ocorre ao nível da Mente e desta sofre toda sorte de interferências, para o melhor aproveitamento das forças que lhe são colocadas à disposição.

Enquanto através das práticas espíritas os enfermos readquirem sua saúde na terapêutica de passes e radiações, o mesmo acontece com o medicamento homeopático de ação tão energética no mundo infinitesimal do ser. Em ambos os casos fica provado o poder assombroso da mente humana na reconstrução orgânica e harmonia psíquica, cujo trabalho no silêncio da alma e sem o conhecimento consciente do homem, assegura-lhe o equilíbrio da vida. Diz a própria ciência que a matéria e a energia são apenas diferentes modalidades vibratórias da mesma coisa; quando a energia livre baixa em direção à vida física, é que ela se constitui matéria ou de estado de energia condensada. Em consequência, o perispírito — molde fundamental preexistente do homem —, sob a ação inteligente da mente e através do seu campo energético acumulativo e do seu poder químico transcendental, aglutina a energia livre em torno de si e a faz baixar em direção à vida material, a fim de sustentar as vidas inferiores que compõem o corpo físico e determinam o seu prolongamento na matéria.

PERGUNTA: — Sob a doutrinação dos valores sublimes do espiritismo, o homem pode exercer conscientemente sobre si mesmo a melhoria moral que o torna superior. No entanto, segundo vossa afirmação, de que forma as doses infinitesimais da homeopatia produzem modificações psíquicas e mentais sem essa intervenção consciente do ser?

RAMATÍS: — Os médicos homeopatas experimentados só preceituam suas doses depois de focalizarem o quadro psíquico do seu paciente, mais preocupados com os doentes do que mesmo com as doenças ou sintomas isolados. Eles cuidam de abranger todo o edifício arquitetônico da criatura, auscultando e indagando de todas as causas ocultas que possam sofrer a influência da mente e do psiquismo perturbado do enfermo. Investigam, também, a síntese dos sintomas reveladores da maneira de o paciente se comportar com as demais criaturas e o próprio ambiente. Enfim, é um retrato tanto quanto possível das atividades globais do indivíduo no binômio "psicofísico", pois é de senso comum que o sofrimento e a vicissitude mudam o padrão comum da atividade mental e psíquica humana. Há muita diferença na disposição mental do homem que usufrui de excelente saúde, podendo beber e se alimentar a contento e participar das alegrias em comum, daquele que sofre de atroz úlcera ou permanece jungido ao leito sob tormentos físicos.

O homeopata, como o engenheiro hábil, antes de se preocupar exclusivamente com a brecha assinalada em uma parede fendida, cuida de perquirir a natureza do terreno, que é o verdadeiro responsável pela causa do defeito. O ser humano deve ser examinado mais em função de sua coordenação psíquica e anímica do que como um simples agregado de moléculas e células, que possam enfermar sem qualquer influência das variações mentais e emotivas.

Sob tal conceito lógico e sensato, foi que Samuel Hahnemann considerou que a saúde, tanto quanto a doença, vem de "dentro para fora" e "de cima para baixo", regra esta que se constitui num dos alicerces fundamentais da prática homeopática. Portanto, a terapêutica homeopática aplicada em razão do tipo psicofísico do homem produz reações de que se vale a mente do enfermo no sentido de melhorar suas condições psíquicas. Efetuando a drenagem e consequente limpeza dos resíduos enfermiços, as doses homeopáticas eliminam sintomas que afetam a mente e até os sentimentos do enfermo, pois amaina sua irritação, aflição, insatisfação e intranquilidade. Ademais, conforme o tipo da medicação produzem-se estímulos salutares no campo mental humano, que são verdadeiras modificações ou substituições de estados morais do ser e o impelem a manter hábitos melhores.

O espiritismo esclarece o homem através dos seus princípios superiores para sua incessante renovação moral, enquanto a homeopatia é complemento à mesma disposição espiritista, porque além de eliminar a escória mental inferior e desafogar os sentimentos alterados, predispõe o enfermo para cultivar valores morais superiores. O espiritismo dirige-se à consciência do homem para esclarecê-lo de sua gloriosa vida imortal e convidá-lo a cultivar os costumes que lhe permitirão ingressar nas humanidades angélicas. A homeopatia, pela sua ação positiva de modificar os estados mentais e emotivos, pode ser considerada um corolário do espiritismo na função elogiosa de aplainar o caminho psicofísico do enfermo, fazendo-o aceitar e aproveitar de modo mais eficiente os valores espiritistas.

PERGUNTA: — *Gostaríamos de algum exemplo mais concreto para assimilarmos melhor a possibilidade de as doses homeopáticas influírem positivamente nas atividades mentais ou psíquicas dos enfermos.*

RAMATÍS: — Conforme a lei homeopática de que "os semelhantes curam os semelhantes", as substâncias e tóxicos que produzem estados mórbidos em "doses maciças", depois de inteligentemente dinamizadas e ministradas em "doses infinitesimais", podem efetuar curas em casos cujos sintomas mentais também se assemelham. Assim, a ipecacuanha, por exemplo, administrada em "dose maciça", provoca vômitos e principalmente hemorragias de sangue vermelho-vivo e acessos de asma; no entanto, depois de dinamizada em doses infinitesimais, ela cura sintomas e enfermidades semelhantes às que produz, ingerida em substância. No primeiro caso é ministrada a ipeca em substância, "corporalmente"; no segundo caso, a dose infinitesimal é a própria energia da alma vital da planta destinada a curar os "efeitos semelhantes".

É de senso comum que certas drogas tóxicas e certos tipos de entorpecentes tais como o ópio, a morfina, o "aurum metalicum", a mescalina, o ácido lisérgico, o gás hilariante, a beladona, a cocaína ou a maconha, também podem influir na mente de modo pernicioso, pois provocam distorções mentais, delírios alucinatórios, estados esquizofrênicos ou melancolias no psiquismo do homem sadio. Conforme a lei homeopática de que "os semelhantes curam os semelhantes", essas mesmas substâncias e tóxicos que, em doses maciças ou alopáticas, provocam estados mórbidos nos seus pacientes ou viciados, depois de inteligentemente dinamizadas e ministradas em doses infinitesimais, podem efetuar curas em casos cujos sintomas mentais se assemelham.

PERGUNTA: — Poderíeis dar-nos um exemplo específico dessa condição homeopática?

RAMATÍS: — Há um tipo de cânhamo europeu conhecido por "Pango" ou "Diamba", cujo tóxico produz no homem sadio variados sintomas mentais, pois ataca o sistema nervoso, determinando-lhe um estado de intensa exaltação, extensiva a todas as suas percepções emotivas, concepções mentais e sensações, que se tornam exageradas.

O exagero é o principal "sintoma mental" que tal espécie de cânhamo provoca nos seus intoxicados. Sob a ação tóxica do "Pango", as pessoas meigas ainda se tornam mais ternas, prazenteiras e felizes, enquanto as de fácil irritação tornam-se mais violentas, coléricas e raivosas até o último grau. Depois se queixam de que os minutos lhes parecem anos e alguns passos se lhes afiguram muitas milhas; suas ideias amontoam-se e confundem-se, no cérebro, podendo chegar até ao "delirium tremens", à excessiva histeria e à subjugação completa às ideias fixas.

Sob a lei do *similia similibus curantur*, e para casos

idênticos aos acima, a homeopatia prescreve a dose de *Cannabis Indica*, que nada mais é do que o próprio cânhamo europeu, chamado vulgarmente de "Pango", então dinamizado na terapêutica infinitesimal. Mas é conveniente compreender que a *Cannabis Indica* não é o remédio homeopático indicado exclusivamente para as pessoas atacadas pelo tóxico do "Pango", porém, a medicação também serve para enfermos que apresentem sintomas idênticos aos que o cânhamo "Pango" provocaria em pessoas sãs. Aquilo que em substância ou dose maciça provoca determinados sintomas enfermiços físicos ou mentais, também cura depois de dinamizado em doses infinitesimais.

Da mesma forma, a dose homeopática de *Ignatia Amara* cura as grandes contradições de espírito, os estados súbitos de pesar para alegria, ou vice-versa, inclusive os temperamentos excessivamente caprichosos, as tendências à melancolia e ao choro sem motivo, porque é dinamizada da fava-de-santo-inácio, originária das Filipinas, cuja baga produz os mesmos sintomas mentais nos que a comem imoderadamente. O *Helleborus Niger*, planta medicinal da família das Liliáceas, quando intoxica provoca grande prostração física, deixa o doente silencioso, estupidificado e falando de maneira a não ser compreendido, além de tornar-se excessivamente melancólico e sem poder manter o governo do espírito sobre o corpo. No entanto, cura os pacientes que apresentem tais perturbações físicas e mentais, desde que é dinamizado na forma das doses homeopáticas. É por isso que a Beladona e a China têm curado estados de delírio ou loucura, em doses homeopáticas, porque essas substâncias dadas em doses maciças e imoderadas, provocam tais sintomas, como já tem ocorrido nos tratamentos epidêmicos das gripes e malárias.

PERGUNTA: — Qual é a diferença em ter "fé" na homeopatia para ser curado e ter "fé" no espiritismo para ser redimido?

RAMATÍS: — A fé, que muitas pessoas julgam ser necessária para o êxito do tratamento homeopático, não implica propriamente em uma crença ou um estado místico religioso, que o paciente deva assumir obrigatoriamente, a fim de só então lograr o êxito da cura. A fé, nesse caso, é tão-somente a confiança, o otimismo, a simpatia do enfermo. Por isso, desperta a sua natureza receptiva e se torna positivamente dinâmico no seu campo mental e astroetéreo, favoravelmente eletivo para a absorção da energia dinamizada pela dose homeopática. O povo pressente, em sua intuição inata, que a homeopatia é medicina de ação energética no mundo imponderável; é "menos" medicamento e "mais" energia. E por atuar no psiquismo, as doses devem ser tomadas com confiança, embora sua aparência de inócua água destilada. Ademais, a "fé" implica em paciência e tranquilidade, estados de espírito ótimos para o êxito da ação terapêutica das doses infinitesimais. As curas miraculosas tão conhecidas sempre se efetuaram sob um estado de "fé" incomum dos enfermos, que assim dinamizavam suas próprias energias em favor da crença, do taumaturgo ou do santo a que recorriam. A "Fé" arregimenta as forças mentais desordenadas e as conduz para um foco ou centro acumulativo, tornando-se a alavanca poderosa que num átimo de segundo produz o "milagre" da crença popular.[61]

Em consequência, essa "fé" tão apregoada para o êxito homeopático é de profunda afinidade com a "fé" dos homens nos princípios "curadores da alma", da doutrina espírita. Não basta crer na homeopatia para se adquirir a saúde sem violências ou intoxicações indesejáveis; é preciso também confiar e mostrar-se eletivo, desejoso e receptivo às doses tão diminutas. Igualmente, não basta crer nos postulados espíritas, mas é preciso ter a "fé" que é fruto do ânimo, da boa disposição, confiança e receptividade. Então, o doente se cura tanto pela

---

[61] "Isso prova que existem energias fabulosas no imo de cada ser, que ao serem dinamizadas por um esforço mental incomum ou por um estado de fé ou confiança absolutas, enfeixam-se, de súbito, e provocam o que o vulgo chama de milagre. São energias que destroem lesões, baixam ou elevam a temperatura atuando nos centros térmicos; purificam a linfa e eletrificam o coração. Nem todos os enfermos elegem-se, realmente, para serem curados. O doente deve ir ao encontro do curador e tornar-se eletivo à cura..." Trechos do capítulo XXIII — "Jesus, Seus Milagres e Seus Feitos", obra *O Sublime Peregrino*, de Ramatís, edição da **EDITORA DO CONHECIMENTO**.

homeopatia, pela sugestão e pelos passes dos médiuns ou magnetizadores, porque o seu estado de "fé" gerado pela confiança e simpatia ao objeto, crença ou medicação, já é oitenta por cento da cura desejada.

Em espiritismo também ocorre coisa semelhante, pois muitos adeptos vacilantes e indiferentes, não só demonstram o desmazelo, a ociosidade aos valores de sua redenção moral, como falta-lhes o entusiasmo, a confiança e a receptividade para a doutrina, na qual vivem a condição de "marginais" sem fé. Lembram, ainda, os católicos tradicionais, em que a doutrina do Cristo não lhes penetrou no âmago do espírito, porque, provavelmente, desconfiam do que creem.

PERGUNTA: — Gostaríamos de saber qual é a contribuição da filosofia Espírita ao êxito da homeopatia.

RAMATÍS: — O espiritismo é doutrina otimista porque esclarece o homem quanto à sua imortalidade e redenção espiritual através das vidas sucessivas. Relata o encontro venturoso entre os familiares queridos no Além, demonstra que o mal é relativo às condições evolutivas do ser, não há castigos eternos por parte de Deus, mas ensejos sucessivos para a recuperação do tempo perdido. O sofrimento é purgação e limpeza do perispírito sobrevivente, ou "traje nupcial" do espírito, preparando-o para um dia conseguir o ingresso definitivo nas comunidades angélicas do Éden. A vida física é ilusória e transitória, apenas o singelo banco escolar onde o espírito aprende o alfabeto espiritual para entender a linguagem dos planos angélicos.

No seio da doutrina Espírita os bons médiuns ainda "provam" a vida espiritual através das comunicações mediúnicas, materializações e vozes diretas, que identificam as personalidades falecidas. Ademais, ainda efetuam passes, proporcionam o receituário fácil e gratuito e executam operações miraculosas. Enfim, através desses trabalhadores abnegados, os espíritos ensinam, esclarecem, confortam, ajudam, curam e renovam a mente humana a caminho de sua indesviável ventura eterna.

Obviamente, a doutrina espírita é uma das mais valiosas

contribuições à homeopatia, porque provoca no homem enfermo do corpo e da alma um estado de espírito otimista, confiante e de "fé" na própria vida. O espírita não pode ser pessimista, triste, desesperado ou rebelde, porque aprendeu que é imortal, a dor é transitória e útil, a vicissitude é arguição do Alto e as catástrofes econômicas ou morais são recursos que despojam o espírito de sua bagagem animal. A desilusão no mundo carnal leva o homem a buscar compensação no mundo espiritual; a necessidade de alívio nas dores cruciantes fazem o enfermo desejar a morte que é libertação. Todos os dias operam-se transformações nos seres, mudando-lhes o aspecto físico agradável da criança para a figura do velho decrépito e enrugado; as alternativas de prazer e dor, riqueza ou pobreza, exaltação ou humilhação, convencem o homem de que vive num mundo inseguro e decepcionante, como o náufrago sobre areias movediças. Isso conduz o pensamento humano a confiar noutra possibilidade de vida mais proveitosa e pacífica, onde possa viver os ideais que são frustrados pela instabilidade da vida material.

Sem dúvida, essa condição que o espiritismo doutrina no homem, também é um estado de espírito ideal e eletivo para o êxito da homeopatia, cuja ação terapêutica infinitesimal é mais eficaz nos indivíduos otimistas, sensíveis, espiritualistas e confiantes. A vivência humana sob a mensagem espírita é realmente um estado de "fé" que ajuda a cura homeopática.

PERGUNTA: — *Mas quereis dizer que a homeopatia pelo receituário mediúnico é de maior êxito naqueles que têm fé?*

RAMATÍS: — Em verdade, as pessoas muito habituadas com a 5ª dinamização generalizada pela receita mediúnica, acreditam que a homeopatia não produz quaisquer modificações ou reações no corpo humano. Em geral, desconhecem as altas doses de 100, 500, 1.000 ou 10.000 dinamizações, cuja reação atômica é muito profunda na contextura do perispírito, desprendendo toxinas, drenando resíduos e processando transformações importantes que exigem receita médica. Mas o receituário mediúnico homeopático é bem rico de sucessos, embora na exclusividade da 5ª dinamização, pois sucedem-se curas miraculosas quando os espíritos conseguem receitar as doses conforme a eletividade psicofísica do enfermo.

Mas desde que os médiuns prescrevam homeopatia sem lhes dar a devida importância científica, pois prescrevem medicamentos antagônicos para serem misturados em infusões de ervas, leite, café ou outras drogas medicamentosas, é preferível circunscreverem-se à água fluidificada e à prática dos passes mediúnicos, que lhes produzirão maior sucesso. (Ver os capítulos "A assistência terapêutica dos espíritos e a medicina oficial da Terra" e "Aspectos do receituário mediúnico alopata" "Mediunidade de Cura", edição da Editora do Conhecimento.)

PERGUNTA: — Qual é outra afinidade do espiritismo para com a homeopatia?
RAMATÍS: — A simplicidade! Ambos são simples nos seus postulados e agem diretamente no ser, sem os atravancamentos e as complexidades da medicina alopática ou das religiões dogmáticas. A homeopatia ajuda o homem a eliminar os resíduos da mente indisciplinada e o espiritismo ensina o homem a disciplinar a mente. O veículo mais importante para a administração da homeopatia é a água — a linfa da vida, e do espiritismo é o espírito — a razão da vida. Toda mistura estranha à homeopatia sacrifica-lhe o potencial de cura; toda mistura estranha à modificação do espiritismo enfraquece-lhe a força doutrinária.

PERGUNTA: — Malgrado parecer excêntrica a nossa pergunta, que dizeis sobre a condição dieta na homeopatia, e igual condição no espiritismo?
RAMATÍS: — Em face da sutileza e pureza da medicação, a cura será mais fácil se o enfermo se abstiver de alimentos condimentados, ou excessivamente gordurosos, alcoólicos, entorpecentes e até remédios tóxicos. O mesmo se dá com o espiritismo no tratamento dos enfermos da alma, cuja cura será mais rápida se fizerem "dieta" evitando a glutonice, o vício alcoólico, fumo, cólera, ódio, luxúria, ciúme, inveja, orgulho ou maledicência. Em ambos os casos, as dietas proporcio-

nam um excelente estado psicofísico, que favorece bastante a cura do enfermo.

PERGUNTA: — Qual é a melhor orientação específica para o sucesso do tratamento homeopático, em matéria de alimentação?

RAMATÍS: — A mesma que Jesus usava para desafogar seu espírito e sentir-se mais afim à realidade imortal — o jejum. O corpo recupera-se poupando as energias que deveria gastar no fenômeno da digestão; e o espírito retempera-se no jejum, pela maior liberação do organismo físico enfraquecido.

A ORIGEM OCULTA DAS DOENÇAS
Ramatís / Hercílio Maes
120 páginas – ISBN 978-65-5727-020-2

Por trás dos quadros das moléstias que assolam a humanidade, permanece um elo comum que só pode ser entendido quando se integra ao ser humano adoecido o componente invisível originário de seu corpo físico: o espírito imortal, que pensa e sente – e, nesse processo, utiliza e condensa energias indestrutíveis que irão construir a saúde e a enfermidade de seus corpos.

Os veículos milenarmente conhecidos como corpo mental e corpo astral são os níveis de energia onde é preciso buscar a razão para a doença vir "de dentro para fora e de cima para baixo", como sibilinamente postulou Samuel Hahnemann, o genial mentor da Homeopatia.

Este livro é um excerto temático retirado da obra *Fisiologia da Alma*, ditado por Ramatís ao médium Hercílio Maes. Nele, Ramatís desvenda o mecanismo oculto que desencadeia, a partir dos corpos sutis do ser humano, as enfermidades do corpo físico. A origem e causa das moléstias, detida pelo conhecimento iniciático milenar, é transposta em linguagem acessível, com a peculiar profundidade e clareza, que nada deixam por explicar, dos textos de Ramatís.

Esse mecanismo oculto e automático da física transcendental, que preside aos processos orgânicos, é a chave para a compreensão definitiva do binômio saúde-enfermidade, e irá pautar os novos horizontes da Medicina do terceiro milênio, assim que as dimensões suprafísicas passarem a integrar o seu campo de pesquisa.

Integram este texto os capítulos que tratam da etiologia oculta, raízes cármicas, tratamento e cura do câncer, analisados desde sua verdadeira origem no "mundo oculto" das causas.

A MISSÃO DO ESPIRITISMO
foi confeccionado em impressão digital, em setembro de 2025
Conhecimento Editorial Ltda
(19) 3451-5440 — conhecimento@edconhecimento.com.br
Impresso em Luxcream 70g – StoraEnso